空海！　感動の人生学

大栗　道榮

中経の文庫

この本のあらすじ

仏教は、不安のない日常生活を送り、合理的な暮らしを実現するための生活宗教である。

釈迦も空海も、お金儲けを決して否定はしていない。自分を幸せにし、周りを幸せにするための経済活動を自ら実践し、奨励している。

しかし、道理を忘れた拝金主義が、結局は人生を豊かにはしないことも教えてくれている。

昨今、企業による不祥事が次々と明るみに出ている。共通するのは自分の欲望や都合だけを優先する「我利《がり》我利《がり》」の精神である。「我利我利」の欲望は、いつまでたっても満たされることはない。欲に溺れると、いつか大きなツケを払う羽目に陥るものである。

仏教の修行もビジネスも、同じ人間の行ないである。

世の中に会社ができる何千年も前から、仏教者達は、「幸せなお金儲事実、空海は偉大な宗教家であると同時に芸術家であり、いろいろな産業振興、開発事業をやってのけた事業家でもある。

いま巷《ちまた》では、たくさんのビジネス書が出版され、また一方で仏教書も花ざかりである。だが、仏教精神と経営の両方をつないだ本には、お目にかからない。

ここに御縁をいただき、浅学非才の身をかえりみず、いっしょうけんめいに書いてみた。なるたけ仏教語を使わずに、平易なことばで仏教思想を表現するよう努力した。

独断と偏見のそしりはまぬがれないが、一人でも多くの方々に、金儲けには仏教の考え方、そして空海の教えを守ることが必要である…とお分かりいただけたならば幸いである。

著　者

『空海！　感動の人生学』◎目次

第4章　菩薩道を身につけるために

第5章　リーダーはこうして菩薩道を教えよ

第6章　知っておきたいくらしの仏事と仏語

本文イラスト　ハツミ　コウイチ

第1章

成功の核心は菩薩道《ぼさつどう》にある

「儲かる」には「諸人」を「信者」にする

「儲」という字を分析してみると、図のように二通りに分けることができる。

一つは、「諸人」となり、一つは「信者」となる。

両者は、一見何の脈絡もないことばであるが、二つのことばをよく見ながら考えてみれば、「諸人」と「信者」とに分けられる「儲」という文字は、事業というものの真髄をみごとに表していることに気づかれよう。

たとえば、ある人が家電量販店へ入って洗濯機を買うとする。多くのメーカーの製品が並んでいる中で、M社のものがいちばん価格も安くデザインも良いので、それに決める。

使ってみると、とても便利だし何年たっても故障しない。そうなると、つぎに冷蔵庫を買い替えるときも掃除機を買うときも、ついついM社のものを選びたくなるのは当然であろう。

こうなれば、もう、いつの間にかその人はM社の「信者」である。M社が作るものは何でも安くて品質が良いと信じてしまうのである。

こういうふうに、M社の製品の信奉者がたくさん増えてくると、M社が作るものはみんな売れてしまって、ひとりでに「儲かる」というわけである。

しかし、ここでいう「諸人」とはあくまでも不特定多数の人々のことであっ

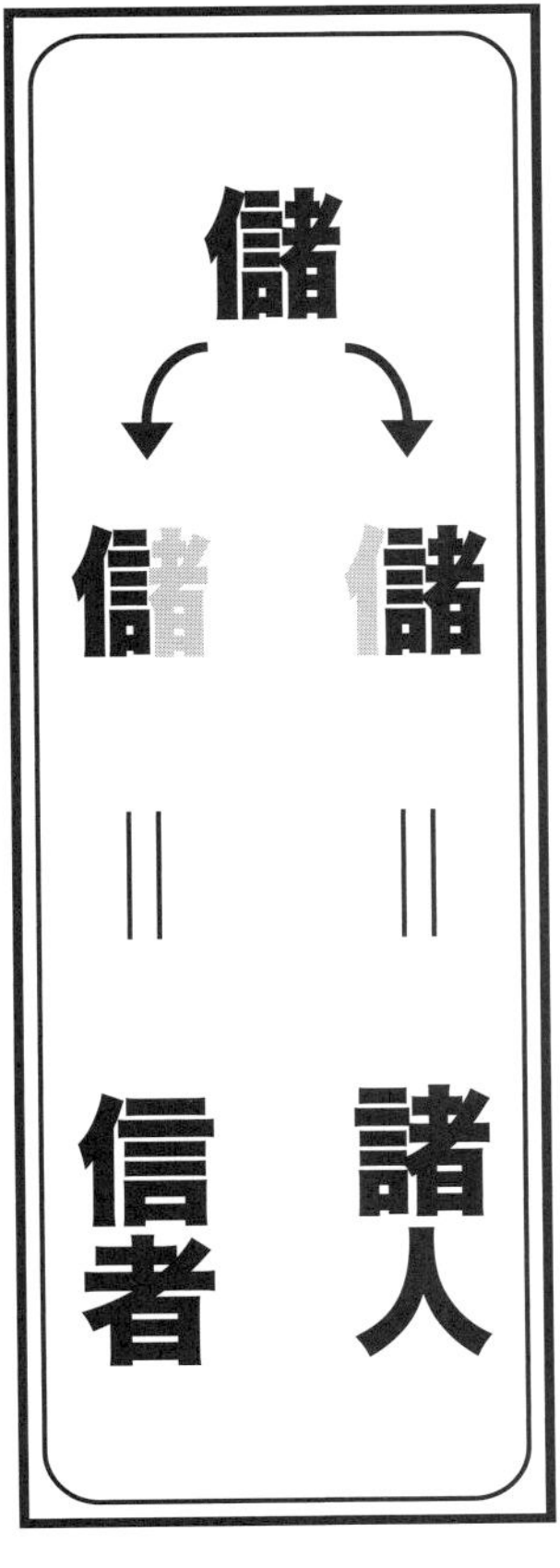

て、決して団体とか地域別に制約された人達のことではない。

儲けるということは、「お金のつかみ取り」をしようとしているようなもので、強引に手いっぱいにつかもうとすればするほど、思ったようには手に残らないものである。

儲かるということは、手の平を上に向けて、そこに、喜んで品物を買ってくれた消費者（諸人）がお金を乗せてくれるのを受けることである。こうすればお金が手の平いっぱいに盛り上がる。

なんだかイソップ物語の「北風と太陽と旅人」の話に似ていないだろうか。

そうなのだ。事業をする者は、あの太陽のように「諸人」が喜んであなたの手の平にお金を乗せたくなるような方法を考えなければならない。つまり、もっと便利で、もっと良い商品を、もっと安い価格で、心をこめて考案し、それを諸人に提供することによってはじめて、信者となってもらえるということではないだろうか。

「利益」だけでなく「ご利益《りやく》」も得よ

「金が敵《かたき》の世の中だ」というと、「そんな敵なら何万人でも巡り会いたい」と叫ぶ人が大勢いるだろう。

漱石は『草枕』の中で、

「金は大事だが、大事な金が得られたら寝た間も眠れまい――」

といっている。たいていの人は、「眠れなくてもいいから、金が欲しい」と、やはりいうであろう。

その大事な金のことを企業では「利益《りえき》」という。そして、その利益を生むために人びとは営々と働く。

「利益って何だ」と聞くと、「お金だ」、「儲けだ」と、販売に携わっている人はいう。また、経理関係の人は、「決算」、「バランスシート」、「損益分岐点」

などと連想するかもしれない。

利益というのは、お金というもので得をすることもそうだが、役に立つ、ためになるという意味もある。

お坊さんに、「利益って何だ」と聞くと、上にごをつけて「ご利益《りやく》だ」と答えるだろう。

もっと具体的にいえば、「現世利益《げんぜりやく》」といって、神仏にお祈りをすることによって、医者に見放された病気が、治ったりする。また、不慮の災害にあっても、大難が小難で助かったり、いろいろの不思議なことが起こったりする。これを「おかげをうけた」という。

どんなに財産を持っていても、この世の中には、お金や、人の力でできないことが、五つある。
一、病まないこと。二、老いないこと。三、死なないこと。四、滅びないこと。五、尽きないこと。である。
それなのに、お金は万能であると信じて、百年の間には何度も価値の変わってしまうお金に執着する。そして、おおかたは、それを得るためだけに一生を費やしてしまっている。

ところが、天下を救うために財産を投げ出せば、自分はたちまち貧乏になる。だが、そのことによって、大きな徳を得ることになるのである。これを功徳があるという。

世の人の利益になるために財産を使えば、目にみえる「有形の財産」は失ってしまう。だが、それによって大勢の人が救われれば、自分もまた救われるのである。このことを、目にみえない「無形の財産」ができるという。徳という無形の財産をふやすことを、「積善《せきぜん》の業《ごう》」という。善い行ないを積み重ねてゆくと、「ご利益」が得られて、子どもや孫の代まで栄えていくのである。

お金だけが利益である、と考えて目の色を変えないで、ご利益を得るために努力することが大切である。利益《りえき》をご利益《りやく》に還元することを知ったとき、はじめてご利益が利益を生むということが分かるのである。

「人はなぜ仏教を学ぶのだろうか」

仏教とは、仏の教えのことである、といえば、「あたりまえだ、バカバカしい」とそっぽを向くかもしれない。

だが、「仏の教えというのは、どうすれば安心して、不安のない日常生活を送ることができるか。どうすれば、合理的な暮らしができるのか、という生活指導である」といえば、「エッ」とふたたび聞き耳を立てられるであろう。

ほんとうに、仏教とは空気のようなものである。ふだんは生活の中に溶けこんでしまっているために、その恩恵をこうむっていることなど忘れている。

だが、いったん病気になったり、災害にあったりして不幸に見舞われると、とたんに仏教という人工呼吸やら酸素吸入をやらねばならない。仏教は、われわれの生活にとって、それほど大切なものである。

「そういうけど、お坊さんは葬式や法事ばかりをしているではないか。仏教というのは、死んだ人のための宗教だから、縁起が悪いや」

といって、てんで受け付けない人も中にはいる。

たしかに、仏教は死んだ人をまつる宗教でもあるのだが、生きている仏（仏のような人間）を作る宗教でもある。では、仏の教えの中には、いったいどんな生活指導があるのか…といえば、たとえばこんなことがある。

友達を選ぶ場合に、「欲ばりの人」、「ことばの巧みな人」、「人にへつらう人」、「浪費する人」とは親しくなってはいけない。また、「ほんとうに助けになる人」、「苦楽を共にする人」、「面と向かって、ずけずけ忠告をしてくれる人」、「同情心の深い人」とは大いに親しくした方がいい――というような具合である。

もう少し書いてみよう。

家を破産させる六つの方法というのがある。それは、「酒を飲んでふまじめになること」、「夜ふかしして遊びまわること」、「音楽や演劇に夢中になりすぎること」、「ばくちにふけること」、「自分の業務をサボること」である。

これは現代の話ではない。今から二千五百年も前に、釈迦が教えた、友達の選び方やら家の財産のつぶし方（つぶさないために、こんなことは、やってはいけないということ）である。

それが、今でも何一つ違ってはいない。なぜなら、この指導原理は、人間がお互いに社会生活をする上で、守らなければならない道理だからである。

仏の教えとは、道理に基づいた生活指導原理であるということは分かった。では、仏というのは釈迦のことなのかといえば、実をいうと、そうなのだ。

釈迦は、いっしょうけんめいに修業して、悟りを得て仏になったのである。しかし、ほんとうは、仏が釈迦という人間に姿をかりてこの世に現れ、人間も修業をすれば仏になれるのだ、ということを実証したのである、と考えた方がよい。

そして、仏になろうと修業している人間を、「菩薩《ぼさつ》」とよぶのである。

では、われわれでも仏になれるのかというと、間違いなくなれるのである。

しかも、生きたままでだ。平家物語の今様歌（流行歌）に、

仏もむかしは凡夫なり
　われらもついには仏なり
いづれも仏性《ぶっしょう》具せる身の
　隔つるのみこそかなしけれ

とあるように、誰にも仏の性というものがあるから、仏教を学んで実践すれば、仏性が現れてきて仏になることができるのである。

「地獄のさたも金次第」というが、現代は、何でもお金に換算する世の中になってしまった。これを「転倒《てんどう》の時代」といって、物事の価値判断がひっくり返っているのをいう。

仏教は、道理に基づいているので、これを学べば物事の正邪《せいじゃ》がよく分かる。

また、世の中には、毒にもなれば薬にもなるものがあるが、仏教はこれを

使いこなす力を与えてくれる。

たとえば、料理の塩加減にたとえてみよう。

徳川家康の侍女、お梶の方は、あるとき家康から、「いちばんうまいものは?」と聞かれて、「塩」と答えた。つぎに、「いちばんまずいものは?」と尋ねられて、やはり「塩」と答えて、家康を感心させたという。

梅を漬けるのは、塩加減が最も大切である。だから、おいしい梅干しができたら、「ええ塩梅《あんばい》じゃ」というのである。

こうして、正しく仏教を学べば、正しい人生哲学を持つことができる。そうすれば、不安のない、安心した日常生活を送ることができるのである。お金に目がくらんで心がフラフラしている人でも、正しい人生哲学を身につけたならば、きっと今後の仕事に、筋金が入ることであろう。

しかし、たとえ仏教を学んでも、ことばの遊びに終わらせては意味がない。実践をともなってこそ、はじめて、世の中の毒も薬も使いこなす「ええ塩梅」のビジネスマンになれるのである。

「近江商人は商売を仏教から学んだ」

「近江商人の通ったあとは、草も生えぬ」とむかしからいわれている。

その近江商人に、商売の真髄を教えたのは、この地に布教に来た僧侶達であった。彼等はこういったのである。

「商業というものは、生産された物品を、消費者に供給して、そのために報酬を受けることである。また工業とは、物品を生産して需要家に供給して、その報酬を受けることをいう。世間では、この報酬のことを〝利益〟と呼んでいる。利益が得られるのは、自分以外の人の利益を考えるからである。商業であれ、工業であれ、どちらにも自分以外の人の利益を考えるという基本的な心の行がなければならない。他人に利益を与えようとする心の行をすれば、自分に利益がかえってくる。これを〝自利利他《じりりた》円満の功徳〟という。利他の心とは、仏の心である。仏心をおこしてすべての人々を救おうとすることが、仏の行ないである。この仏の心で仏の行ないをする人を菩薩《ぼさつ》という。だから、商工業に従事するということは、仏の行ない（すなわち菩薩行《ぼさつぎょう》）をしているということになる」

仏の行ないをすることによって、信用を得ることができるのである。商工業で成功しようとするときに、大切なのは、まさにここである。

これを実行して成功した近江商人達は、熱心な仏教信者になった。

では、商工業での仏の行ないとはどんなことを指しているのだろう。

むかしの近江商人と違って、ちかごろの経営者は、自社だけの利益を追いかけすぎているようである。そして、少しばかりの財産ができると、たちまち豪華な生活をして、社員や下請けを苦しめる。そのために会社の業績が悪くなると、今度は他人のせいにする。

これは、仏の行ないとは反対の行動である。

すぐれた近江商人は、行商により全国的な商いを展開したが、その生活は、

「朝、家を出ると夜まで帰らず、風雨や寒暑もいとわず艱難辛苦《かんなんしんく》をして行商する、というものであった。そしていつも木綿の着物を着て、菜食に徹し（肥満防止のためではない）、糸一本、紐一本も捨てず、一文の金も無駄に使わなかった」

という。現代ではこんな生活は誰もやっていないだろう。

彼等はこうして、よく働き、倹約して、しかも正直、誠実に商いをした。

商工業を営むということは、僧が修業をするのと同じことである。

人々が、よりよい生活ができるために、より便利な商品を作り、より新鮮な食物を手に入れて、いち早く供給する、という具合に、他人の利益になることを常に考えて正当な報酬を受ける。この行為がみずからの徳を積むことになって、一家眷族《けんぞく》七代までも栄えるのである。

あなたも日々の行動に気をつけて、あなたの通ったあとに、不徳というペンペン草が生えないように心すべきであろう。

「商売繁盛のコツ「自利利他」のすすめ」

一つの石を投げたら、たまたま二羽の鳥に当たって、二羽とも落ちてきた。これを、一石二鳥を得るという。また、一挙両得ということばもあるが、いずれにしても、一つのことをして二つの利益を得ることをいう。

だが、本当の商売はこれではいけない。一石が、二鳥どころではなく五鳥も六鳥も、十鳥にもなるように考えなければならない。

たとえば、豆腐を考えてみよう。豆腐は健康食品として脚光を浴びている。高血圧を防ぎ、やせるための美容食として外国人にも評判が良い。

ところが作り方がむずかしいし、にがりを入れてかためてあるのですぐ腐る。だから豆腐（豆が腐る）と書くのかもしれない。したがって、売れ残っても何日ももたないという難点がある。

そこで、防腐剤を入れて真空パックをする方法が考えられた。だから豆腐は、輸出までできるようになったのである。

豆腐が輸出可能になると、外国での値段も下がり、ますます評判が良くなる。そうなると、今まで細々とやっていた日本の豆腐屋さんも、工場を作って自動機まで導入した。

こうして、豆腐が健康や美容に良いと見直されたことと、防腐剤入りのパックができたことにより大幅に需要が伸びた。すると、原料の大豆はほとんどが輸入なので、外国の大豆農家もうるおうというわけである。

お客も得をし、豆腐屋さんも得をし、外国も得をし、豆腐の機械メーカーも得をし、防腐剤メーカーも得をし、パック材料屋さんも得をする。これは、一石二鳥どころか、一石十鳥以上である。いや、この場合は一石十丁かな？

仏教には「利他自利《りたじり》」ということばがある。他人の利益につながることをやっていれば、それがいつかは自分の利益になってかえってくる、というのである。

だが、真の商売人はこれではいけない。「自利利他《じりりた》」でなければならないのだ。

自分の利益だけを考える。ところが、その考えていることが、いつの間にか自然にそのまま他人の利益（みんなの利益）につながっている、というのが自利利他なのだ。

わが社の商品は、流通経費が高すぎるから、すべて直販にする、などというのは、良くない場合が多い。それでは、卸店や小売店が成り立たない。売れない商品を作るから、流通経費も高くなるのである。どんどん売れる商品なら、卸店も小売店も低い掛け率でも喜んで取り引きをするのである。

利他即自利《りたそくじり》でなく、自利即利他《じりそくりた》になるように、日ごろから心がけて何事も考えてもらいたいものである。そうすれば、あなたの投ずる石はいつでも、十丁ではなかった、十鳥を落とすことになるであろう。

「弘法大師は偉大な事業家である」

日本のレオナルド・ダ・ビンチ、それは弘法大師空海だという。二人とも、自分の持っている才能を生涯にわたってフルに発揮し、世の中のためにつくした。特に大師は、自分の体力のあるかぎり全国をくまなく巡った。山を拓き、池を作り、井戸を掘り、温泉浴を奨励し、石油の使い方を教え、筆やお菓子の作り方まで教えて、人々の利益をはかった。

また、仮名文字を作り、日本初の国民学校を開設した。自分の生涯の、ありったけのパワーを燃焼させた人でもある。我々も、この人にあやかりたいものである。

栃木県の郊外に、山本有三の詩碑があり、それにはこう書かれている。

たったひとりしかない自分を
たった一度しかない人生を
　ほんとうに生かさなかったら
人間に生まれてきたかいがないじゃないか

「光陰矢のごとし」というが、ほんとうにアッという間に月日は過ぎていく。一日は二十四時間だが、八時間は睡眠時間、八時間は労働時間だとすると、自分の自由時間は残る八時間だ。現在四十歳とすると、八十歳まで生きるとしても、四十年間の自分の時間は、たった十一万六千八百時間である。

この限られた時間内で、この世に縁あって生かされている自分のいのちを、どう生かしたらいいのか。

人の才能は、ダ・ビンチも、大師も、あなたも同じである。我々は今、その才能の生かし方を考えなければならない。

自分を生かすだけでなく、人をじょうずに働かせることも同じことである。

幕末の志士、高杉晋作の愛唱歌（都々逸）に、「苦労するのは、いといはせぬが、苦労しがいのあるように」というのがある。

同じように、社員達だって、働くことはすこしも苦痛ではないが、せめて働きがいのある職場にしてほしい、と望んでいるのである。

彼達の得手《えて》に帆を上げさせて、働きがいのある環境を作ったとき、彼等はどんなに生きがいを感ずることか。

いのちを生かす、ということは、何も人にかぎったことではない。

たとえば、あなたがお得意先なりに招待されて、フランス料理か日本料理が出されたとする。

遠慮したり、話に夢中になって、せっかく熱いうちにおいしく食べてもらおうと思って作られた料理をさましてしまった。

これでは、心をこめて作ったコックさんや板前さんの気持ちをふみにじったことになる。料理君だってかわいそうではないか。

心をこめて作られた歌や文章が人の心を打つように、心をこめて作られた料理も、これは舌を打つというのか？　ああそうだ！、舌鼓を打つというではないか。

お菓子でさえ、同じ材料をつかっても、心をこめて作られたお菓子は、何ともいえない味がするという。

料理もお菓子も、その材料のいのちを生かし、職人の心を入れて作るから、人に舌鼓を打たせるのである。

これを、気を入れてものを作る、という。

昔から、刀鍛冶は、名刀を作るために、まず精進潔斎《しょうじんけっさい》をして、気合いを入れて、刀を鍛えたものである。

いちばん良い例は、仏像作りであろう。

一体の仏像を仏師が彫りあげ、最後に眼を入れる。だが、これではまだ彫刻である。そして、だいたいはこのまま店頭に並んだり、すぐれたものは美術館に飾られる。

しかし、この仏像が寺に納められ本堂に安置されると、入魂式というのをする。お坊さんの読経と共に、入魂の儀が終わるとはじめて、仏像に魂が宿るのである。これを、開眼式という。

仏さまの「心眼」が開かれるのである。

まさしく眼は心の窓であり、これで、仏像ははじめて信仰の対象となるのである。

西洋の童話に出てくるピノキオだって、子どものいないお爺さんが、精魂こめて作って、そのお爺さんのおもいをこめたからこそ、ピノキオは生かされたのである。

お金も生かして使うこと。これは、経営者にとって最も大事なことである。

ケチのかたまりである守銭奴は、むかしからお金を壺に入れて地中に埋める。

これを死蔵する、という。

あなたの会社の倉庫にも、売れない商品が眠っているかもしれない。これを、デッドストックという。

銀行だって、預金量ばかりを誇っても、優良貸し出し先がなかったら成り立たない。信用できる相手が借りてくれなかったら、いかなる大金庫も、あわれなデッドストックの倉庫になってしまうのである。

「世の中は、人・物・金のつかい方」という。これに、天の時というのを加えればよいだろう。

じっとチャンスを待って、ひとたび時がくれば、あなたの才能と持ち味を大いに生かす。そして、あなたの周囲にいる人と物と金をじょうずに生かして使うとき、ダ・ビンチも弘法大師も、モナリザならぬ運命の女神さえ、あなたにほほえみかけるであろう。

「運」はこうすればつかめる

「運という女神の頭はハゲ頭、通り過ぎればつかまえられぬ」という人がいる。

どうも、この女神は禿頭病《とくとうびょう》になって前髪しか残っていないらしい。そこで、ちょうど自分の目の前にやって来たときに、前髪をつかまなければいけない。後頭部はツルツルだから、もう遅いというのである。

これは、まことにいい得て妙である。

「運は寝て待て」という人もいるが、こりゃだめだ。棚からボタ餅を待って、口を開けて寝ていると、運というものは眠っている間に来て、通り過ぎてしまう。

「運は練《ね》って待つ」これが本当の待ち方である。練るとは、心をおちつけてよく研究し、工夫することである。そうして、時のくるのを待つのである。

ある大会社に、長い間営業畑を歩いてきた課長がいた。営業力はあり、統率力もあるので、みんなから次期部長だと嘱望されていた。自分もいずれ営業部長になってますます成績を上げ、そのうち営業担当常務ぐらいになれるかもしれない、と考えていた。

人事異動の時期になり、発表があった。彼がもらった辞令には、「経理部長を命ず」とあった。彼はガクゼンとした。自分は、営業部長に昇進するものと思い込んでいたからだ。

経理部長に就任したものの、全くチンプンカンプンである。いっぺんに自信喪失して、だんだん仕事が嫌になり、ついに退職してしまったという。

彼は、運を練って待たなかったのである。部長ともなれば、会社の経営全般に目を光らせなければならない。自分が昇進したら、どの部署に配属されてもその仕事をこなせるように、ふだんから他の部署の勉強もしておくべきだったのである。

運が良いのも悪いのも、すべてはその人の可能性による。人はみんな、すばらしい可能性を持っている。自分がその可能性に気づいて勉強を重ねていくと、実力がついてくる。

そうなると、自信がわいてくる。自信ができると、それぞれの目的に向かって信念を持って進むことができる。自分が信念を持った日々を過ごしていると、自分の周りに「縁」ができてくる。これを運という。

このとき、女神の前髪をつかむのである。

もしも、あなたが行きづまったら、

自分の世界で必要なことを研究しながら、今までに自分と縁のあった人達の名刺をすべてひっぱり出して、名刺のカルタ取りをやってみるがいい。

耳をすませば、きっとあなたの心耳には、運の女神が前髪を風になびかせて馳けてくる足音が聞こえてくるはずである。

「商売は戦争ではなく「菩薩行」だ」

企業のトップの方、それも営業にかかわるトップの方々は、戦争、いや戦争用語がお好きのようである。

営業本部を参謀本部に見立てて、営業本部長を総指揮官とする。そこでは、指揮官をかこんで部長という将校達が作戦を練るのである。そうして立てた計画を、販売戦略という。この販売戦略が、営業部や各地に駐屯する営業所や出張所という連隊、もしくは駐屯部隊に伝えられる。ここでは、大隊長をかこんで中隊長、小隊長達が、販売戦略に基づいて、地域に応じた販売戦術を練る。具体的な戦術がきまると、課長、主任という伍長、軍曹たちは、営業マンという兵隊さんを引き連れて、イザ出陣するのである。

「勝ってくる（注文をとってくる）ぞと勇ましく、誓って国（会社）を出たからは、手柄立てずに帰らりょか――」とばかりに、各個（戸）撃破だとか、じゅうたん爆撃をくりかえす。そして、敵を降伏させる（あまりしつこいので、あきらめて注文する）まで止めないのである。

正月の初荷が出るときなどは、全員がハッピに白鉢巻きという軍服、軍帽で身をかためる。そして、バンザイ三唱で初出の営業マン（出征兵士）を見送るのである。

ざっとこんな具合だから、いっそのこと、「徴兵（営業マン）制度」にして、学卒者に軍隊教育（社員教育）を三年間ぐらいさせ、その上で、中小企業に配属してくれたら、人材不足の小さな会社は助かるのだが――。

さて、「現代は戦国時代である」といって、経営者も経営学者も、むかしの武将の戦略や戦術を学ぼうとしている。

だが、商売は戦争ではないのである。あくまでも、ユーザーが得をするもの、ユーザーの利益になるものを提供することである。もちろん、それを知らせるための広告は必要である。しかし、何を買う、何を買わないはユーザーがきめることである。各戸撃破をねらって、ねばり勝ちで一時は注文をとったとする。だが、商品が気に入らなければ二度と買わない。それは、邪道の営業だったのである。

戦争は、敵を攻撃して相手を殺し、建物を破壊してその財産を奪う。

商売は、お客がより幸せな生活を送るための材料を作って、それを知らせる。そして、お客が納得すれば購入して便利になる。

商売と戦争とはこんなに違うのに、どうして、「商戦」などといって戦争になぞらえるのであろうか。

「商売は、世のため人のためにつくす『菩薩行《ぼさつぎょう》』である」と前にも述べた（近江商人の項23頁参照）。

しかし、平和を愛するならば、戦争にたとえるのは止めてもらいたいものである。

「自然界に時をみる目、人をみる目を学べ」

春になると、すべての木々はいっせいに芽を出す。夏になると花が咲く。秋には実がなる。葉が落ちて冬を迎える。寒い冬は、春がくるのをじっと待つ季節である。

事業が栄えるのは「天の時・地の利・人の和」がととのったときであるという。人の和は、その事業にふさわしい人材が集まって、みんなが助け合うことによって調和することができる。また、地の利は、その事業をするために最もふさわしい土地を物色して決めることができる。だが、天の時だけは、どうにもならないのである。

一休さんの句に、

としごとに　咲くや吉野のさくら花
　木を割りてみよ　花のありかを

というのがある。

春になって桜の花を咲かせる生命力というものは、木を割ってみても影も形もみつけることができない。冬の間は枯れ木のような桜の木も、時節がくれば、目をみはるような見事な姿に変わるのである。

事業を成功させようと思えば、天地自然の道理を知って、時の流れをはからなければならない。時の流れをはかることができれば、時を待つということが分かってくる。

「桜切るバカ、梅切らぬバカ」ということを、多少でも園芸に興味のある方はご存知だろう。桜の花や、梅の花の咲く時期を知り、桜や梅の性質をよく理解した上で、より良く咲かせ、より良い実を得るために、くふうしたことばである。

「うりのつるには、なすびはならぬ」という。うりとなすびとどちらが立派か、といわれても困る。うりが好きな人もいれば、なすびが好きな人もいる。

うりは、ほかのものにからみついて生きてゆく性質を持っており、なすびは、一本立ちでまっすぐ上をむいて生きてゆく。それぞれの性質を、よく観察して知りつくし、チャンスが来れば、どこにも負けないような立派な実をつけさせる。そのためには、チャンスがくるのを待っている間に肥料や水をやって十分な用意をととのえておかねばならない。経営者にとって、いちばん大切なことは人材を見分ける目と、時を見る目を持つことである。

ちかごろは温室栽培が盛んである。おかげで、旬のものを待つ楽しみがなくなってしまった。おまけに、温室ものは石油くさい。これは、電気や石油で野菜をだまして実らせた人間に罰があたっているのだ。仏法でいえばうそつきの罪である。自然のものは縁によって機が熟すまで待たねばならない。

人がする事業も、無理にチャンスを作って実行しても、成功しないことを知るべきである。

第2章

仕事は道理を知ることから始めよう

「四苦八苦」の本当の意味とは

釈迦は「人生は苦である」といわれた。

会社の経営に例をとれば、ある会社が経営不振になってきたとする。売り上げは上がらない。社員は意気消沈し、資金繰りは苦しい。まさに四苦八苦の苦しみである。

この四苦八苦とは、人生の苦を分類したいい方で、初めの四つの苦とは、

一、生まれる苦しみ。

人がオギャーと生まれるとき、母親の胎内から、まっ暗で狭い産道を通って出てくる苦しさは、意識がないからいいようなものの、あればたいへんである。また、母親の陣痛の苦しさも堪えがたいものであり、むかしはお産のとき、手に青竹をにぎらせ、口に手拭いをくわえさせたという。

二、老い・る苦しみ。

博多に仙崖《せんがい》和尚という人がいたが、老いをこんな風に表現している。「しわがよる、ホクロはできる、腰かがむ、頭ははげる、毛は白くなる。手はふるう、足はひょろつく、歯はぬける、耳はきこえず、目はうすくなる。くどくなる、気短かになる、愚痴になる、心はひがむ、身は古くなる。聞きたがる、死にともながる、寂しがる、出しゃばりになる、世話やきたがる」と。

どうですか、ひとつでもあてはまっていると、あなたにもう老いがせまっているのだ。

三、病・の苦しみ。

言わずもがなである。現在、いちばん死亡率が高いのが癌。脳卒中も多い。どちらにもその初期には自覚症状がない。自覚症状のない病気は命とりである。普通の身体の病気は、医者と薬と養生とで治るが、心の病気は、仏法と正しい信仰と修養とで治さねばならない。

四、死・の苦しみ。

病気と死病は違うという。死病はしにやまいと読む。老いて死ぬ前にかかる病気であって、もう治らない。人はこの病気にかかると自分の死期をさとる。死、そのものよりも死後のことを思えば、不安でたまらない。だから苦しい。これを断末魔の苦しみという。

以上の生老病死《しょうろうびょうし》が四苦である。

五、愛別離苦《あいべつりく》。

どんなに愛し合っている夫婦でも恋人でも、またかわいい子どもとも生別死別にかかわらず、必ず別れなければならない。これは胸がはりさけるような苦しみである。

六、怨憎会苦《おんぞうえく》。

恨み骨髄に徹し二度と顔も見たくない奴と、エレベーターの中でバッタリ会う苦しみや、いくら憎んでも足りない憎い奴といっしょに仕事をしなければならない苦しみ。これは案外、多いのである。

七、求不得苦《ぐふとくく》。

人には誰でも欲がある。「一つかなえばまた二つ、三つ四つ五つ六《む》つかしの世や」ということばもあるように、欲にはきりがない。そして、いくら求めても得られないで苦しむことを「求不得苦」という。

八、五蘊盛苦《ごうんじょうく》。

五蘊というのは、般若心経《はんにゃしんぎょう》という有名なお経の中のことばである。蘊は集まるという意味で、人間の身体は、色受想行識《しきじゅそうぎょうしき》の五つが集まってできているという。人間というものは、色がついたものはすべて、つまりあらゆる物質と、感覚や感情や意志や判断をする心から成り立っているのである。「血沸き肉おどる」というが、身心に精気がみなぎるといろいろな煩悩《ぼんのう》がおこる。若いころは元気が良すぎ、それにともなって苦しみもまた多いのは当然であろう。

これで八苦である。

では四苦八苦する根本の原因は何かといえば、すべては欲望から起こる。人の心の中には百八つの煩悩があるという。大晦日に、除夜の鐘を百八つ突く。それは、一年間に人々の心に起こった煩悩の迷いの目を覚まさせるためである。

その煩悩の中で、いちばんの悪者が欲望の心である。

欲望を渇愛《かつあい》ともいう。のどが渇ききって今にも死にそうな人に水を与えると、いくら飲んでももっと欲しがるからであろう。

どこまで行っても満足することのない欲望の心は、適当なところで滅ぼさなければならない。

冒頭にあげた経営不振になった会社も、無理な事業拡張をはかって設備投資を急いだ。そのため、資金繰りが苦しくなったので、売り上げを伸ばそうとして、十分な市場調査もせず、ひとりよがりの新製品を作った。売り出してみたもののさっぱり売れない。

こうなった原因は、社長や重役の事業欲、言いかえれば財欲、名誉欲が強すぎたのである。

会社の経営を正常に続けて行くためには、正しい事業の道を歩かなければいけない。

世の中で、金、地位、名誉、学問、権力というものは、人が幸せに生活するための材料である。

しかし、愚かな人は、こうした生きるための材料を作ったり集めたりすることだけで生涯を費やしてしまう。これらを生かして使うということ、つまり会社の人と物と金を上手に生かして使うことが、すなわち、欲望を滅ぼし四苦八苦から逃れる唯一の道ではないだろうか。

人の心を揺り動かす「八つの風」

「ええい、ままよ、あしたはあしたの風が吹くさ」とやけっぱちでいう人がいる。

では、明日はどんな風が吹くかと聞いても分からないからなさけない。

「上州名物かずかずあれど、かかあ天下に空《から》っ風」というように、突風や北風は人の身も心も寒くする。だが、南風やそよ風と聞くと、心がほのぼのとしてくる。そんなにも、風は人の心を動揺させるのである。

仏教では、揺れ動く人の心を、特に「欲望」という煩悩の心を、「八風《はっぷう》」といって八種類の風にたとえている。

その一は「利《り》」という風である。世の中で、やることなすことすべてうまく行くときがある。息子は国立大学へ一度で合格し、娘は有名高校に入り、妻も祖父母も健康だし、自分の経営する会社は笑いが止まらないほど儲かっている。覚えがある方もいらっしゃるだろう。このときは、利益という風が吹きまくっているのである。

その二は「衰《すい》」という風である。このときは、誰もがしゅんとなるときだ。どんなにがんばっても、何をやってもうまく行かない。会社の売り上げは悪いし、おまけに息子が怪我をする、おばあちゃんは入院する。これも思いあたる人がいるだろう。このときは、衰の風が吹いているから仕方がない。

その三は「毀《き》」という風である。他人から、かげで非難・攻撃されるときである。どうしようもないから、こういうときは放っておくしかてがない。

その四は「誉《よ》」という風である。ほまれあること、かげでほめてくれることだから、ありがたく喜んでいればよろしい。

その五は「称《しょう》」という風である。これは、目の前でほめられることだから、お世辞が入っているかもしれない。気をつけるべし。

その六は「譏《き》」という風である。譏は、そしることである。それも、面と向かってそしってくれる。聞けば腹は立つがよく考えると心底からいってくれているので、とてもありがたい人である。

その七は「苦」という風である。すなわち逆境のことである。こんなときは、決して悲観してはならない。希望を持つことである。

その八は「楽」という風である。すなわち順境のことである。このときは、有頂天になって自分を過信したり、人のことを馬鹿にしたりしてはならない。

これらの「八風」は、人の心を強く揺り動かす。

しかし、「八風吹けども、動ぜず天辺の月」というのがある。「この地球上で、どんなに大風が吹きまくっても夜空を照らす月はちっとも動じない」という意味だが、企業人はこの月のように動じない哲学と信念を持ってもらいたいものである。

あなたは「十二の因縁」に縛られている

「因縁をつけるな」などと、ひどいことをいう人がいる。しかし、人は生まれることによって、すでに因縁はついているのである。

「過去の原因を知ろうと思えば、現在の結果をみてみるがいい。また、未来の結果を知ろうと思えば、未来の原因となる現在をみてみるがいい」ということばがある。釈迦は、過去、現在、未来の三世にわたる人間の生死という空間と時の流れを、十二通りの「原因と縁と結果」に分けて説明している。それを順を追って話そう。

まず、過去の時代である。

一、無明《むみょう》――明るくない、まっ暗闇の世界である。あなたが母の胎内に入るもっと以前、父と母の心の中にはそれぞれ煩悩があった。その煩悩は、自

分の意志ではどうにもならない盲目的な本能である。これを無明という。この無明が、縁によって働き出すと、

二、行《ぎょう》（業《ごう》）――遠い過去の時代に、盲目的本能で行なってきた行為が、善悪とわず、いずれも父や母の身体に遺伝してくる。これが「業」である。

ここから、現在の時代に入る。

三、識《しき》――善悪の業を背負った父母は、縁によって結ばれ（だから結婚式では『良縁により』などという）、本能の営みにより、因縁の力によって受精し、あたらしい生命が誕生する。このとき、父母の善悪業も業力《ごうりき》となって、その子どもに受け継がれるのである。

四、名色《みょうしき》――名は心のこと、色は肉体のことである。受胎して最初の四週間目には、父母の顔、形だけでなく、父母の業力に応じた性格や癖まで受け継ぐ。

五、六処《ろくしょ》（六入《ろくにゅう》）――六は、仏教では、眼根《げんこん》、耳根《にこん》、鼻根《びこん》、舌根《ぜつこん》、身《しん》（皮膚）根《こん》、意《い》（心）根《こん》を「六根《ろくこん》」という。山登りのときに「六根清浄《ろくこんしょうじょう》」という

であろう。さて、受胎して第五週以後には、自然にこの六根が備わってくる。そして、十カ月となる。ここまでが胎内である。

六、触《しょく》――ようやく母の胎内から産道を通って出てきて、外気に触《ふ》れて、「オギャア」という。ちょっと余談になるが、西洋では、この触のときを零歳として満年齢で数える。だが、東洋では、受精した瞬間の識のときを零歳とする。そして、たった六ミリグラムの受精卵は、十カ月後には体重は約三千グラム、なんと五百万倍になり、身長は二千三百倍にもなるのである。それが、生まれてから成人までの二十年間では、体重はたった二十倍にしかならないのだ。赤ちゃんは、この十カ月の間に、原始動物から人類までの発生順にたどってくるのである。だから、胎内での赤ちゃんの一日は、外界の何万年にも相当するのである。ところで、

七、受《じゅ》――この幼児期は、六根によって、はじめて触れる外界の色や声や、香りや、味や、体の感覚、心の感覚、何でも受けつける。これらは、過去の因縁の力によって表れてきた、現在の果報《かほう》という。

八、愛《あい》――成長して思春期となる。少女はお人形を愛し、少年は少女に愛をいだき、そろそろ欲望も出てくる。

九、取《しゅ》――青年期に入ると、愛情も欲望も強烈になり、何とかして愛するものを手に入れたい、と執着するようになる。たとえ、「十悪」を犯しても、人のものを取っても、と思うのである。このときに、しっかり教育しないと、精神に取が固定して、その人の将来の性格や運命がきまってしまう。

十、有《う》――取のときに、いろいろな業が作られて自分の果報となり、心にしみついてしまうのである。この現在の愛と取は、父母の時代の無明にあたるのである。

十一、生《しょう》――あなたは、いま生きている。そして、あなたの愛と取で作った無明による業と、あなたのパートナーとの業が、因縁の力により次の世代をふたたび作るのである。

十二、老死《ろうし》――そして、あなたも子どもも老いて死んでゆくが、ふたたび無明となってくりかえす。

この十二の因縁は、お互い因となり縁となり、果となり合って、過去、現在、未来へと生死流転《しょうじるてん》を、まるで車輪が回転するようにくりかえしていくのである。これを、釈迦は「輪廻《りんね》」と名づけたのである。

十二因縁で説くように、誰もが前世からの業を持っている。だが、今あなたの積む善業が、必ず子孫の善業となって表れてくるのである。

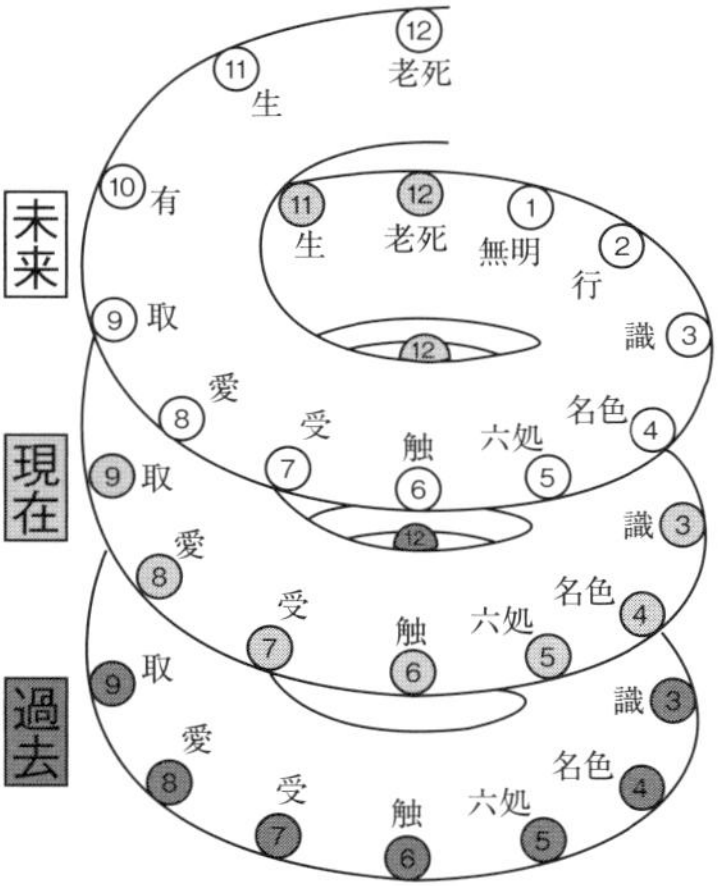

人を毒する「三つの煩悩」とは何か

人間には、誰にも心の迷いがある。

これを仏教では「煩悩《ぼんのう》」という。百八煩悩というくらいに、人の心はさまざまに迷う。

なかでも、最も人の心を毒す代表的な煩悩が三つある。「貪欲《どんよく》」、「瞋恚《しんに》」、「愚痴《ぐち》」、略して「貪《とん》」、「瞋《じん》」、「痴《ち》」といい、これを三毒とよんでいる。

「貪欲」とは、むさぼりの心であり、自分だけがうまいことをしようとする強欲な心である。

人間の欲には五つある。食欲、睡眠欲、性欲という本能的欲望のほかに、財欲、名誉欲というものがある。これが五欲である。

こう書けば、「食べることも、眠ることも、愛することも、みんな欲か」と、びっくりする人もいるだろう。

だが、ここで私がいいたいのは、「過ぎたるは、及ばざるがごとし」という、孔子のことばではないが、「何ごともほどほどにせよ」ということだ。

食べ過ぎ、眠り過ぎ、愛し過ぎは早死にのもとである。

つぎの財欲も、同じことである。

だいたい、うまくいっていない人間ほど、目先の利益を追っかけている。こういう人は、相手の利益など考えない私利私欲だけの人である。

「適正価格」で商売して、「適正利潤」で経営している会社は、必ずうまくいっている。ぼろ儲けは、身の破滅を招くもとである。

「知足者富《たるをしるものはとむ》」という老子のことばがある。「欲をかくのは、ほどほどにしろよ。そうすれば、心は豊かになり、ふところも豊かになるよ」というのである。

こういう心がけでいると、私利私欲はいつの間にか、「公利公欲」つまり、社会のための利益を考えるということになる。これを「大欲《たいよく》」という。

ここまでくると、仏道の目的である「煩悩かえって菩提《ぼだい》（仏さまの心）となる」という境地にまで到達できるのである。

名誉欲も財欲も同じである。自分の能力以上のものを望んでも、ついには勲章の重みでつぶされてしまうのがオチである。はやく、世の中のためにつくす「大欲」に変えてもらいたいものだ。

さて、つぎに「瞋恚《しんに》」とは、いかりの心である。

「よく怒る人は、欲が深い」という。たしかに、欲の深い人はわがままで怒りやすい。このように、貪と瞋とは親戚である。

「怒り」というのは、瞬間湯沸器のようにすぐカッとなることをいう。何かが心のカンにさわると、たちまち怒り出すのである。

ところが、「瞋恚」の瞋《いか》りは、目を三角にして瞋ることであり、恚《いか》りは、恨みに恨んで恚ることである。

したがって、「瞋恚」は、ねちねちと嫉妬心から瞋ることが多いのである。

「生きかわり、死にかわり、たとえ地獄の果《はて》までも、この恨み晴らさずにおくものか」というやつで、これが、いちばんおそろしい。

それにしても、人がみんな自分の思いどおりに動くわけがない。それに腹を立てて、すぐ喧嘩をするのは、この上もなく愚かなことである。

おしまいは、「愚痴《ぐち》」である。

自分の望みがかなえられない、となると、愚かな喧嘩をはじめる。それに負けると、こんどは愚痴をいう。

だいたい、貪欲や愚痴の心で世の中を生きているから、他の人が困ることが分からないのである。それでいて愚痴をいうから、救われない。

「痴」は、疒《やまいだれ》に知と書く。つまり、知恵が病気なのである。ついでに述べるが、愚痴は、梵語《ぼんご》で「モーハ」という。それが、なまって馬鹿になったのだそうだ。

とはいっても、「知恵が病気にかかって、馬鹿なことをいう愚かな人」になってはいけない。特に、人の上に立つ者は、グチグチと文句をいってはならない。

むかしの日本には、問答無用ということばがあった。英語でも、「ノー・エクスキューズ（いいわけするな）」というではないか。

社内でも、何を命じられても文句をいわずに、ハイハイと気持ちよく仕事をする社員がいるだろう。こういう社員は、きっと出世するにちがいない。

釈迦は、

「貪欲の心が永久になくなり、瞋恚の心も永久になくなり、愚痴の心も永久になくなり、百八つの煩悩のすべてが永久になくなってしまったら、そこは涅槃《ねはん》という悟りの世界である」

といっている。しかし、これは理想であって、人間は誰でも、貪瞋痴という三毒の心を持っている。

蛇と牛が、同じ水を飲んでも、蛇はその水を毒にして出すが、牛はその水を乳にして出す、というたとえがある。

人間も、貪欲の心を世の中のための公欲に変え、瞋恚の心をお不動さまのような社会正義のための瞋りの心に変える。そして、愚痴を正しい知恵に変えたならば、三毒変じて三薬となるのである。

「八つの正しい道」とは何か

正しいとは、どんなことなのか？

それは、間違っていないことである、とは誰でも分かる。

だが、ただ間違っていなければ良いということではない。道理にかなっているることを正しいというのである。

人生の四苦八苦（46頁参照）は、欲の心から生まれる。

この欲は我欲といって、自分の願いだけがかなえば良い、というわがままな心のことである。この我欲から脱却するには、八つの道がある、と釈迦は説いている。

一つは「正見《しょうけん》」といって、正しく物事をみることである。

二つは「正思惟《しょうしい》」といって、正しい考え方をすることである。

三つは「正語《しょうご》」といって、正しいことばを使うことである。

四つは「正業《しょうごう》」（正行《しょうぎょう》ともいう）といって、正しい行ないをすることである。

五つは「正命《しょうみょう》」といって、正しい生活をすることである。

六つは「正精進《しょうしょうじん》」といって、正しく努め励むことである。

七つは「正念《しょうねん》」といって、正しく物事を記憶して、正しい信念を持つことである。

八つは「正定《しょうじょう》」といって、正しく、おちついた心を持つことである。

これらが「八正道《はっしょうどう》」といって、八つの正しい道を行く方法である。

そして、これを実行することが、欲を離れて、心豊かに幸せな生活（悟りの世界）を送る道なのである。

この世の中は、何が正しくて、何が間違いなのかを見きわめることが難しい。

しかし、毎日の生活で起こるできごとの中から、何が正しいか、何が道理にかなっているかをよく観察する。そうして、おちついてよく見きわめながら、一つ一つ実行していけば良い。そうすれば、いつの間にか、「正しい八つの道」を自然に歩んでいることに気がつくであろう。

ビジネスマンは、とくに、「正業、正命、正精進という自分の行動をよく戒めること」、「正念、正定という瞑想により、心をおちつけること」、「正見、正思惟、正語という正しい知恵を出すこと」が大切である。

昔、中国に道林禅師という高僧がいた。白楽天という有名な学者が、あるとき禅師を訪ねて、「仏教の真髄は何でしょうか」とたずねた。禅師は、「間違ったことをせず、正しいことをせよ」と答えた。白楽天は、「そんなことは三歳の子どもでも知っている」といって憤然として帰った。しかしその後、それは三歳の子どもでも知っていることだが、六十歳になってもできないことなのだ、と悟ったという。

これで、いかに日常の行ないが大切かが分かるだろう。

あなたが知っておきたい「十の戒め」

むかし、中国に智顗《ちぎ》というお坊さんがいた。天台宗を開いた人である。

この人は、仏になったり鬼になったり、いつも揺れ動く人の心を、四つの「悟りの世界」と、「六つの迷いの世界」に分けた。

両手をひろげて、手の平を上にしてもらいたい。左手の小指から親指へ、続いて右手の小指から親指へと、順番に名前をつけて、説明していくことにする（イラスト参照）。まず、左手の小指から――。

一、地獄界《じごくかい》――奈落《ならく》ともいう。地獄の鬼のような、という表現をするとおり、何でも悪いことはすべて人の責任にする。そして、その人を責め、憎む。こんな人があなたの周囲にいたら、いま、その人の心は地獄界をさ迷っているのである。

二、餓鬼界《がきかい》――餓鬼の図は、「骨と皮にやせているがお腹はいっぱいである。もっと食べたいが、喉は針のように細い。やっと食物にありついても、食べようとすると食物が火になって燃える」という風に描かれている。

いくらあっても欲しいという、欲求不満のかたまりである。「金はいくらあっても荷物にならないからな」などといっている人が多い。あなたはどうだろうか。

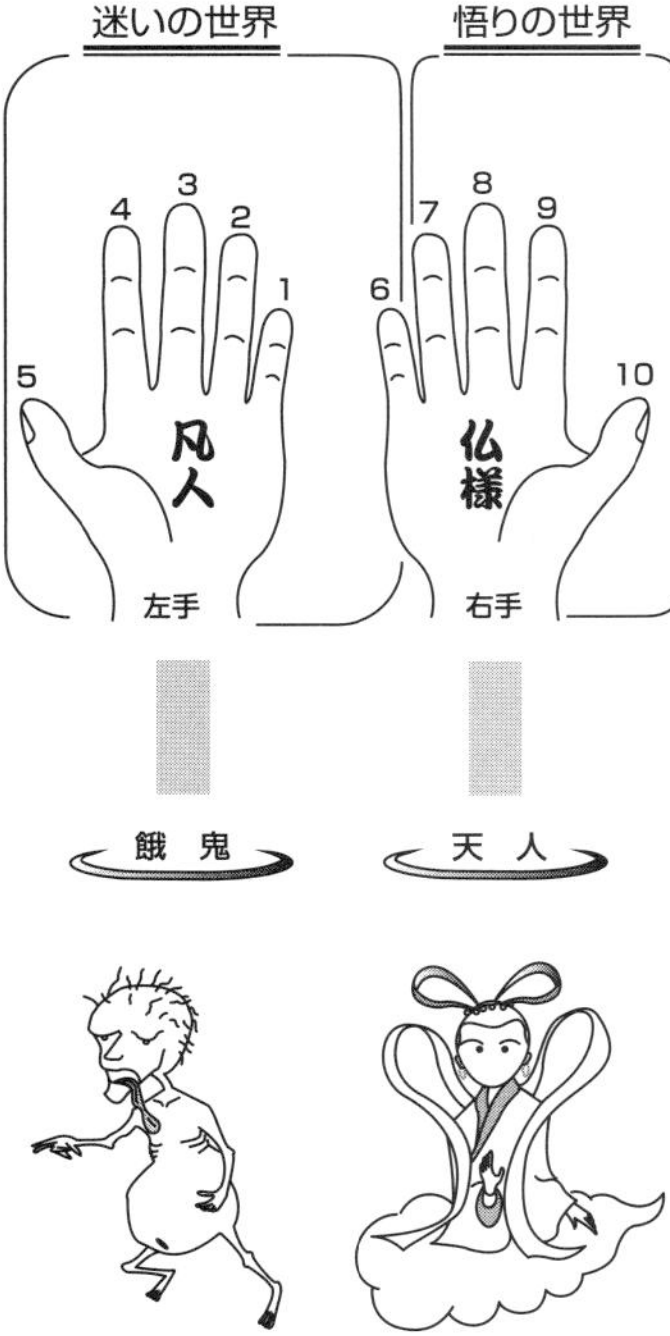

三、畜生界《ちくしょうかい》——強い者勝ち、これを弱肉強食の世界という。他人が迷惑をしようが平気のへいざ、思いやりなどカケラもない。こういう人もいる。

四、修羅界《しゅらかい》——大きくいえば、戦争好きの人、小さくいえば争いや競争の好きな人である。いつも他人に負けまいと、かたひじはっているがんばっている人、そんなのが同僚にもいるであろう。疲れると思うよ。

五、人間界——いわずとしれた人間さまの世界である。苦しみや悩みの多い中で、縦、横の人間関係をよく保って、せめてご縁のある人と仲良くやってゆきたいものである。

六、天上界《てんじょうかい》——やることなすことすべてうまくいって、幸せいっぱいである。他人の不幸など眼中になく得意の絶頂にいる人、これを有頂天（天上界のテッペン）にいるという。

だが、この天上界に住むという天人でさえも、五衰の悲しみを持っている。それは、1、羽衣が汚れてくる、2、頭上の花がしぼむ、3、体が臭くなる、4、腋の下に汗をかく、5、自分の居場所が楽しくなくなる——である。この五つがなくなると死ぬという。天人でさえ、こうである。われわれはなおさら調子に乗ってはならない。

これで、右手の小指まで名前をつけてきた。ここまでが迷いの世界であって、これを、「六道に迷う」というのである。薬指からは悟りの世界に入る。

七、声聞界《しょうもんかい》――釈迦（仏）の説法の声を聞いて、この世の道理を悟ることができる人が住む世界である。たとえ新入社員のいうことでも、道理にかなった正論であれば、傾聴してこれをとり入れるべきである。

八、縁覚界《えんがくかい》――「桐一葉おちて天下の秋を知る」ということばは、自然界の動きをみて、この世は縁によって生まれ、縁によって滅びるものであると覚《さと》る（悟る）人の世界である。こうして覚った人を「羅漢《らかん》」という。釈迦も羅漢であった。

九、菩薩界《ぼさつかい》――自分が悟ったならば、こんどは大衆の苦しみや悩みを救い、悟りの世界にひき入れる努力をする。こういう人を菩薩といい、こういう行ないを菩薩行《ぼさつぎょう》という。

十、如来界《にょらいかい》――すべての執着がなくなり、永遠の宇宙の大生命と同じ心となる。そうなれば、仏さまの世界に入ったといえるのである。

「四つの悟りの世界」が右手の親指の如来で終わると、これで「十界」となる。人の心は、この十界を絶えず出入りしている。こういうわれわれのことを、「凡人《ぼんじん》」という。

迷いの世界にいる左の手である凡人は、悟りの世界に住む右の手である仏さまに近づくために、いつも心がけるべきである。

右ほとけ　左はわれと合わす手の
中ぞゆかしき　南無大師

これが合掌する気持ちである。腹が立ったときは、合掌してみるがよい。自然に心がなごやかになるものだ。この、手を合わせる気持ちを持ち続けることが、ビジネスの世界に住む者の最低の心得である。

「我利我利」に成功の道はないと心得よ

○○御殿といわれるような大邸宅に住み、多くの財産を持っている人は、社会的に高い地位についている。広い土地と家を持てば、多くの物を消費するから、三段論法でいくと、消費量の多い人ほどえらい人というのであろうか。

この世の中には、大勢の人の幸せなど考えたこともなく、ただ自分の利害や名誉を追っかけて走り回っている人が多い。

事業家はみんな、先見性を持ちたいと望んでいる。そんな人達に、ぜひとも自戒してもらいたいことがある。

「人間には、限りない欲望がある。しかし、人は欲に溺れると勘が鈍くなるのである。これを『欲ボケ』という」

いかがですか、耳が痛いでしょう。人を押しのけて我が利益だけを追っかけている人のことを「我利我利亡者《がりがりもうじゃ》」というが、亡者とは、死後、あの世で成仏できずに地獄をさ迷っている者のことである。

釈迦も、

「これは俺の財産だ、俺の土地だ、家だ、息子だ、娘だ、と思いこんでいる。そして、愚かにも、それを守ることに苦しんでいる。自分の身体でさえ自分の思うようにならないのに、財産や子どもがどうして自分のものであろうか」

と、いわれている。この世の中のものは、何一つ自分のものではない。ただ、自分は荷物の一時預り所の職員のようなもので、天命というお客が取りにきたら、いつでも渡さなければならないのだ。

では、どうすればいいのだろう。

中国の司馬温公《しばおんこう》という人が、家訓に、

「子孫のために万巻の書を積んでも、子孫はそれを読まないかもしれない。子孫のために大金を残しておいても、子孫はそれを守らないかもしれない。

子孫をいつまでも栄えさせようと思えば、世の人々のために陰徳《いんとく》を積んでおくことが最も大切なことである」

と、書きのこしている。たしかに、大学者の息子は決して大学者になっていないし、また、どんな財閥でも、孫の代には遺産を食いつぶしてしまうことがある。それよりも、日ごろの陰徳を積むべし、というのである。

陰徳というのは、「世のため人のために善いことをせよ。だが、黙ってやれ」というのである。善いことをしても宣伝するなというのだ。陰徳を積めば、病気や災難は自然に消えてなくなり、世の人は喜び、天地の神仏も喜び、その功徳はまた自分にかえってくるのである。世の中に利口な人は多いが、なかなか成功しないのは陰徳を積まないからである。

「有《う》碍《げ》の人」になるな「無《む》碍《げ》の人」になれ

たいていの人は、運が向いてきて幸せなことがしばらく続くと、調子づいてくる。しかし、その幸せもいつまでも続くわけがない。やがて禍いが訪れてくるが、「これが人生なのだ」ということが分からない。禍いが二つ三つ重なると、「ああ、私ぐらい不幸なものはいない」などといって、へこたれてしまう。

また、よくあることだが、たまたま考案した商品がヒットして大儲けとなった。あるいは、人にだまされて買った土地が、新幹線が通るので買収されて億万長者になった。こうなると、今まで不遇を嘆いていたことを忘れて、あたかも自分に先見性があったからだ、と思いこんでしまうのである。そして、人にごうまんな態度をとるようになる。だが、持ちなれないものは、身につくはずがない。そのうちに使いはたして、ふたたび貧乏になる。すると、たちまちいやしくなって人にこびへつらうようになる。

こんな生活をする人のことを、「有碍《うげ》の人」というのである。碍《げ》というのは、さまたげるということであり、この人の心を、煩悩の迷いがさまたげているのである。

有碍があれば、必ず無碍があるものだ。「無碍の人」は、どんなに大金持ちになっても、ちっともおごらずにふつうの生活をしている。そして、けんそんの心を常に失わない。だから、たとえ貧しくなっても少しもいやしい気持ちをおこさないのである。

幸運に恵まれても、「そのうちに禍いがやってくるだろうから、覚悟をしておかねばならない」と思って心をみがいている。やがて、不運に見舞われて禍いが続いても、「今こそ、つぎの幸せを生むための陣痛の苦しみをせよ、ということだな」と解釈する。そして、不幸せの中でますます心をみがくのである。

これが、煩悩の迷いにさまたげられない、無碍の人の生活である。

明治時代には、わずか三千五百万人ばかりであった日本の人口が、百年ほどの間に四倍近くになってしまった。

これからの激動の世に処すために、経営者は、未来のある子ども達や会社の幹部に何をのこしてやるか? それは、形としての財産でなく、「いかなる状態になっても、その中で自分に与えられたものを喜んで生かしていける人間」に教育してやることである。

それには姿三四郎のことばを提供しようか。

「花と咲くより　踏まれて生きる　草の心が俺は好き」

こんな不屈の意志を持たせたならば、子ども達も幹部達も、どんな境遇におかれても、人生を味わって生きることができるであろう。

「人の生き方を考える「般若心経」」

ちかごろ、本屋さんで般若心経《はんにゃしんぎょう》の解説書がよく売れているそうである。景気の悪い経営者が、「ここらでひとつ心を清めて、出なおそう」などと考えて買うのであろうか。

いずれにしてもお経の中で、これほど人々に知られているのは、ほかにあるまい。さぞかし、西遊記の三蔵法師（般若心経を訳した玄奘法師《げんじょうほうし》）も喜んでいることだろう。

般若心経は、大般若経六百巻のエッセンスを二百六十二文字に濃縮したものである。そのまたエッセンスが、「いろは歌」である（いろは歌82頁参照）。

般若心経を読んでみると、二百六十二文字の中に、「空」という字が七つ、「無」という字が二十一も出てくる。これには何かわけがあるにちがいない。

元来、お経というものはタイトルに本文の大意が全部含まれているものである。

だから、「摩訶般若波羅蜜多心経《まかはんにゃはらみたしんぎょう》」とは、大きな悟りを得るための肝心なお経だということが分かる。

では、悟りとは何だろう、と観音さま（ここでは釈迦）はじっと考えた。「無から有を生ずる」という。元来われわれの体も世の中のあらゆる物体も現在はあるが、やがては消えてゆくものである。そして、また現れては消えていく、というのが七つの「空」である。

だから、肉体も精神もすべての物体も、もともと無かったものと思え、そう思えば、何の苦しみも悩みもない——というのが二十一の「無」である。そうなれば、何の不安もおそれもなくなる。その境地を、悟ったというのだが——。

やがては消えていく肉体だが、あなたはまだここに生きている。無いと思えといっても、私には妻も子も会社もある。無いとはとても思えないというだろう。そう思わなくてもよい。

「どうせ空という宇宙から生じた私だ、私は宇宙のすばらしいエネルギーをもらっている。これを精いっぱい生かそう」と思うがいい。

だが、そのためには今までの固定観念や、へたな考えを捨てて、「無心」にならねばならない。だから、毎朝、般若心経をとなえて心を清めるのである。

そうして、世のためになる正しい行動をするならば、あなたも観自在菩薩《かんじざいぼさつ》（観音さま）という菩薩になれるのである。

人の生きざまを教える「いろは歌」

色《いろ》はにほへど　散《ち》りぬるを
我《わ》が世誰《よたれ》ぞ　常《つね》ならむ
有為《うい》の奥山《おくやま》　今日《けふ》越《こ》えて
浅《あさ》き夢見《ゆめみ》じ　酔《え》ひもせず

いろは四十七文字を、漢字を使ってこんな風に書くということを、今の若い人はあまり知らないのではないだろうか。まして、それが、「涅槃経」というお経のことばから引用されて、深い仏教思想を盛り込んでいると聞けばもっとびっくりするに違いない。短い文句だから、覚えておいて、子ども達に教えてやってほしいものである。

諸行無常《しょぎょうむじょう》　是生滅法《ぜしょうめっぽう》
消滅滅己《しょうめつめつい》　寂滅為楽《じゃくめついらく》

という漢字を日本語に訳したものが「いろは歌」である。いろは歌をもっとくわしく説明すると、

「春になって、におい豊かに美しく咲いている花もやがて散っていく。人間もまた、いつまでも若いつもりでいてはいけない。知らぬ間に年をとってしまい、ついに死なねばならない。もちろん、人間ばかりでなく、すべての動物も植物も、この世に出てきたあらゆるものは必ず滅びなければならない。これは自然の道理である。それを悲しみ嘆くことはない。『エネルギー不滅の法則』という物理の法則からいっても、宇宙万物を構成している物質はどんなに変化しても、そのエネルギーの量は一定で不変である。人間をはじめ、すべての物は因縁により新陳代謝をくりかえしているだけである。この永遠不滅の真理に気がつけば、はかない生命を嘆いたり、浅ましい夢をみて物事

にこだわることはない。煩悩の迷いの酒に酔ったりすることもなく、いつも明るい心で永遠に生きぬくという安心した信念を持つことができる」という意味になる。「いろは歌」には、こんな深遠な宇宙の真理が説かれているのである。

「いろは歌」は、空海の作という。草書の名人であった空海が草書体を変形して創作したものらしい。また、この「いろは歌」は四十七の文字が一字も重複していないのが特長である。

空海は、高野山を拓いて山上に多くの寺を建てた。その際、「いろは歌」を多種多様の材木を組み合わせるための符丁《ふちょう》に使わせた。現在でも、大工さんの木組みには「いろは」が使われている。それをみても、この方法がいかに合理的であったかが推察されるのである。

空海の作ったこの「いろは歌」によって、人々は読み書きを習いながら、知らず知らずのうちに深い仏教哲学を身につけていったのである。

「道理」とは何だろうか

「無理が通れば道理ひっこむ」という。はたして、道理はひっこむか？　いや、ひっこまないのだ。なぜなら、それが正しい道だからである。

無理が通っているようでも、天の時がくれば、たちまち断がい絶壁から、まっさかさまにおっこちる。

どんなに高位高官の人でも、大会社の社長でも、無理を通せば、やがては必ず、道理に打ち負かされる。

道理とは、誰が考えても必ずそうなる理屈（すじみち）である。

道理の道は、「天道」であり、道理は、「天道のすじみち」――つまり、「大宇宙の法則」のことである。

これなら、どんな偏屈な人でも認めないわけにはゆくまい。

宇宙の「宇」は、限りない空間の広がりを意味し、「宙」とは、限りない時の流れのことをいう。だから、どこまでいっても同じであり、いつまでたってもかわらないのが、「宇宙の法則」である。

これを、「宇宙の真理」という。

今世紀に入ってからの科学の進歩はめざましい。

ことに自然科学は、十《じゅう》のマイナス十三乗という素粒子の世界から、四百七十億光年の遠くの世界までを明らかにした。

マクロの世界の太陽系では、太陽を中心に他の天体が回る。ミクロの世界では、原子核を中心に他の電子が回る。

マクロの世界も、ミクロの世界も、宇宙の法則により、同じシステムで動いていることに驚く。これは、自然科学の分野での道理である。

だが、自然科学もこの世の中の表面的なことをほんの少し解明したに過ぎない。

この大自然の中で、人間は空気を呼吸し、動植物を食べて生きている。しかも、人間社会の中でないと、一人では生きられない。

自然と人類や社会が互いに深くかかわり合っているさまは、多くの旅客機が、安全に空を飛んでいるようなものである。お互いの旅客機は、目には見えないが一定のルールに従って飛行するから安全なのである。

万物は、道理という大宇宙のルールに基づいて、お互いに生まれたり死んだりしながら調和を保っている。

たとえば、たんぼの害虫を殺せば、益虫も死んでしまう。やたらに土地を造成すれば、思わぬ災害を招く。人が生まれるときは満潮のときが多く、人が死ぬときは干潮のときが多い。人の血液と海水とは、成分の比率が同じなのだそうだ。

これらのことは、すべて道理の上に成り立っているのである。

仏教では、「山も川も、草も木も、犬も猫も、虫けらから猛獣にいたるまで、あらゆるものが仏性を持っている」という。

仏性とは、仏の性質・仏の心であり、科学的にいえば「意識」というものであろうか。

植物が意識を持っているということは、今では世界中の植物学者が認めるところである。

河原の石ころは、乾いたところに放っておくと、くだけて砂になってしまう。ところが、川の中に入っている石は何万年もそのままである。これを、石が生きている、という。やはり、石にも意識があるのである。

植物や動物や石が持っている意識は、人間も持っている。しかしこれは、われわれが普段使っている意識のことではない。潜在意識のことである。

人間の意識には、感情がともなう。だから、怒ったり、喜んだり、苦しんだり、悲しんだりしたあげく、人を中傷したり陥れたりする。

これは自意識とよぶものである。

植物の意識や人間の潜在意識には、人を傷つけるような感情がともなわない。したがって、これを「仏心」と名づけるのである。

「仏心」といわれる潜在意識は、世界中の万人の心の中に宿っているものである。

大悪党が強盗をはたらき、警察に追われて逃げる途中、池に落ちた子どもが溺れているのをみた。彼は、思わず自分の立場を忘れて池にとび込み、これを助けたという。

彼のこの行動は無意識――つまり潜在意識によるものである。

誰もが、心の深いところに共通に持っている潜在意識（仏心）には、何か必然的な宇宙の法則があるに違いない。

それはたとえば、各家庭にテレビの受信機があって、ある放送局の出した電波を、どの家庭も同じ周波数に合わせて受信するようなものである。

心に、潜在意識という仏心を持っていて、その仏心を大宇宙という放送局が発信する真理という周波数に合わせるのである。そうすれば、道理という天道の道すじがはっきり見えてくる。

この文を読んで、「なるほど、道理だ！」とお分かりになった方は、明日からの自分の行動に信念を持つことができるのである。

「人間の最高の生き方は「妙好人《みょうこうにん》」」

仏教には、妙好人《みょうこうにん》ということばがある。えもいわれぬ、何ともいえない好ましい、良い人という意味と思うだろうが、仏教では少しちがう。妙好人といわれる老婆がいた。ひなびた漁村に住んで、いつも自分が生かされていることを神仏に感謝して、四六時中お念仏をとなえていた。

ある夏、おおぜいの家族といっしょに小舟に乗り、湾を横切って対岸の親戚へ行くことになった。風は強かったが、天気は良かった。お婆さんは日傘をさして舟のまん中に座っていた。湾の中ほどまで進んだとき、突然、小舟は横波をくらい大きく傾いた。子ども達が驚いて立ち上がった。バランスがくずれて、アッという間に小舟は転覆してしまった。海に投げ出されたみんなが、ようやく舟べりにしがみつくと、お婆さんがいない。

必死になって小舟をひきおこしたところ、なんと、お婆さんは日傘をしたままでお念仏をとなえながら舟のまん中に座っていたという。後日、あの不思議なできごとについてみんなが聞いたところ、お婆さんは、

「わたしは、舟がひっくり返ったとき、阿弥陀《あみだ》さまがお迎えに御座らっしゃったと思い、ただもう、ありがたくてお念仏をずっとお唱《とな》えしておっただけだよ」

と、答えたという。妙好とは、清浄な白い蓮華の花を表す。ただもう無心に、学問がなくても、教養がなくとも、愚かな考えを持つこともなく、自然の恵みに感謝して自由に生きる。これを妙好人というのである。

会社というところは、それぞれ異なった性格と感情を持つ人の集合である。ひとたび、感情がもつれて自分が窮地に追いこまれたとき、あなたはどうするか。ある人は腹を立てて何も知らない家人にあたり散らし、ある人は嫉妬の炎をもやして同僚や部下に対して意地悪をする。また、ある人は同僚を誘っ

て、居酒屋で不遇を嘆き愚痴の酒を飲むことになる。

石川啄木という歌人は、不遇のときに、

友がみな　われより偉く見ゆる日は
花を買いきて　妻とたのしむ

と歌ったのである。

同僚が自分を追い抜いて昇進するのに、平静でいられる人は少ない。まして、心から祝ってあげることができる人など、いないのではあるまいか。

蓮華は、よどんだ汚ない泥の中から育つけれども、まっ白で清浄な花を咲かせる。

人は、どんな悪い環境におかれたときでも、決してあせらず、自分が現在の持ち場に生かされていることを感謝して、心豊かに生きて行けばよい。

それが「白蓮華の人」といわれる妙好人の生き方なのである。

第3章

ビジネスマンは菩薩《ぼさつ》の気持ちを持て

「仏の目でみたあなたの過去・現在・未来」

生物がこの世に生まれてくるのに、四種類の生まれ方がある。

一つは、胎生《たいしょう》といって人間や動物のように母胎の中で大きくなり、オギャア！　と、この世に現れる。

二つは、卵生《らんしょう》といって鳥や爬虫類のように卵として出現し、のちにひなにかえる。

三つは、湿生《しっしょう》といってカビやバイキンのように湿った所から出現する。

四つは、化生《けしょう》といって、蝶のように最初は卵の形で出現するが、間もなく毛虫となって、のちに蝶の形になる。このように、二度も三度も似ても似つかぬ形に変化するので化生と名づけてある。

以上の四つの生まれ方を、仏教では「四生《ししょう》」とよぶが、とくに化生によって生まれた蝶を、人間の目で眺めてみよう。

蝶の卵が生みつけられたときから、それが毛虫となり、再び変化して蝶となってゆく過程を、観察箱に入れて観察してみる。

たとえ毛虫が「俺の一生は毛虫である」といい張っても、観察している人間の目からみれば、明らかに彼は卵からの連続である。

そして、「俺には未来なんてないんだ」といくら主張しても、やっぱり彼は確実に蝶になって飛び回るのである。人間の目には、毛虫以前の彼の過去

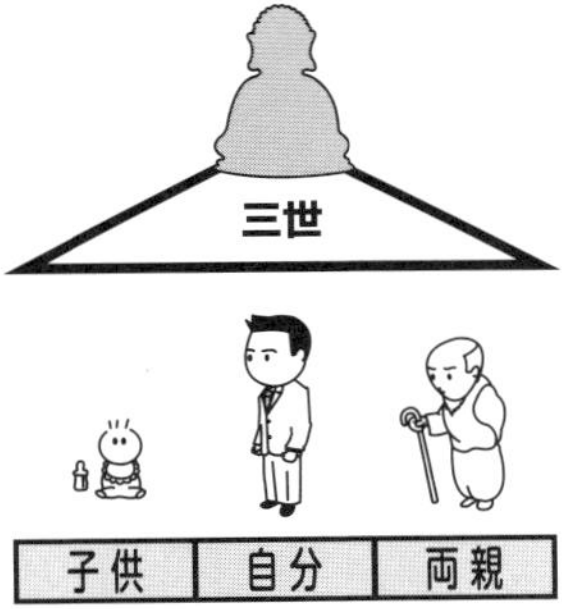

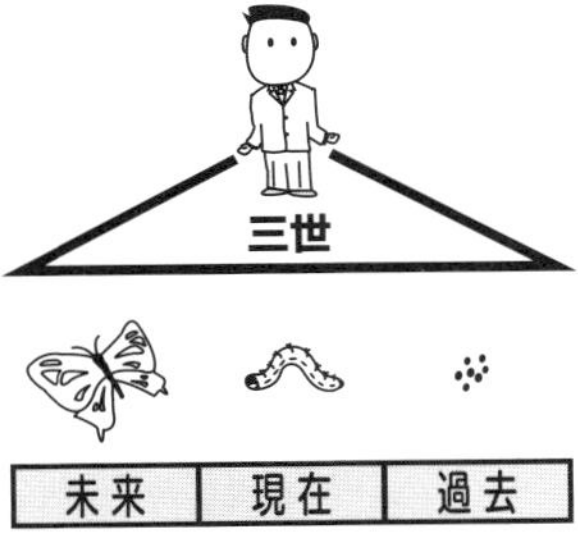

と、毛虫以後の彼の未来がまぎれもない事実としてよく分かるのである（図参照）。

人間の一生も、毛虫よりは長いが、せいぜい百年ぐらいなものである。

胎生によって生まれてきた人間は、「俺の一生は俺という人間で始まり、俺という人間で終わる」と主張している。しかし、毛虫をみている人間よりも数段高い所から、「宇宙の目」でみたとする。宇宙の目は、「仏さまの目」といってもよい。

過去の世界・現在の世界・未来の世界を、あわせて「三世《さんぜ》」という。

仏さまの目でみてみると、俺という人間も毛虫のようなものである。俺だけの一生と思っていても、しょせん過去の両親から、からだも心も性格もすべて受け継いだものである。

そうだとすると、未来の子どもに、良い俺を引き継がせてやらねばならない。そのためには、毎日を正しく生きないと仏さまに笑われる。

そう思いませんか。

「どんな場合でも心まで忙しくするな」

「忙しい、忙しい」と、年中、口ぐせのようにいっている経営者がいる。ことに、儲かっていない会社の社長に、それが多い。

もともと、「忙」という字は「心を亡くす」と書く。心を失っているのである。ついでにいえば、心の上に亡を持ってくると「忘」となる。心を失っているから忘れるのである。

縁あって、この世に生まれてきた人間に与えられた一日の時間は、誰にも平等に二十四時間である。

一日八時間の労働を、みんなが気持ちよく働いて、残業もしないでたいへん儲かっている会社がある。反対に、お昼休みの時間も返上して夜遅くまで残業しているところがある。疲れてくるのでみんなブツブツ不平をいう。そうすると注意が散漫になり、作っている製品に不良品が多くなる。こういう会社は、決して儲からない。

誰でも一日の持ち時間は二十四時間なのに、どうしてこんなにちがうのか。からだが忙しいのと、心が忙しいのは別であることを知らなければいけない。どんなに忙しい人でも、一年を通じてみるとチャンと食事もとり、入浴もしているのである。

人は、仕事をするときは、熱中するのは良いが、決して夢中になってはならないのだ。

忙しい人は、たぶん自分の時間を「足し算」で使っているのである。楽をして儲かっている人は、夢中にならずに、自分の時間を「掛け算」で使っているのだ。

掛け算で使うとはこういうことである。忙しい人は仕事の手順が悪いのだから、前日の夜、または早朝に立てた一日の予定を半日で片づける努力をしてみてはどうか。

たとえば、朝、電気カミソリでヒゲをそる。新聞をざっと読む。おトイレへ入る。これがそれぞれ五分かかる。それならば、おトイレへ入って新聞を読みながらヒゲをそれば、三分の一の時間で済むではないか。なんならコーヒー一杯ぐらい飲めるかもしれない。これを、合理的精神というのである。

それなら、自動車を運転しながらヒゲをそったり本を読んだりしてよいのか、と反論されるかもしれない。それは「夢中になって価値判断をあやまる」ことになる。神経を集中しなければならない価値のある仕事には、一点全力投球をやる。

自分の身体をこまめに動かすのは結構だが、決して心まで忙しくしないで、おちついて、自分の行動の価値判断をしながら、明日の仕事の手順を作ってもらいたいものである。

「風が吹けば…」の先見性を持て

昔からあることわざだが、風が吹くとどうして桶屋が儲かるのだろうか。このことわざを聞いても知らない人が多いので、書いてみよう。

一、風が吹けばほこりがたつ。二、ほこりがたてば目にゴミが入る。三、目にゴミが入るとみえなくなって盲人が増える。四、盲人が増えると生活のために三味線が売れる。五、三味線が売れると猫が少なくなる。六、猫が少なくなるとねずみが増える。七、ねずみが増えると桶をかじる。八、桶をかじると桶の需要が増えて桶屋が儲かる。

だいたい以上の手順である。

くだらないことだが、よく考えたものだ。しかし、こういうのを屁理屈という。

洋の東西を問わず、経営者は先見性を持ちたいと望んでいるが、これがなかなかむずかしい。

人工衛生から観察して世界の情報を集め、科学技術の粋をこらしても、明日の天気予報ですら、はずれるではないか。

むかしの漁師は、あさ早く浜辺に立って、雲の動きや風の方向をみると、一日中の天候を的確にいい当てたという。今の若い漁師はレーダーにたよるばかりで、雲をみてもさっぱり分からないそうである。

毎年、年頭にあたって、経済学者や経済評論家たちの一年間の経済見通しが発表されるが、ほとんど当たらない。なぜだろうか。

全く情報を持たないむかしの漁師は、早朝の自分の判断に生命を賭けた。真剣に、無心になって心と自然とを同化させて、自然の声を聞いたのである。

経済の専門家たちは、新聞社からの電話での質問に軽い気持ちでコメントしているのではないだろうか。これがもし、自分の生死にかかわるとなれば、もっと当たるのだろうが…。

それでは、もしあなたが桶屋ならどうするか。あなたが儲かるためにはどういう手を打てばよいか。桶屋は、ねずみを増やせばよい。そのためには猫をなくさねばならない。それには三味線が売れなければいけない。そのためには盲人、ほこり、風が吹くというように、さかのぼって追求していくのである。

ただし、これが屁理屈ではいけない。自然の動きの中に自分の心をおき、無心になって（ちょうど水が高い山から低い所を探りながら流れてきて、ついに狙いどおりにあなたの池に流れ込むように）判断をして、あなたが儲かるための必然的な要素を、逆に逆にと類推してゆき、それに基づいて計画を立ててゆくことが大切である。

あなたが的確な先見性を持つには、むかしの漁師のように無心になって心の耳を澄まさなければならない。そうすれば、風が吹けばたちまち桶屋が儲かることが、あなたにもみえてくるであろう。

あなたは「転倒《てんどう》」の目でみてはいないか

ストラットンというアメリカの心理学者が、おもしろい実験をした。めがね屋に、天地左右がさかさまにみえるめがねを作らせて、それをかけて八日間くらしてみたという。

最初の一日二日は、こわくて一歩も歩けなかったが、数日たつと慣れてしまった。九日めになって、めがねをはずしたとき、こんどは正常な日常生活がこわくて、しばらくの間は一歩も歩けなかった、という。

また古い俗歌に、

のんきな父さん　蚊帳《かや》をさかさに吊って
これはたまげた　驚いた

このかや変だぞ　天井がない
　おまけにこのかや　底がある

などというのがあった。世の中、慣れによる思い込みというものはこわいものである。

般若心経というお経の中に、「顚倒夢想《てんどうむそう》」ということばがある。ひっくり返った考え方や、夢の中で考えているようなことをいうのである。のんきな父さんは転倒の考え方をしている。またストラットンさんは転倒した物の見方でも、慣れるとあたりまえになる、ということを実証してみせたのである。

弘法大師は、自分が書いた「般若心経の解説書」の中で、この転倒した考え方を持っている人のことを、

「あわれなことよ、いつまでも長い迷いのやみじに眠っている者は。また、苦しいことよ、いたましいことよ、煩悩という酒に酔いしれている者は。泥酔している者は、かえって酔っていない者を笑う。また、迷いのやみじに眠

りすぎている者は、目ざめている者をあざける」と表現している。

世の中には、この転倒した生活をしている人が多い。子どもにペコペコしている親、生徒の顔色をうかがっている先生、社員のきげんをとっている社長と、数え上げればきりがない。

仏教では、悟りの世界のことを、「常《じょう》・楽《らく》・我《が》・浄《じょう》」という。それは、「常に永遠の大生命の中に安住しているから、そこに楽しみがわく。それは、ほんとうの我というものの本体であり、そこは浄らかな平和の境地である」ということである。ところが凡人は、転倒してこんな風に考える。

「常転倒」――人が病気や災害で死んでも、俺だけは別だと考える。自分は百年も二百年も生きられると信じて、財産や、名誉や権力にしがみついていることをいう。

「無常転倒」――この世は無常である。この世の中のすべてのものは、やがて滅びる。私も、こんな苦しい毎日を送っているくらいなら、いつ死んでも同じだ。それならいっそのこと、あさってぐらいに死のうかな、などと考えることをいう。

「楽転倒」――苦しみの種を自分で蒔いておきながら、それを楽しみと思っている。酒を毎晩楽しんでいるようだが、あとで肝臓を悪くして病院へ行く。一度に三人の女とつき合って幸せのようだが、あとでモメて苦しむ。ひとときのギャンブルを楽しむために、消費者金融から金を借りて、あとで生き地獄となることをいう。

「苦転倒」――すべて、この世の苦しみは欲望が原因だと考える。そして、極端な禁欲主義者となって一生を無為にすごすことをいう。

「我転倒」――「おれが、おれが」という奴である。何でも俺の物、俺の財産だと思って、自分が所有者になりたがる。また、俺がいなければ駄目だ、といって主宰者になりたがる。こうして、われと我が心を迷わせていることをいう。

「無我転倒」――これはもう無気力のかたまりである。どうせこの世の中のものは、何一つとして自分のものではないのだ、と考える。生きがいさえなくすことをいう。

「浄転倒」――『よさこい節』に、「坊さん、かんざし買うを見た」というが、坊さんに恋をさせないために、どんな美人も、美しい皮膚の下は血うみの器であるぞ、美しいお腹は糞袋だぞ、といったのである。それでも惚れることを、浄転倒という。

「不浄転倒」――この世のものは、美しいものは何一つない。すべてきたないものばかりだと考える。人の心までもきたないと考えてしまうことをいう。

ずいぶん転倒の種類を書いたものだが、それほど、正しいものの考え方をすることは難しいのである。

この世の中の実相は、密教では「即事而真《そくじにしん》」といって、「われわれの目にうつる世の中のことが、そのまま真実の仏の心の表れである」ということである。この真実の道理に基づいて、正しい考え方を持てば、ストラットンさんに笑われないですむだろう。

「恐いお客さまは「観音さま」と思え」

観音さまは中国からやってきた。

日本中のお寺で、いちばん多い本尊さまは観音さまではあるまいか。

観音さまは、いろいろな姿をしているが、どれも慈愛のまなざしで人々をみている。

浅草の観音さまへお参りすると、本堂の扁額《へんがく》（横長の額）に「無畏心《むいしん》」と書いてある。意味は「畏《おそ》れ心を無くす」ということである。

たいていの観音さまの右手は、手の平を外に向けて人々にさしのべている。それは、「人間の恐怖心を取り除いて、安心させてあげよう」という観音さまのお心を表している形である。

戦国の武将山中鹿之助は「限りある身の力ためさん」といって、神に「われに七難八苦を与えたまえ」と祈ったという。

八苦とは、四苦八苦の苦しみのことだが、七難とは、「観音経」に出てくる七つの難儀のことである。

「大火難（火災）・大水難（洪水）・黒風難（嵐）・刀杖《とうじょう》難（刀や鉄砲による災難）・夜叉羅刹《やしゃらせつ》難（凶悪人による災難）・杻械枷鎖《ちゅうかいかさ》難（無実の罪の災難）・怨賊《おんぞく》難（泥棒にあう災難）」

で、これらは外から受ける災難だが、心の中に起こる七難として、

「大火難（嫉妬や怒りの炎）・大水難（愛欲の海に溺れる）・黒風難（煩悩や迷いの嵐）・刀杖難（心を傷つける他人の中傷）・夜叉羅刹難（心を悩ます他人への邪念）・杻械枷鎖難（親子、妻子などの浮世の義理の手枷《かせ》足枷）・怨賊難（からだに感ずるいろいろな痛みや苦しみ）」という難儀がある。

こういうとき、浪曲の「歌入り観音経」の一節ではないが、「念彼観音力《ねんぴかんのんりき》」を一心に信ずれば、観音さまは、祈っている人の願望に応じた姿に変身して救ってくれるのである。

お得意先やお客さま、あるいは先輩が自分に辛くあたるときがある。そのとき「観音さまが慈愛の心で自分に意地悪をして、私がどこまで耐え忍ぶことができるか試しているのだ」と思えば、意地悪をしている人の心に持っている、美しい人間の本音を聞くことができる。

観音さまは音を観る。ちょっとヘンだがヘンではない。味をみるのは舌であり、風呂加減をみるのは手である。相手の人間をみるのは、舐めたりさわったりしても分からない。心眼でみるのだ。観察するのである。じっと心の眼でみて、よく心の中で考えるのである。

人は、自分が苦境に立っているときや、悲しみに打ちひしがれているときは、人の意見は耳に入らないものである。しかし、耳の痛い聞きたくないことほど聞かなければならない。それは、観音さまの声かもしれないからである。

仕事の手順は「潜水艦の水」の要領で

潜水艦は海に潜る。あたりまえの話である。しかし魚ではないのだから、いつまでも潜っているわけにはいかない。アメリカ海軍の原子力潜水艦は、一カ月以上も潜りっぱなしでいられるそうだが、それでもいつかは浮き上がらなければならない。

太平洋戦争中、日本海軍の潜水艦の乗組員だったという人の話を聞いたことがある。

彼は「当時の潜水艦は、狭くて、不便で、設備も悪く、炭坑で働いているようなものだった」といっていた。持ち物は必要最少限のものしか持ち込みを許されなかったが、何にもましていちばん貴重なのは水であった。

毎朝、一人にボール一杯分の水が支給される。この水の使い方が問題なのである。

湯水のごとく…ということばがあるが、これは豊富な水質源に恵まれた日本だけのいい方ではあるまいか。日ごろ、蛇口の水は流しっ放し、お風呂は湯舟からいつもお湯が溢れている、といった日常では、この話は実感できない。

ともあれ、艦の中での水を使う順序について話したい。

あなたは顔を洗ったあとの水を飲むか、と問われたら、「バカバカしい」と答えるだろう。

まず、自分が一日に飲む量をきめて水筒にとっておく。歯を磨く。顔をあらう。さて、その次は…。トイレに流すまでに、どんな順序で水を使うかを考えなければならない。

もうあなたには、事の重大さがお分かりであろう。そう、『仕事の手順』である。

前日、もしくは早朝に、あなたは一日中に自分がなすべき仕事の段取りをつける。そのとき、何を基準にして価値判断をしているか。また、正しい価値判断をしながら仕事の手順を組み立てているか。

段取りをすすめている途中で、突然、クレームの電話が入ってその処理に午前中の時間をとられてしまった。おかげで、一日の段取りがすっかり狂ってしまった。あなたはそんな日常をくりかえしていないだろうか。

顔を洗っている最中に、敵艦が現れて洗面の水を飲んでしまう愚を犯すことを笑うわけにはいかないのである。

仕事の手順を立てるときは、この世の中のできごとは、予期せぬとび入りはつきものであると心得て、十分に余裕を持ってスケジュールを立ててもらいたいものである。

潜水艦の水は、仕事をする『あなたの時間』である。手順よく、こころして使ってもらいたい。

「追いつめられたときこそ好機と思え」

「転禍為福《てんかいふく》」という文字をみたことがあるだろうか。仏教のことばである。「禍《わざわい》を転じて福と為《な》す」と読む。

ある日、地方のお得意先から、ある製造会社へ大口の注文をしたいから来てほしい、と電話があった。社長は、大喜びで出張した。注文もまとまり打ち合わせをしているところへ、会社から緊急電話だという。受話器をとると、うろたえた声がとび込んできた。

「工場が火事だ、いま燃えている！」

社長は一瞬絶句した。目の前がまっ暗になった。その社長は、飛行機と電車を乗りついで、ここまで来ている。どんなに急いで帰っても、半日では無理だ。

さて、あなたならどうする。あわてふためいて「消防は来たか、金庫は持ち出したか」と電話口でがなりたてるだろうか。または、留守を預かる専務や常務をボロクソにやっつけるだろうか。

人は、いつも、「一大事が起こったとき、どうすればいいか」を考えておくべきである。

この社長の場合、場所はお得意先の社内である。社員たちは、社長が電話口でどう対処するかを、かたずをのんで見守っている。まさにそのとき、日ごろの社長の人間性や経営哲学が表れるのである。社長のことば一つで、そのお得意先は今後、社長を尊敬してごひいきにするか、取り引きを停止するかをきめるかもしれない。

では、どうするか！　やはり、全員が無事かどうかの確認が第一であろう。第二に、現場にいるトップに、「責任は問わないから思う存分の対処をとってくれ」と、頼むしかないのではないか。

それを聞いたお得意先の社員が、どう思うかはご想像におまかせする。

そのつぎが本命である。

「たった今、受注した仕事は、たとえ工場が焼けても下請けや同業者を総動員して、自分が全責任を持って納期どおりに納めます」

と、誠心をこめて自分の信念をひれきし、真心をつくすのだ。その際、同情を求めるような言動は厳につつしむべきである。

このことは、何も火事にかぎったことではない。自分が重大なミスを犯したときは、先方へ行きたくない。叱られるのがこわいものである。だが、こういうときこそ行くべきなのだ。

また、納期が遅れたときなど、叱られるからギリギリまで黙っている。これがいけない。遅れると思ったら、さっそく行って叱られて、相手といっしょに対策を考えるべきである。

自分が追いつめられたときは、「好機が来た」と思わなければいけない。そして、まごころを持って対処する。

そうすれば、必ず「禍は転じて福となる」のである。

「良縁」と「悪縁」をみつける目

「縁は異なもの」というとおり、縁とはほんとうに不思議なものである。

「お二人は良縁に恵まれて、本日ここにめでたく華燭《かしょく》の典を……」などと祝福されて結婚した二人が、一カ月後にもう離婚などということもある。

つまり、二人は縁がなかったのである。

「縁なき衆生《しゅじょう》は度し難し」と釈迦もいっている。釈迦が、いかに仏の道にひき入れてあげようと思って説法しても、駄目な者がいる。その人には、まだお説教を聞く「機が熟していない」――つまり、まだ縁がないのである。

縁は、着物でいえばへりであり、建物でいえば縁側であって、ふちとも読む。いわば、とっかかりであり、このとっかかりが大切なのである。

仏教では、「因《いん》（原因）・縁《えん》（縁起）・果《が》（結果）」といい、ここから、

「因果《いんが》」ということばも生まれた。

因果関係などというが、原因があって結果が生ずるためには、縁がなければならない。

たとえば、一粒の麦を地に蒔く、これを因とする。やがて、太陽が照り、雨が降る。これが縁である。この縁によって、麦は生育して花を咲かせ実をつける。これが果である。

こうして、一粒の麦が大量の実となる。豊作の年は、良縁によったのである。だが、日でりや台風という悪縁にあった年は、凶作となるのである。

人と人との出会いも縁である。

この縁も、良縁と悪縁があるのだが、ふつうの人は、これをなかなか見抜くことができない。それは、人間に自我という執着の心があるからである。

元高級官僚だった人とか、大会社の取締役だった人を引き抜いてきて、いきなり専務に据えたりする経営者がいる。最初のうちはいいが、そのうちに専務のやること、なすことすべてが裏目に出て会社がうまくいかなくなる。

また、大事なお得意先の紹介などで断りきれずに入社してもらった人がいる。ところが、その人のやる仕事には思わぬクレームがついたりする。こんな人を、俗に厄病神がついているという。

「いや、悪縁の人でも、僕は運が強いから良縁にしてみせる」などとイキがる社長がいる。だが、お止めなさい。悪縁は決して良縁になりはしないし、良縁は悪縁にならないのである。もし、あなたの周囲に悪縁の人がいるならば、早く切らなければならない。

釈迦のいう、親しくしてはいけない友（18頁参照）は悪縁の人である。悪縁の人は、積善の業が足りないのである。

「縁と浮世は末を待て」という。誰でも、執着の心を持たずに、心しずかにしていれば、良縁はみえてくるものである。

「あとで活きてくる「ムダ」のすすめ」

「ケチがついた」などという。

縁起の悪いことの前兆と思われるようなことを、みたり聞いたりしたときにいう。

だが、ここでいいたいのは、「ケチンボ」の方である。けちん坊、とも書くらしいが、坊さんはよほどケチなのかもしれない。もっとも、坊主丸儲けなどというから、反対のことばもあるのであろう。

ケチとは、しみったれ、しぶちん、などといって極端に物惜しみをすることをいう。出すものは舌を出すのもイヤ、という奴である。

ケチも度が過ぎるとコッケイになる。だから、よく落語の材料になる。

ケチな大家《おおや》がいて、ある日、釘を打つのに金槌がない。小僧に、「隣りへ行って借りてこい」という。隣りへ行くと、ないといわれた。それを聞いた大家は、「何てえケチな野郎だ。しようがねえから、ウチのを使っておけ」といったという。ケチもここまでくると、さしずめ「ケチン坊賞」でもやらねばなるまい。

ケチと節約とはちがう。節約は、倹約ともいって無駄なことは一切しない。しかし、いざ必要なときには、惜しみなく出すのである。大家の金槌とはちがって、こういうのを合理的なやり方だという。

だが、私が本当にいいたいのは、ケチでも節約でもなく、実は無駄ということについてである。釈迦も、「この世の中には、無駄なことは何一つない」といっている。

「つまらぬというは小さき知恵袋」ということばのとおり、無駄と思うのは知恵が足りないのである。

囲碁にも、捨て石というものがある。ヘボ（へたくそのこと）には、置き忘れた石のようにみえる。ところが、局面が展開していってここ一番というときに、その石が生きてくるのである。

商売でも同じことがいえる。大会社から大口の注文をとるために、多額の接待交際費をつかって苦労をかさねている。しかしほんとうは、たとえ注文があってもなくても、長い間無駄足をふんでおくことが必要ではなかったのだろうか。

とはいうものの、どうしても、「今、やっていることは、結局骨折り損のくたびれ儲けになりはしないか」と思ってしまう。これを「ケチな根性」という。

仏道の修行など、その最も良い例である。中小企業の社長が、研修道場である寺へ月に一度通っている。玄関で靴をそろえて、便所を掃除し、お茶を汲む。ときには嫌になる。しかし、ここで止めるか、続けるかが天下を分けることになろうとは誰が知ろう。

仏道とはそんなものである。だが、この修行が長い目でみれば無駄ではないと悟ったとき、あなたはほんとうの節約家になったといえるのである。

「リーダーの「人との接し方」」

これを、何と読むかはご存知だろうか。むかし、ある人が一休禅師に、「菩薩行《ぼさつぎょう》とはどんなことなのか、分かりやすく一口で教えてください」とお願いした。一休さんは、

「腹立てず、心はまるく、気は長く、おのれ小さく、人は大きく」と書いて

答えられた。

菩薩行とは、菩薩の行動である。行《ぎょう》というのは、何も滝に打たれたり座禅をしたりすることだけではない。毎日の行ないのことである。日常生活を営むための心構えである。

あなたの一生を、充実した悔いのないものにするためには、一休さんのいう、菩薩の心構えを持たねばならない。それをつぎに説明してみる。

一、「腹立てず」——これを「忍辱行《にんにくぎょう》」という。お得意様に恥ずかしめられても、腹を立てない。

グッとがまんすることである。こんなときの呪文を、ソッとお教えしよう。「おん腹立てまいニコニコそわか」と口の中で何度もつぶやくのだ。必ず、怒りの心が溶けてくる。

二、「心はまるく」——心をまるく書いてある。春ののどかな景色のように、いつも顔色をやわらげて、やさしいことばで人に接することだ。「まるい卵も切りようで四角、物もいいようで角が立つ」というではないか。

三、「気は長く」――もっと気を大きく持ちなさい。大会社とのおつき合いは、十年も二十年も先をみながらすると、きっとうまくいく。

四、「おのれ小さく」――お得意様に対して、リーダーはいつも叱られ役、責任をとらされ役なのである。決して威張ってはならぬ。そのために給料が高いのだから……。

五、「人は大きく」――社内から良いアイディアが出て、お得意様でたいそうほめられた。「すばらしい考えだ、あなたの考案ですか」。ここで自分は「そうです」といいたい。でもいってはならぬ。たとえ、そうであっても、部下の功績にしてやるぐらいの度量を持ってもらいたいものである。

会社とお得意様との関係に例をとって説明したが、考えてみるとビジネスマンの行動というものは、「菩薩行の実践」でなければならないのである。

それにしても、一休さんはうまいことを書かれたものである。あなたも、このことばを座右の銘にされるようおすすめする。

リーダーの「心のもち方」

前項で、「菩薩の心構えと行動」については、お分りになっただろう。

ところで菩薩という名は、おおかたにはなじみが深くない。せいぜい中里介山の小説『大菩薩峠』ぐらいなものであろうか。

浅草の観音さまの本名は、観世音菩薩《かんぜおんぼさつ》という菩薩さまだし、お地蔵さんは地蔵菩薩《じぞうぼさつ》という菩薩さまだといえば、すこしは身近かに感じられるであろう。

「菩薩のような、やさしいお顔」と表現されるように、観音さまも、お地蔵さまも、美しく端正なお顔で、慈愛に満ちた目をしておられる。これを「慈悲《じひ》の相《そう》」という。

慈悲の心を仏さまのお姿に表したものが、観音さまやお地蔵さまである。

したがって、菩薩の心とは慈愛の心である。

慈《じ》は、いつくしむと読む。いつくしむ心というのは、「人の喜びを自分の喜びとする」ことである。かんたんなことだ、というかもしれないが、果たしてそうだろうか。

たとえば、あなたの息子の友達がそろって有名校に入り、あなたの息子だけが落ちても、あなたは人の喜びを自分の喜びとできるかどうか。

悲《ひ》は、あわれみの心である。人の悲しみをわが悲しみとすることである。

これは、もっとむずかしい。

あなたの同業者である商売仇が、ある日とつぜん心不全か何かでこの世を去ったとする。当然、お葬式に行って、「業界にとって、不世出の人材をなくし、まことに残念である」などと、お悔やみを述べるだろうが、あなたの本心は、悲しくてたまらない、ということはあるまい。

「やれ嬉し、隣の倉が燃えてゆく」

「隣に倉が建ちゃ、わしゃ腹が立つ」

この二つの川柳は、慈や悲が、いかにむずかしいかということを物語っている。

菩薩は、この慈悲の心を人びとに喜捨する。

喜捨《きしゃ》とは、ほどこすことである。

観音さまや、お地蔵さまのような菩薩さまは、人びとに「喜びをほどこす」。これを「喜」という。また、人びとが危機にひんしたときは、「自分の身を捨てて」救ってくれる。これが「捨」のほどこしである。

慈悲と喜捨の四つの心構えを持って、菩薩さまは行《ぎょう》を続ける。

こうして、菩薩行を一生懸命に実践している人のことを「菩薩」とよぶのである。

もしもあなたが縁あって、浅草の観音さまや、どこかのお地蔵さまに手を合わせることがあったら、「俺も菩薩だ」と思ってみるがいい。そうすれば、あなたの顔はたちまちやさしい温顔にかわり、部下のあなたをみる目もちがってくるであろう。

「リーダーが守るべき「六つの戒め」」

どこの家庭でも、ご先祖の位はいに花を供え、お水を供え、御飯を供え、ローソクを供え、線香を供える。「どうして？」と聞かれると困る方が多いだろうから、ここで説明しておく。

人が死ぬと、生前に行なってきた業に応じて、それぞれ十界（十界の項68頁参照）に行く。その十界のうち、迷いの世界である地獄、餓鬼、畜生、修羅、人、天、の「六道に落ちた人を救う道」がある。これは、生きていても、心が六道に落ちている人にも適用される。

この救いの道のことを、「六波羅蜜道《ろっぱらみつどう》」という。悟りの世界へ行く六本の道ということで、誰でも、この六つの道を行く（六度の行という）ことによって仏になれるのであり、これが「菩薩行」である。さて亡者のために、

一、お水や茶湯を供える——これは布施《ふせ》の徳である。もの惜しみをする心をなくして、感謝の心で社会につくす道を行く。

二、香を手の平に塗って体を清める——持戒《じかい》の徳である。行ないを正しくして、悪事はさけて善事にはげむ道を行く。

三、お花を供える——忍辱《にんにく》の徳である。怒りやすい心を静める道を行く。

四、お線香を供える——精進《しょうじん》の徳である。なまけ心をなくす道を行く。

五、御飯を供える——禅定《ぜんじょう》の徳である。散りやすい心をまとめて安定させる道を行く。

六、ローソクを供える——知恵《ちえ》の徳である。愚かな暗い心を、愛の知恵で明るくする道を行く。

この六つの道を行くことを表しているのが、いろいろなお供え物である。そして、この道を歩むとき、亡者も拝む人も救われるのである。

六度の行の中で、布施と持戒は修行の根本であり、忍辱と精進は外部から加えられるいろいろの災害を防ぐ。そして、禅定と知恵は生死の恐怖から逃れる武器となるのである。

京都に『六波羅蜜寺《ろくはらみつじ》』というお寺がある。この寺の名は、六度の行からつけた名だということはすでにお分かりであろう。

この寺には、開山である、空也上人《くうやしょうにん》の等身大の像がある。この上人の口から舌が長くのびて、舌の上に六人の菩薩さま（お地蔵さま）が乗っている。これは空也上人の口から出ることばは、すべて六波羅蜜行そのものであったということを表したものである。

あなたも、お仏壇のご先祖の前に座るときには、六度の行をしているのだ、という気持ちで六つのお供えをしてほしいものである。

リーダーがやるべき「布施行」

今ではみられないが、むかしは東京の数寄屋橋の下を川が流れていた。その橋の上では、いつも今でいうホームレスが数人、むしろの上に座って、

「右や左のダンナさま、どうぞおめぐみを」

とやっていた。

このダンナさまは、旦那《だんな》さまと書く。旦那は梵語《ぼんご》のダーナが語源であり、施し物という意味である。

お坊さんにお経をあげてもらえば、お布施をさし上げる。

お坊さんは、故人のためにお経を読んで、仏法を施してくれたのである。

これを「法施《ほっせ》」という。

それに対して、お金などの財物をお坊さんに施すのは、「財施《ざいせ》」である。

赤い羽根にはじまって、ナントカ救済基金とか、難民救済金、年末には慈善鍋等いろいろな寄付がある。全部に気前良くおつき合いしていたら、そのうちこっちが「ダンナさま」と呼びかけなければならないはめになる。

お金と心に余裕があるときは、どうか世の人のために施しをしてください。

しかし、お金がないときには、何を施せばいいのだろうか？

これからが、リーダーの出番である。

「リーダー業という行《ぎょう》は、菩薩行《ぼさつぎょう》である」（１２３頁参照）と前にいった。金がなくてもできる「施しの行《ぎょう》」について話そう。

一、社の内外を問わず、無駄を省くことを教えて節約をすすめること。これは「財施」になるのである。

二、部下や、あなたの周りの人たちの心配ごとや悩みごとを聞いてあげて、不安な気持ちをなくしてあげること。これは、観音さまの項で述べた（１０８頁参照）「無畏施《むいせ》」という施しになるのである。

三、リーダーの顔の表情や、目の動き、手足の動きの一つひとつは「法施」

である。この法施について、もう少し具体的に話そう。

イ、目の施し……観音経《かんのんきょう》というお経の中に「慈眼視衆生《じげんじしゅじょう》」ということばがある。やさしいまなざしで、みんなをみてあげなさい、ということである。たとえば、虫が好かない奴、と思っている人に対しても、にらみつけたりはしない方がよい。

ロ、なごやかな顔でニコニコする施し……家庭でも会社でも、微笑のある場所にしたいものである。部下は、いつも上司の顔色をみている。笑いのない部屋には、ガスがこもっているようなもので、不愉快だし、今にも誰かが怒り出すのではないかと、爆発の恐怖におそわれる。

皆さんは、いつも顔から微笑みを忘れないでもらいたい。笑う門には福きたるというから。しかし、誰もいない所でニコニコするのは止めておこう。みんなが心配するといけないから。

ハ、やさしいことばをかける施し……幸せになることば、というのがある。それは、聞いている相手の心を明るく朗らかにすることばである。「やさしいことば」であり、「やわらかいことば」であり、「思いやりのあることば」である。

寒い朝の守衛さんには「おはよう」だけでなく、「寒いのにごくろうさま」ぐらいはつけ加えても風邪はひくまい。

ニ、からだでする施し……ボランティア活動である。老人が重い荷物を持って歩いているのを助けてあげるのも施しである。

ホ、まごころの施し……相手の立場に立って物事を考えてあげるのも施しである。押しつけではない「思い送《や》り」の心である。

人が損をしても、自分だけ儲かれば良いと思う心は鬼の心である。人の利益を考えてあげる心は、仏の心である。

へ、席をゆずってあげる施し……いうまでもあるまい。だが、席とは乗り物などの席のことであって、自分のポストのことではないからご心配なく。

ト、気持ちよく招き入れる施し……会いたくない客が来ても、こころよく招き入れて、おいしいお茶でも入れ、訪ねてきたことに喜びを感じさせてあげることである。

どれ一つとってみても、むずかしいことはない。すべて、今日からでも実行できることである。では、これを完全に生涯を通じて行なえるか。とてもできまい。これができれば、ほんとうの菩薩さまである。しかし、せめて一つ二つからでも実行していってもらいたい。これは、無資本でできることである。

お坊さんにお経をあげてもらって、お布施をさし上げるだけの財施でなく、あなたはリーダー業という菩薩行をしなければならぬ。

あなたが、なごやかな顔でやさしいことばを部下にかける。

この法施を行なうとき、部下は嬉しくなって、ますますがんばり、会社に大きな財施をしてくれるであろう。

「してはならない布施もある」

「施す」という布施行《ふせぎょう》は、仏道修行の中でもたいへん重要だということがお分かりになったであろう。そして、財施や、無畏施よりも、法施がいちばんやさしくて、いちばんむずかしいことも理解できたであろう（１３２頁参照）。

だが、人には何でも布施をしろというのではない。施してはならないものもある。

一つは、酒である。「酒は百薬の長」ともいうが、酔えば人の心を狂わせる。

二つは、毒薬である。あたりまえだ。これについては、説明の必要もあるまい。

三つは、殺生道具だ。銃砲刀剣類のことである。

四つは、人を迷わす音楽である。現代は、迷わす音楽どころか、いかがわしい映画やビデオまであるのだから、釈迦も禁止事項を増やさねば、と思っているかもしれない。

五つは、女色である。これで身を誤る人が多い。「酒と女はかたきだ」という。誰だ、かたきに恵まれたい、などというのは。

今までの五つは、施してはいけないものである、こんどは、施してから「忘れなければならないこと」が三つある。

一つは、何を施したか。また、何をしてあげたか、ということである。

生活に困っている家庭の人が、知り合いの会社の社長から相当の金額を施されたとする。ところが、その施しをした社長は、あちこちで施したことを吹聴して、自分がいかに慈悲深いかを宣伝している。

そして、お礼に来るのが遅かったとか他人に苦情をいっている。これを伝え聞いた施しを受けた人はたまらない。こんなことなら、もらわなければ良かったと思っている。社長は自分では施したつもりであろうが、実はまだ、手の中に施し物を握っていて、放したくないのである。惜しいのだ。

また、お礼に来ないなどとは、恩を売っているからである。恩というものは、受けた人が自然に感じるものであって、売るものではない。したがって、二つは、誰に施したか、誰にしてあげたかを忘れることだ。そうすれば悔いはない。

三つは、施したこと、してあげたこともついでに忘れてしまうことである。この三つの忘れなければならないことを「布施《ふせ》の三忘《さんぼう》」と名づける。布施の行というのは、五つの施してはならぬことと、三忘をよくわきまえて行なわないと、かえって「貪欲《どんよく》（むさぼり）の罪」を作ることになるのである。

このように、忘れることが良いときもあるのだ。

「ことばの重要さと良寛さんの戒め」

ことばには不思議な力がある。

日本では、むかしから「言霊《ことだま》」といって、ことばには霊魂が宿っているという。また、聖書には、「はじめにことばがあった。ことばは神である」とまで書いてある。

人の口から出ることばというものは、ときには人を生かし、ときには人を殺す。だから、布施の項（132頁参照）でも、十善戒の項（182頁参照）でも、戒めなければならないことがたくさん出てくる。

それほど大切なことなので、もう一度述べよう。自分が何気なくしゃべった「無意識のことば」は、ときとして人の心を打つものである。

また、あなたが、相手に対して悪い感情を抱いているときは、自分が気づかないでいったことばが、相手の心にグサリと突き刺さる。そしてそれは、一生あなたを恨み続ける原因になるかもしれない。

逆に、あなたがいつも心にかけている相手の場合は、やはり無意識にかけたことばが、驚くほど相手を感激させることもある。そして、あなたを一生涯、尊敬し続けることになるであろう。だから、キリストではないが、いつも心に愛を持って、ことばを発しなければならない。

不幸になることばというのがある。それは、まず、「不足をいうこと」である。不足とは、足の働きが足りないことだ。ついでだが、働くという字は、「人間が動く」と書く。犬が動いても働くとはいわない。人間が動いて「はたをらくにしてやる」ことだ。こじつけのようだが、真理である。

つぎは、「愚痴をいうこと」（60頁参照）である。「もし……タラ……ノニ」という奴である。

愚痴をいっていると、人の顔は渋面（しかめっつら）になる。渋面になると、みけんにタテじわが寄る。新入社員採用のときなど、みけんにタテじわのある人は不平が多い。ということを知っておくとよい。

だが、もともと、タテじわがある人でも、いつも心を楽しく平静にしていれば、そのうちそのしわも消えてしまうから心配はしないでよい。

さいごは、「泣きごとをいうこと」である。「後悔先に立たず」ということわざがあるが、「後悔を先に立たせて後からみれば、杖をついたりころんだり」というではないか。

幸せになることばもある。これを、「愛語《あいご》」という（布施の項132頁参照）。愛語は、相手の心を明るく朗らかにする。

たとえば、誰かに声をかけたとき、「ハイ」という明るい返事がすぐ返ってきたら気持ちがいいであろう。

愛語とは、まず、「やさしいことば」である。おだやかに話すことだ。トゲのある言葉を使ってはいけない。

つぎに、「やわらかいことば」である。かたくるしいことばや、鋭いことばを使ってはいけない。

さいごは、「思いやりのあることば」であるが、つまるところ、すべては思いやりの心に発する。「ありがとう」という感謝のことばは、その最も良い例である。

ちかごろは、「どうもありがとう」の、ありがとうという感謝のことばを忘れて、「どうも」だけである。これではどうも困ったものだ。

外国でも、いちばん美しいことばは、「サンキュー」だというではないか。

良寛さんが、「ことばについての戒め」ということばを残している。とても大事なことだから紹介しよう。

一、ことばの多いこと。

二、はなしの長いこと。

三、てがらばなしをすること。

四、自分の生まれや身分の高いことを人にいうこと。

五、人がものをいいきらないうちに、ものをいうこと。

六、たやすく約束をすること。

七、人に物をやる前に、なになにをやろうということ。
八、物をやったことを他の人にいうこと。
九、よく知らないことを人に教えること。
十、悲しんでいる人のそばで、歌をうたうこと。
十一、人がかくしていることをバラすこと。
十二、目下の人を軽んじること。
十三、部下に荒いことばを使うこと。
十四、心にもないことをいうこと。
などをしてはいけない、ときつく戒めている。

どれ一つとってみても、現代の人にも、耳の痛いことばかりではないか。

要するに、不幸になることばが出るのは、感謝をする心を忘れているからである。

「ありがとうよ、ありがたい、もったいない」と心からいえる人には、ほんとうに有《あ》り難《がた》いことが起こるものなのである。

「人とのつきあいは「同事《どうじ》」の心で」

人は誰でも仏になれる素質を持っているが、修行をしないので仏になれない。仏になるための道を、いっしょうけんめいに歩んでいるのが菩薩であり、その行動が菩薩行である。

ところで、ビジネスマンが行なうべき菩薩行の一つに「同事《どうじ》」ということがある。これは、人とつき合うときには、とくに心がけなければならないことである。

同じ事――つまり、相手と同じ立場に立って、ものを考えたり行動したりすることをいう。

えらい人とつき合うときは、謙虚な気持ちでえらい人を見習う。えらくない人とつき合うときは、その人のレベルまで降りて行って、いっしょに考え、いっしょに行動してあげること。これを、同事というのである。

お得意先や目上の人とおつき合いするときは、遠慮や気がねの気持ちから、自然にへりくだっているものだ。しかし、部下や、下請けや、目下の者に対しては、ともすれば、ごうまんな態度になりがちである。

それは、「えらくない奴から、なめられまい。軽くみられまい。俺はえらいんだ」という気持ちがそういう態度をとらせるのである。また、「もしも俺がみんなの所まで下りていって、みんなと行動を共にしたら、なめられるんじゃなかろうか」という心配もあるのだ。

でも、そんなことを恐がっていてはいけない。自分に実力があれば、黙っていてもみんなはあなたを尊敬するものである。

「社長、専務はえらい人、俺たちゃ体のえらい（体がきつい）人」という気持ちが、使われる側にはある。こういうことを、よく心得たうえで、部下と同じ立場に立ってものが考えられたら、ほんものの同事である。

同事は、そればかりではない。あらゆることに対して、同事でなければならない。

たとえば、一つの商品を作るとき、自分は使う立場、買う立場に立って考えているつもりでいる。買う立場からいえば、「その商品は、千円なら買ってもいい」と思っているのだが、「とんでもない、原価が千円以上もするんだ。売るのは千八百円でなければ嫌だ」と、もう一人の自分が答えてしまう。自分でも気がつかないうちに、売る立場に立って自分の利益を先に計算している。だから、いざ売り出してみても、高すぎて売れないということになる。

それほど、「同事」になるということはむずかしい。

「社長や専務も、体のえらい人」にならなければ、ほんとうの菩薩行はできない。

「忍耐は「一日だけ」と思うこと」

裏磐梯の猪苗代湖のそばに、有名な細菌学者であった野口英世の生家がある。その生家の石碑に、「忍耐は苦し、されどその果実は甘し」と書いてある。

忍耐とは、耐え忍ぶことである。忍は、刃《やいば》の下に心と書く。たとえ刀でおどかされても、じっと耐えるということである。

「忍耐という木を育てるのは、長い期間を要し、その苦労は並たいていではない。だが、いつ実るか分からないが、必ず実るその味は格別甘いものだ」

と英世はいっている。

忍辱《にんにく》（菩薩行の項123頁参照）とは、侮辱されたり迫害されたりしても、じっとがまんをすることである。この、がまんをすることが、忍耐である。

ままならぬこの世の中で、自分が好意でしてあげたことがあだとなり、悪意となってかえってくることがある。

その結果、お得意先や上司から冷たい仕打ちを受けたときは、じっと堪えなければならない。そして、受けた冷たい仕打ちを心の中で温めるのである。この温まるまで堪える心が「忍」である。そしてやがて温かくなったときに、相手に返してやればよい。これを、「慈愛の心」という。そして、これによって相手が反省したとき、自分も救われる。それを、仏教では「供養した」というのである。

忍耐ということばは、いまどきカビくさいかもしれない。しかし、現代こそいちばん大切なことばであり、自分が幸せになるための切符である。家庭内でも、みんなが堪える心を持っていなかったならば、爆発物を背負っているようなものである。家の中を幸せに保とうとするならば、忍の一字しかない。

また、忍耐は、「平静な気持ち」から生まれるものである。だから、決してカッカとなってはいけないのである。カッカとなりそうなときは、相手を「かわいそうだな」と思ってやればよい。あわれみの気持ちを持てば良いのだ。

忍耐の中で、もっとも大事だがむずかしいことは、時を待つことである。「桃栗三年、柿八年」というけれど、長くても先が分かっていれば良い。だが、いつ実がなるか分からないことほどイライラするものはない。

それについて白隠《はくいん》弾師の先生であった「正受《しょうじゅ》老人」という人が、「どんな苦しみでも、一日だけと思ったら堪えやすい。また、どんな楽しいことでも、一日だけと思ったら、のめりこむこともあるまい。一日一日と思えば、百年も千年も堪えることができる――」といっている。

商品開発をしても、人材を育てるのも、忍耐の気持ちを忘れずに、一日一日を大事にしてほしいものである。

第4章 菩薩《ぼさつ》道を身につけるために

「自分自身を戒めることばを持て」

どんな零細企業でも、いやしくも人の上に立って、人を率いていくためには、自分の人生哲学を持つべきである。そうすれば、それが経営理念となるのである。

人生哲学とか経営理念だとか、ことばはおおげさだがむずかしいことではない。あなたが、一生を通してやろうと思うことを書いてみるがいい。会社には社訓があり、家には家訓（むかしは、武家や大きな商家には必ず家訓というものがあった）があるように、あなたの「自訓」を作ってみるのである。

ここに、三菱の創始者である岩崎弥太郎の「岩崎家の家訓」があるので紹介する。

第一条　小事に心うばわれず、大事を行なうことを目的とせよ。

第二条　ひとたび事をはじめたら、必ずそれに成功せよ。
第三条　投機的事業に従事すべからず。
第四条　国家の利益を心において、すべての事業を行なえ。
第五条　公共奉仕とまことの純粋な精神を忘れるな。
第六条　仕事に精を出し、倹約し、他人に思いやりあれ。
第七条　適材を適所に用いよ。
第八条　雇人をよく取り扱え。
第九条　ことを始めるにあたっては大胆に、その実行には細心であれ。
彼は土佐藩の武士であったが、この家訓は仏教そのものといってよい。「岩崎家の家訓」は、今でも三菱の社訓として大切に守られているそうである。ことばはやさしいが、大局的な立場に立って、国と社会の恩に報いるために努力しよう、という決意のほどがよく分かる。

訓というのは、「いましめ」である。仏教では、「戒《かい》」という。戒律《かいりつ》ということばがあるが、戒は自分で自分を戒めることである。律は、他人から定められることである。だから、法律というのは、法によって強制的に定められることなのである。

さて、この自分で作る「いましめのことば」は、かんたんなほど良いのだ。たとえば、いま、あなたの戒めとして三つのことを伝授しよう。この場合は、反省するのである。今日一日をふりかえってみて、

一、すべてにおちついて行動したか。

二、約束は守ったか。

三、楽しく仕事をしたか。

何だ、そんなやさしいことか。そんなことなら誰でも知っている、というだろう。では、やってごらん。これが完璧にできたら、その戒はもうあなたの人生哲学であり、あなたは偉大なる人物である。

「どんなときでもあなたの修行と心得よ」

「穢土《えど》の一日の修行は、深山の千日の修行に勝る」ということばがある。

穢土とはこの世をいい、みにくい、けがれた中で生きていく苦労は、一人っきりで深い山の中に入って千日間の修行をするよりも、もっとたいへんなことだ、といっているのである。全く同感である。

天台宗には、「千日回峯行《せんにちかいほうぎょう》」という荒行《あらぎょう》があり、法華宗では「百日行」があり、禅宗では長い期間の「座禅行」があり、真言宗には「求聞持法《ぐもんじほう》」というきびしい行がある。

いずれも、一人っきりで己の肉体の苦痛に耐え、心におこる煩悩の炎をおさえる修行である。これは、いったん出家して僧としての覚悟ができればやれるものである。

しかし、この世は「忍土」といわれるとおり、何ごともがまんしなければならないことばかりである。

大切なお得意先で、何かミスをした場合、多くの社員がみている前で自分よりずっと若い担当者に、ありったけの悪口雑言《あっこうぞうごん》を浴びせられる。口惜しさと屈辱感に涙が溢れるのをじっと堪える。これが修行なのだ。

修行とは、行を修めると書く。行ないを正しくすることである。ここでいう行ないとは正しいことばを遣《つか》い、正しいものの考え方をし、正しい行動をすることである。

世間での修行は、対人関係がその第一歩である。しかし、修行もやりようによっては楽しくできる。たとえば、お客さまがまっ赤になってカンカンに怒ったとき、あなたはどうするか。

まず、自分は今、心理学の勉強をしていると思えばよい。「私がこう答えたらどう出るかな」「なるほど、彼が怒ったときは方言がまじるんだな。さては広島出身だな」などと観察するのである。そうすれば、あなたは彼を冷静にみることができる。

つぎに、彼が怒らなければならなかった原因を彼の立場に立って、深く、親身になって考えてみる。すると、きっとあなたは、彼をやさしい目つきでみることができるようになるに違いない。

「何万個の商品の中から、たった一個のミスを、衆人環視の中で、しかも大声でこんなにボロクソにいわれるのは、もしかして仏さまが彼に身を変えて私をさとしているのかもしれない。今日から、私は心を入れかえ、万全な品質管理をはかり、完全な商品を今よりもっと安く納入しよう。そうすれば、今の仁王さまのような彼の顔が、パッと仏さまの顔にもどるのではないか」

そう考えたときのあなたの彼をみる目つきは、今までのふてくされた表情はさらりと消えて、感謝のまなざしにかわっているはずである。

ここまでくると、あなたの修行は、本物に近い。どうです、これぐらいならば、やれるのではないだろうか。

「同行二人」お遍路さんのすすめ

四国は死の国、というと、四国の方に叱られるかもしれない。

しかし、「四国八十八カ所めぐり」についてはそうなのだ。白装束《しろしょうぞく》（死装束）に身をかため、禅宗でいうところの「大死一番」の旅に出る。

今までの生活上の苦しみや、家庭の悩み、事業のいきづまりはおろか、病気さえも、浮世のできごといっさいを投げ捨てて、死んだ気になって旅に出るのである。

あるときは太平洋の波が洗う海辺づたいに、あるときは、熊笹をかきわけながら険しい山道をゆく。千四百キロの道程を六十日近くもかけて「遍《あまね》く路《みち》を経《へ》めぐる」。だから、この四国巡礼だけは「お遍路さん」という。

ちかごろは、仕事の疲れでストレスがたまっている人が多いと聞く。こんな人のために遍路の旅は、一名「お四国病院」と呼ばれている。

二カ月近くも、朝は五時に起き、きれいな空気の野や山を日が暮れるまで歩く。寺から寺を訪ねては大声で経を読む。これでは、どんなストレスもどこかへ消えてしまう。

遍路の旅は、どうしてそんなに功徳があるのだろうか。その鍵は「同行《どうぎょう》二人《ににん》」にある。

四国八十八カ所を開いた弘法大師は、六十二歳のとき高野山で「入定《にゅうじょう》」（生きたままで、永遠の禅定に入る）された。そのとき、「この身はこの世で亡びても、この世に大衆がある限り、わが魂は永遠に、大衆の悩みを救わん」といわれ、「わが遺跡を訪ねて、わが姿を絵や像でみたときに、わが名を呼んでくれればただちにあなたを救ってあげよう」と約束されている。

そこで「金剛杖《こんごうづえ》」と呼ぶ杖を、弘法大師と思って、「一人旅でも同行二人、寂しいことなどあるものか」と、ひたすら大師を信じ、大師にすがって遍路をするのである。

同行二人を信じて遍路をする人には、必ず不思議なことが起こる。あちらこちらの寺には、ギブスや松葉杖がたくさん奉納されてある。

だが、観光気分で車に乗って回っても、不思議は起こらない。不思議なことは、信心から起こり、信心は一生懸命に祈ることから起こるのである。

遍路の旅は、信念を作り、自分の思想を清める最良の方法であり、寺から寺を回っている間にいつの間にか霊気に浸されて、心に法悦がわいてくるのである。

何ごとにも、キッカケというものがある。この一文を読んだことがキッカケとなり、日ごろの自分から抜け出して、死国へ同行二人の旅をしてみたいと思われるならば幸いである。

人生はまるで「砂糖の味」

砂糖がはじめて日本に紹介されたのは、豊臣時代だったといわれている。おそらく、ポルトガル人あたりが献上したものを、珍しいもの好きな秀吉公がいちばん先に甜めたのであろう。

まだその味を知らない家臣が秀吉公に聞いた。

「殿、砂糖とはどのような味わいでございまするか」

「うむ、それは雪のように白くてな、細かい砂の如くさらさらとしており、口に入れると舌がとろけるように美味なものじゃ」

百万の将をも説き伏せる秀吉公が、いかに弁舌さわやかに説明しても、これでは家臣には分からない。

また、世界的な文豪が筆舌をつくしても、その味を納得させることは不可能である。それなのに、指の先にちょっとつけて、舌の上に運ぶだけで一瞬にして理解できるのである。

サントリーの社長であった佐治敬三さんが、サントリービールを製造販売する構想を立てたものの、決断がつかなかった。思い悩んだあげく、父である鳥井信次郎氏に相談したところ、

「やってみなはれ」

と、一言いわれて豁然《かつぜん》として目が覚め、生産にふみきって成功したといわれる。

「清水の舞台から飛び下りると思って…」などといいながらも、ちゅうちょしている人がいる。そんなときは、こういってあげるのがよい。

「飛ばぬ腰は抜けぬ」と。

行こうか戻ろうか、と迷ったときは、行った方が良いのである。状況判断をして、戻った方が良いのならば、何も迷う必要はないのだ。

はじめて蛸《たこ》を食べた男は、たいへん勇気があったにちがいない。秀吉公で

はないが、雪のように白くて、細かい砂のような砂糖をはじめて甜めてみようと、とまどっている部下に対して、トップは、「もしかして毒薬かもしれない」などと決していってはならないのである。

能書《のうが》きを読み上げるだけでなく、みずから指先に砂糖をつけて、部下の鼻先まで持って行ってやり、あとは甜めるだけ…というお膳立てをしてやるべきである。

また、清水の舞台の上に立って、飛び下りようと決心しながらも、ウロウロしている部下の背を、ドンと押してやることも、たまには必要なことである。

「人生は砂糖の味である」

水に溶いても良し、お菓子に入れても良し。

いろいろな味わい方をしてみるべきであろう。

ただ語るよりまず「歩め」

ちかごろ、本屋さんでは仏教の本がよく売れるそうである。まことに結構なことだ。

「衣食足りて礼節を知る」とは、管子のことばであるが、最近の日本は衣も食も市場に溢れている。

では、礼節の方はどうか。これはもう、目をおおいたくなるようなありさまである。

「犬が人にかみついたのではニュースにならないが、人が犬にかみつけばニュースになる」という。生徒が先生を殴り、先生は生徒を刺し、子は親をバットで殴り殺す。もう何をかいわんやである。これでは礼節どころか、管子さまも孔子さまも本を書き直さなければなるまい。

また、「仏教学栄えて仏道すたれる」といわれるが、これも現代の世相のようである。物が豊かになり、文明が進むと、心の豊かさを求めて仏教思想を学ぼうとする。その気持ちは分かるが、仏教とはそんなものではない。

つい最近、こんなことを聞いた。

駅の近くの公民館で、仏教講演会があった。会が終わり、みんなが駅へ向かう途中、踏切の警報が鳴って遮断機が下りそうになった。みんなは急いで渡ろうとしたが、一人の老婆は下駄が線路にはさまって転んでしまった。うしろから駆けてきた紳士がいたが、よほど急いで電車に乗ろうとしたのであろう、老婆を一べつしただけで通り過ぎて行ってしまった。老婆は、あとになって、その紳士が講師の先生だったと気がついて情けなくなった、という。

また、「孝経をもって母の頭を打つ」ということわざもある。

孝行を説いてあるお経を息子が熱心に勉強していたところ、母がうるさく用事をいいつけるので思わずカッとなって、その経本で母の頭を殴ったという。親を殺すまではいかないが、こんなことは今にはじまったことではないらしい。

この二つでお分かりであろうが、どんなに仏教の知識を学んでも、語るだけで実行がともなわなければ、二つの例のような結果になるのである。

歩むとは、足を動かして進むことである。進むためには、まず第一歩をふみ出さねばならない。理論が先ではない。歩き出すことが先なのである。

「若いうちはいいけれど、俺はいい年だ。今からでは、もう遅い」という方に、江戸時代の学者、佐藤一斉のことばをさし上げよう。

「少にして学べば、すなわち壮にしてなすあり。壮にして学べば、すなわち老いて衰えず。老いて学べば、すなわち死してなお朽ちず」

進むために、一歩をふみ出すのに若いも老いもない。また、早いも遅いもないのだ。

「今という、いまなるときはなかりけり、まの時くればいの時は去る」

ほんとうに、思い立った日が吉日である。

「座行」のすすめ

座行というのがある。文字どおり座って行をするのである。

欧米では、禅がたいへん流行して、外国人達が長い足を窮屈そうに組んで「めいそう」にふけっている。

日本では、「ヨーガ」が有名になり、とくに、美容と健康に良いと女性に好評である。このヨーガは、瑜伽《ユガ》といって、三千年も昔に仏教が生まれる以前のインドで、バラモン教の苦行僧が盛んに行なっていた。これが、仏教にとり入れられて、中国に渡ってからは「禅《ぜん》」となった。「だるま大師」がこれを広めたという。

日本の禅は、鎌倉時代に曹洞宗《そうとうしゅう》の開祖となった道元禅師《どうげんぜんじ》が、宋で学んできてこれを伝えた。

ところが、それより四百年も早く、弘法大師が唐から密教とともに持って帰ったのが「密教禅《みっきょうぜん》」とよばれる「座行」である。この座行は、「観法《かんぽう》」ともいい、古くから真言行者によって伝えられてきたが、霊験あらたかな秘密の行のために、一般には知られなかった。

しかし、ヨーガにも、禅にも、密教禅にも、共通していえることは、「心静かな瞑想《めいそう》」である。

瞑想といっても、曹洞宗では「只管打座《しかんたざ》」といって、何も考えずに、ただひたすら座り、無心、無我の境地になることをすすめる。

臨済（禅宗の一つ）禅では、「公案」といって、一つのことばを問題にして心を集中させることを教える。

密教禅の「観法」は、「数息観《すそくかん》」、「月輪観《がちりんかん》」、「阿字観《あじかん》」、という順序を経て、だんだんと深く入っていく。

座って瞑想する行は、「内観《ないかん》」といって、まず、自分の心の中をのぞいてみることからはじまる。現代の文明社会は、ニュースだ、野球だ、サッカーだ、と四六時中いろいろな情報が目や耳に入って心を奪われている。そんなわれわれが、そのいっときを、遠い昔に深山幽谷に住んでいるような気持ちで、静かに目をつむる。そうして、自分の心の中をじっとみつめてみることは、今いちばん必要なことではないだろうか。

風呂に入らずにいると、垢がたまって臭くなる。生きるということは、浮き世の垢で心が汚れてくることである。あなたの心に垢がたまって臭くなったときは、さっそく座行をやることをおすすめする。

あなたが順風に帆を上げて人生を歩んでいるときでも、ときには座ってみるがよい。また逆境のときにも、いや、逆境のときこそ座って自分の心と行動をみつめなおしてほしい。すると、そのとき、あなたは逆境を生かすことができるであろう。

「坐《ざ》」という字は、土の上に人が二人坐《すわ》っている象形文字である。これは、青空の下で坐っている。雨が降ってくると濡れてかわいそうなので屋根と庇《ひさし》をつけてあげた。だから「座」になった。

人が二人座っているということには深い意味がある。一人は、自分というものを意識している自意識の人。つまり、邪念に迷う凡人である。もう一人は、無意識の人――つまり、邪念のないきれいな仏の心を持った人である。一人の人間の心の中には、いつも、この二人が同居している。同行二人《どうぎょうににん》である。

座行で大事なことは、呼吸のしかたである。呼吸は吸うを呼ぶと書くが、吸うためにはまず、息を吐かなければならぬ。

人が生きているということは、息をしているからである。アタリマエダ。息とは、自《みずか》らの心と書く。自らの心が、良くととのい、規則正しい息をしていれば健康である。怒ったり、びっくりしたりすれば、呼吸は乱れ脈拍も速くなる。

あなたは、不安や罪から逃げようとしていないか。悪いことは人のせいにしていないか。一～二時間座って、心の世界をのぞいてみよう。

弘法大師は、性霊集《しょうりょうしゅう》の中で、「自分の心を知るということは、仏の心を知ることである。仏の心を知るということは、つまり、大衆の心を知ること大衆の心もみんな同じ心である、と分かったとき、大きな悟りを開くことができる」

といわれている。

人はそれぞれ、自分が思い込んでいるよりもずっと多くの能力を持っているものである。この能力を引き出すのが、弘法大師の「真言密教《しんごんみっきょう》」であり、この能力をどう生かすかを、くふうし開発するのが、「観法《かんぽう》」である。

もし、あなたが座って「めいそう」に入ったとき「坐」の字を頭にうか

べていただきたい。

私は、今生きている。自分をとりまいている父母、兄弟、子、友人、会社の人達によって生かされているのか、と考えたとき、私は、私と背中合わせに坐っている仏に生かされていることに気づく。

そうして、自分の個性や特長を生かして世のためにつくそうと決心したとき、あなたの心は一つにきまるのである。

「必ず成し遂げる「不忘念《ふもうねん》」の教え」

１５２頁で述べた「岩崎家の家訓」の中の第二条に、「ひとたび事をはじめたら、必ずそれに成功せよ」とあった。一つの仕事や事業をはじめたら、それが成功するまでは絶対に止めるな、というのである。

「十句観音経《じっくかんのんきょう》」というお経の中に、

念念従心起《ねんねんじゅうしんき》、念念不離心《ねんねんふりしん》

ということばがある。その意味は、寝てもさめても常に心に信じていると、その念じている一念が心から生じてくる、その一念が、いっときたりとも心から離れないように念じ続ける、ということである。これを「不忘念《ふもうねん》の教え」という。

起きているときはもちろんのこと、寝ているときでも、たとえ夢の中でも念じ続ける。お風呂の中でも、おトイレの中でも、自分がどこにいようとも念じ続けろと、むちゃくちゃをいっている。

しかし、考えてみると、人が驚くような成功を収めるためには、常識はずれといわれるぐらいの努力が必要なのではあるまいか。

道元禅師の法語を集録した「正法眼蔵随聞記《しょうぼうげんぞうずいもんき》」に、有名な一節がある。

「切《せつ》に思うことは、必ず遂《と》ぐるなり。強き敵、深まる色、重き宝なれども、切《せつ》に思う心深ければ必ず方便も出て来るようあるべし。これ天地善神の冥加《みょうが》もありて必ず成ずるなり」

いっしょうけんめいに思いを念じていれば、きっと成し遂げることができるものである。たとえ、どんな強敵が現れても、どんな難問題にぶつかっても、必死で解決方法を考えていれば、そのうちにきっと良い方法がでてくるものである。神様や仏様の思わぬ助け舟が現れて、必ず成功するのである、といっている。

いっしょうけんめい心に念じ続けていると、あなたの心に信念ができてくる。一つのことを信じて念じ続けるから、信念というのである。

この気持ちを、仏教では信仰という。信じて念じ続けながらも、仏さまに助け舟を出してくださるようにお願いするのである。しかし、仏さまが助け舟を出してくださるかどうかは、あなたの念じ方次第である。

ここであなたは、あなたが今まで取り組んできた仕事について反省してみる必要がある。とくに今までうまく行かなかった仕事については、なおさらである。

いろいろ理由をあげることは、いとたやすいことであろう。何とかにも三分の理というではないか。ともあれ、自分の失敗を他人のせいにするようでは、仏さまは助け舟の錨《いかり》を上げてはくれない。むかしから、「人事をつくして天命を待つ」という。だが、これは消極的である。不忘念《ふもうねん》の教えは、絶対に成功する、と信じて、念じて、念じ続けることである。成功するまで！

「忘れていないか手を合わせることの大切さ」

春の終わりに朝顔の種を蒔く。二週間ばかりすると、薄緑色のかわいい芽が出てくる。まるで、赤ちゃんが小さな手をぴったりと合わせたようである。朝顔ばかりではない。すべての木々の新芽は合掌の形で現れる。大宇宙の生命力に感謝しているのであろうか。

「手と手のシワを合わせると幸せになり、手の甲と甲を合わせると節と節が重なって不幸せになる」

と、うまいことをいう人がいる。なるほど人の手には表情があり、心の動きがそのまま表れる。「神仏は電車の吊り革のようなものだ。人は、人生の曲がり角がくるとブラ下がる」といわれる。人は自分の力がおよばなくなったとき、必ず神仏に手を合わす。願いごとをするときは、一生懸命に手をすり合わせる。感謝の意を表すときや、ざんげをするときは、じっと手を組み合わす。尊敬の念を表すときはソッと手を合わせる。

合掌して「おがむ」ということは、現実から逃避することではない。現在の悩みをのりこえて、強く正しく生き抜いて行く力がわいてくるのである。「右ほとけ、左はわれと合わす手の、なかぞ床しき南無大師」ということばもあるように、人の心は仏心と悪心の間を常に揺れ動く。「なにとぞ、いつも仏心を持てますように」と祈るのである。

いま、目をつぶって試しに合掌してみるがいい。幼いころ、母や祖母に連れられて村の鎮守やお寺さんにお参りした記憶がよみがえるであろう。

合掌する家庭にはもめごとがない。父母の合掌した姿は子どもを正しく導くのである。とくに、食前食後の合掌はすばらしい効果を発揮する。

ある商社の社長が、資金不足になりアメリカの提携会社へ融資の申込みに行った。初対面なので必死になって説得した。その夜、提携先の社長宅へ招待を受けた。小さい頃の習慣で、食前食後の日本式の合掌をした。その態度をみていたアメリカの社長は、即座に融資をＯＫしたという。

会社で、お得意先や部下と意見が対立して腹が立ってきたときは、思い切って目をつぶり手を合わせてごらんなさい。ごく自然に、相手を許そうという忍耐の心がわいてくる。すると、不思議に相手もそうなってくるのである。

人に手を合わすことができる人には、相手も手を合わせるようになる。

常に感謝の合掌で、正しい仕事をしたいものである。

「人生を終点から考えてみよう」

花の栽培をする人は、一年単位の計画で花の種を蒔く。花が満開にある最盛期を予測して出荷日をきめ、その目標に向かって肥料や水をやり、丹精して育てる。

また、林業家は十年～三十年単位で植樹する。銘木で有名な京都の北山杉などは、二十年先の木の高さや幹の太さを予測して出荷時期をきめる。その時期に最高の価値のある商品にするため、せっせと枝打ちをし、下草も刈る。

人はだれでもいつかは死なねばならない。長生きしても百歳を越えることはまれである。

カレンダーの日付の中で、どれかの日が自分の命日になることを思えば、ウカウカと毎日を過ごせない。だから、人が計画を立てるのは、百年単位で慎重にやらなければならないのである。

自分の死亡日を予測して、それまでに何をやりたいか、また、何をやらなければならないかをきめる。そして、いったん目標がきまったならば、それを成し遂げるための必要条件をととのえる。あとは自分の持っている能力を十二分に発揮して努力するのみである。これが生きがいのある生涯というものではないだろうか。

ここに『百年手帳』がある。普通の手帳は明日の予定からはじまり、せいぜい一年間にすぎない。この手帳の特長は、

一、まず自分の人生の終点をかりにきめて、その年月日まで記入する。

二、次に、確実にやってくること（祖父母や両親の命日、年回忌、自分たちの金婚・銀婚日、現在小学生の長男が大学を卒業する日など）を記入する。

三、次には、自分が一生の中でやりたいことの完成日を記入する。

四、その目的を完成させるためのあらゆる条件を考えて、Aをするためには B、Bをするためには C、というふうに二十年先に完成させようと思って

いることでも、順番にさかのぼってきて、明日の予定を立てるのである。
五、この手帳は、すべて鉛筆で記入して一週間に一度は開いて確認すること。予定どおりに行動できない場合は、ただちに実行できる予定に変更する。
ぜひ、やってごらんなさい。明日からの生活に、はり合いが出てきます。そして、「今まで何をやっていたんだろう」と反省し、自分に対する責任を強く感じるはずである。

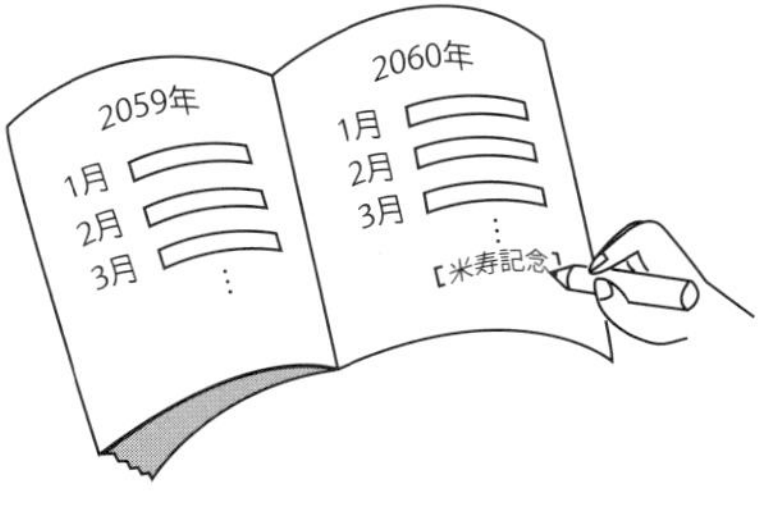

「あなたの行ないの戒め（十善戒の1）」

仏さまになるための道を行く。これを、菩薩行という。リーダー業は菩薩行でなくてはならないと前に述べた。

さて、リーダーとして、いや、人間として正しい生活をするためには、少なくとも、十の戒めは守らなければならない。

それを「十善戒《じゅうぜんかい》」という。つまり、十の良いことをせよという戒めである。「十悪戒」と書けば、十の悪いことはするなという戒めなのだが、こう書く人はいない。

では、はじめよう。

一、不殺生《ふせっしょう》——誰が読んでも、生き物を殺すなということだが、人が長生きをすることを願うことも不殺生である。「あの因業婆め、早くくたばれば良いのに」などと思うのは、殺生の罪である。

では、「漁師が魚をとったり、お百姓さんが害虫をとるのはどうなんだ」と聞くだろう。社会の公益のために、仕方なく殺生することを、「開遮持犯《かいしゃじぼん》」という。この場合は、「かわいそうだが、かんべんしろよ」という慈悲の心を持ってしなければならない。

だから、漁師も農家も年に一度は、虫供養とか、魚供養をするのである。しかし、おもしろ半分や、必要以上の漁をするのは、無益な殺生というものである。

二、不偸盗《ふちゅうとう》――いわずとしれた、ドロボーである。

盗人にも、いろいろある。まず、「劫取《ごうしゅ》」という。力ずくで強奪するから、強盗である。つぎは、「嚇取《かくしゅ》」という。おどかして取るから、おいはぎである。つぎが、「偸盗《ちゅうとう》」である。これは、人目をしのんで盗むから、コソ泥である。さいごが、「不与取《ふよしゅ》」という。自分の地位や権利を悪用して、甘い汁を吸うことである。賄賂、汚職、背任行為のことで、えらい人もえらくない人も、よくこれをやる。

偸盗というのは、目の前の安易な利益を求めることである。むやみに、人の物をほしがってはいけない。
三、不邪淫《ふじゃいん》――淫という字があるときは、すべてセックスのことである。その上に邪がつくから、道にはずれた、いかがわしいセックスということになる。
お経の本には、いろいろな生活のことが書かれてある。『梵網経《ぼんもうきょう》』というお経の中には、「淫を行じて慈悲心なきは、これぞ菩薩の波羅夷罪《はらいざい》（社会から追放される大罪）」というのがある。愛情のないセックスをするな、ということだ。また、戒律の本には、「非時非処《ひじひしょ》」ということばが出てくる。これは、セックスをするにも、時と場所をわきまえろ、ということである。月経のときや産前産後はいけないとか、祖先の追善供養《ついぜんくよう》の日や神社、仏閣などの神聖な場所ではやめろとか、ご親切なことである。要するに、ガツガツして不実な心でしてはいけないということだ。

あなたの言葉と心の戒め（十善戒の２）

前項は、からだで行なう三つの行為についての戒めである。

つぎに、「口は禍いのもと」というが、口でいう四つのことばの戒めについて話そう。

四、不妄語《ふもうご》——ウソをつくな、でたらめをいうな、ということである。ウソにもいろいろある。ウソと知らずにいうウソから、ついいってしまうウソ、意地ずくのウソやら、ハッタリのウソ、四月バカの日のウソもそうだし、色のついたウソまである。まっ赤なウソも白《しら》じらしいウソもある。おまけに腹黒いウソまである。

弘法大師は、「妄語は、すなわち長夜《じょうや》に苦を受け、真言《しんごん》は、すなわち苦を抜き楽を与う」といっている。

ウソをつくと、いつまでも苦しむが、ほんとうのことをいえば、そのために苦しむということはなく、いつも楽な気持ちでいられる、ということである。ほんとうに、真実の心で、ものをいいたいものである。

五、不綺語《ふきご》――綺というのは、絹の織り物のことである。きれいな絹布のように、ことばを飾るな、おべんちゃらをいうな、ということである。相手を喜ばすために、どんなに楽しいことでも、事実でないことはいってはいけない。そんなケチな根性が、すべてのつまずきの原因になるのである。

六、不悪口《ふあっく》――「他人の悪口《わるぐち》などいいたくないが…」といって、悪口をいいはじめる人がいる。悪口は、腹が立ったり、ねたんだり、不満があったり、叱られたり、見栄をはったり、けんそんしたりしたときにいうものである。また、悪口は、大勢の前でいうときと、大勢で一人をやっつけるとき、一対一でいうとき、かげでいうとき、などがある。

いずれにしても、たとえほんとうのことであっても、人に嫌な思いをさせることばは、いうべきではない。

七、不両舌《ふりょうぜつ》――いわゆる二枚舌である。これを、中言《なかごと》、または、離間語《りかんご》といって、仲が良い友人の間をさこうとすることをいう。この両舌は、ヒガミ根性や、おべっかや、妨害しようとしたり、オセッカイや、あるいは無差別な気持ちでいうのである。もっと大きな気持ちで、温かく、仲の良い友人をみてやるべきである。

さいごは、心で思う三つの心の戒めである。

八、不慳貪《ふけんどん》――慳は、けちんぼ、貪は、むさぼりのことである（60頁貪瞋痴の項参照）。

九、不瞋恚《ふしんに》――腹が立ったときは、「おん腹立てまいニコニコソワカ」と、となえなさい。

十、不邪見《ふじゃけん》――間違ったものの見方や考え方をしてはいけないということである。

この、三つの行ないと、四つのことばと、三つの考えを忘れずに生活してほしいものである。

「間《ま》」の大切さを知っておこう

何ごとも間《ま》ということが大切である。お芝居でも、講談でも、歌でも、踊りでも、間をはずすと、とんでもない間違いをおこす。

落語には、かならず八っつあんや熊さんのような間抜けな野郎が出てくることになっている。

剣道や、格闘技にしても、間合いをとることをやかましく教える。

団体行動で整列するときは、うしろの人は両手をのばして前の人の肩にさわるようにする。そうすると、何千人いてもピタリと一直線に整列できる。ものさしの代わりに両手をのばして間合いをとるからである。

間というものは、対人関係においてとくに重要なものである。だいいち、人のことを「人間」というではないか。間を、よくわきまえた人、間柄《あいだがら》らをよく知った人、これが人間である。

誰でも、友人や同僚といったような横の間柄は、うまくいっているようである。ところが親と子、先生と生徒、先輩と後輩などの縦の間柄は、どうなっているのだろうか。きっと間が悪い思いをする人がいるにちがいない。「長幼の序《ちょうようのじょ》」などという美しいことばが、むかしはあったのである。

だから、縦横の間柄をわきまえない人は「人間」でなく、ただの人である。人は、何も知らない子どものときから、間柄を教えられて人間になるのである。

ところで、間《ま》というものはこんなときでも役立つのである。海や川で、溺れている人を助けるときは、決して急いで泳いでいって、つかまえてはならない。必死の力でしがみつかれて、あなたもいっしょに溺れ死ぬのがオチである。急いで泳いでいっても、溺れている人の回りを、ぐるぐる回る間《ま》が必要なのである。その人がグッタリしたとたん、後から髪をつかんで大急ぎで岸へ帰る。そして人工呼吸をすれば、安全に助けることができるのである。

しかし、何にもまして心すべきことは、人生の間である。自然に四季があるように、人間の一生にも盛衰がある。昔の人は、十干《かん》十二支《し》（干支《えと》という）を組み合せたもの（生まれ年を動物の名にたとえてある）を使って、十二年を小さい節、六十年を大きな節とした。

また、男はもろんのこと、女にも子どもにも厄年を作って、その年には身心ともに休息して今までの行動を反省することをすすめたのである。

皆さんも、つっ走るばかりでなく、厄年には自己を見直して、また明日への希望を新たにしようではないか。

第5章

リーダーはこうして菩薩道《ぼさつどう》を教えよ

「弘法大師からリーダーへのアドバイス」

「富士は静岡にとられ、大師は弘法にとられる」ということばがある。実際には、富士山は静岡県と山梨県と神奈川県にまたがっている。また、大師号を持つ高僧は、むかしから日本に二十四人もいるが、ひとびとは、富士山は静岡県にあり、大師といえば弘法大師のことだと思い込んでいる。

「弘法大師」は、その名を「空海」という。明治天皇は、

あさみどり　すみわたりたる大空の
ひろきをおのが　心ともがな

と、うたわれている。空海とは、大空のように広いおおらかな心と、海の

ような深いいつくしみの心を持つ人、という意味から、みずから名づけた。

弘法大師空海は、宇宙いっぱいにひろがる明るい光のような知恵と、世のすべての悩める人を救おうという、金剛のような固い決意を持っていた。

彼は四十二歳のとき、高野山に修行道場を開設した。そこには、二〜三千人の弟子たちが起居していたという。

彼のことばは、今のビジネスマンにとって役に立つことが多い。少し例をあげてみよう。

「道《い》うことなかれ人の短、説くことなかれおのれの長」、ギクリとすることばである。人の短所が分かっていても、他人にいってはならない。また、自分の長所も人にふいちょうしてはいけない、といっている。心すべきことである。

「いにしえの人は、道を学んで利を謀《はか》らず。今の人は書を読んで、ただ名《な》と財とにす」。昔の人は学問をしても、それをめしの種にしなかった。だが、今の人は名誉と財産を得るために勉強をしているようであると。これは、彼が当時の大学中退だから、ヒガんでいっているのではない。千二百年も前ですらこうなのだから、いま有名校を志望するのは仕方ないか。

「いずくんぞ己身《こしん》の膏肓《こうこう》を療《りょう》せずして、たやすく他人の腫脚《はれあし》を発露《あらわ》すや」。どうして自分の難病を治そうとしないで、他人の足にできたオデキのことをとやかくいうのか、というのである。人は、自分の欠点は棚にあげて、人の悪い所を攻撃したがるものである。

このほか、大師が書かれたものには、現代人にとって学ぶべきことがたくさんある。大師にしても、釈迦にしても、千年以上も前の人である。それなのに、どうして人の心を打つのだろう。

釈迦や大師のことばは、人が集団生活を平和に営むためには、守らなくてはならない「道理」だからである。空海という、とてつもなく大きな名前をつけた弘法大師。その大師にあやかって、あなたも空のように広い心と、海のように深い慈愛の心で周りの人に接することが大切である。

「知識」を「知恵」にすることが肝心

長良川の鵜飼をご存知だろうか。かがり火に照らされて、鵜匠にあやつられるウミ鵜がつぎつぎに川に潜る。いったん飲みこんだ鮎を、舟の中へ吐き出す。みごとなものだ。

しかし、考えてみれば鵜は食道を縛られているので、飲みこむことができない。吐き出さざるをえないのである。

人間は、小さいころから中学、高校、大学と十数年の間に多くの知識を詰め込む。そして、詰まっている知識の量を自慢したがる。テレビで、クイズ番組が多いのもあたりまえである。

だが、知識というものは、鵜のように、覚えたままの姿で吐き出してしまっては、ものの役にはたたない。それはちょうど、テープレコーダーに記憶させたものをただ再生しているようなものである。

知識というものは、口から入った食物が、胃や腸で十分吸収されて、排せつ物となって出ていくような使い方をしたいものだ。

知識がいったん頭に入ったら、自分の心で完全に理解したうえで、その知識を自分のことばで表現できなければいけない。そうなれば、あなたの考えを人に話しても、文章にしても、説得力があり、きっと人の心を打つにちがいない。このことを、「知識が身体に入って、知恵となって出てくる」というのである。

たとえば、ゴルフにしても、たいへんな技術を要する。最初に、基本の動作をしっかり身につけておかないとなかなか上達しない。何度も練習して、からだでおぼえてしまうと、今度は基本をすべて忘れてしまうのである。

そのとき、今まであなたが得た基礎の知識は、状況に応じて、知恵となって自然にからだが適切な動きをするようになる。

これは何もスポーツに限らず、囲碁、将棋の世界でも同様で、定石を頭にたたきこみ、これを身につけたときはじめて、定石を忘れる。そうすれば、臨機応変で自由自在に相手に対応することができるようになる。

職人の世界に限らず、落語や演芸の世界でも、むかしの徒弟制度のもとでは、師匠は弟子の手をとって教えるということをしなかった。弟子は、師匠の家の子守や洗濯をしながら、師匠や先輩がやっていることを盗んだ。つまり、からだで覚えていったのである。これを、「習うより慣れろ」という。

お坊さんの世界でも「門前の小僧、習わぬ経を読む」というではないか。会社でも、新入社員に知識ばかりを詰め込んで頭でっかちにしないで、からだで覚えて知恵を出す教育をしてもらいたいものである。

楽しい職場は「随所に主」となることから

「主」は「しゅ」とも「あるじ」とも「ぬし」とも読む。

「しゅ」といえば、キリスト教の「あるじ」イエス・キリストのことである。

上に店をつければ、八百屋やお菓子屋の店主である。「ぬし」といえば古池に住む大なまずのように、一つの土地にあまりにも長く住み過ぎている者をいう。

ここでいおうとしているのは、「あるじ」のことである。人の上に立って、人を使う者のことを「主人」という。これが会社になると、社のトップだから「社長」である。

主人にせよ、社長にせよ、人のあるじであるのに、人を使うことが下手な人が多い。また、人のあるじが主人なら、物のあるじは「主物」というのかもしれないが、人を使うどころか、物を使うことの下手な人もなんと多いことか。

ずっと古い映画に、チャップリン主演の「モダンタイムズ」というのがあった。ベルトコンベアーの一員となっているチャップリンは、ネジを締める作業が習慣となってしまう。そして、日常生活でも思わずその動作をくりかえして観客の笑いを招いた。

これなどは、物に使われているのだから「使物」といってもいい。けちんぼの億万長者のことを「守銭奴」という。だとすると、金に使われているのだから「使金」である。

貧乏に使われると「使貧」というホームレスである。なんとか勲章というような名誉に追っかけまわされているのは「使名誉」という見栄坊である。また、学問に追っかけまわされている「使学問」の人は衒学者《げんがくしゃ》（自分の学問を見せびらかす人）である。

「人を上手に使うには、人に上手に使われろ」という。

秀吉は、草履取りのときは「主草履」となり切って一生懸命につくし、足軽頭のときは、足軽の主人になり切って必死に努力したのである。

これを「随所《ずいしょ》に主《しゅ》となる（所に随ってその主人となる）人」という。自分が、どんな苦しい立場に立たされても、どんな悪い環境の中にいても、不平をいわずに、他の人や他の物のせいにしないことである。

そうして、与えられた仕事をいっしょうけんめいに、誰よりも上手に、しかも楽しくこなす。これが、随所に主となること、である。

「いかなる所でも主人となる。人にも物にも使われないで、使う人になる」

秀吉のような人物にかかったら、自分が秀吉をうまく使っているつもりでも、よく考えたら自分が秀吉に気持ちよく使われていたということになる。

「らしく」ということばがある。会社においても、社長は社長らしく、守衛さんは守衛さんらしく、お掃除のおばさんはお掃除の専門家らしく、それが随所に主となって楽しい職場にしてもらいたいものである。

「一即一切《いっそくいっさい》」で見抜かれると心得よ

「病《やまい》は気から」とは今でもいうが、中国の後漢のころ、「医者は意者《いしゃ》でなければならぬ」といわれていたという。医者は、一目で病人の気持ちが分からなければいけない、という意味であろう。

そのころの診断学では、

「脈をとって病名がわかる人を、功《こう》という」

「病人の家を訪ねただけで病名が分かる人を、工《こう》という」（家の中の臭いでわかったのであろう）

「病人の声を聞いて病名がわかる人を、聖《せい》という」

「病人の顔をみて病名がわかる人を、神《かみ》という」

といったらしい。

医者でなくても、よく気をつけてみれば、病気の特徴は顔色やかたちに出るものである。たとえば、肝臓の悪い人は顔色が悪いし、ひどくなれば黄だんが出る。爪ひとつみても、爪の色が悪いのは貧血症の人に多い。爪に縦じわがあるのは、ぜんそくとか呼吸器系統の病気の人が多いし、横じわのある人は、内臓疾患の人が多い。

人の性質も、態度や服装に表れるものである。たばこを吸う人ならば、その人が愛用しているたばこの種類によってさえ性格が判断できる。

人は、どんなことを考えていても、必ず行動に表れるものである。「一事《いちじ》が万事《ばんじ》」であり、一つのことをみてすべてのことが推しはかれるものである。

これを仏教では、「一即一切《いっそくいっさい》」という。

一つのものはすべてにつながり、すべてのものは一つにつながるということである。大自然の生命は、一人の人間の生命につながり、一人の人間の生命は、大自然の生命そのものである、というのである。

人の心は、その本来の性質である体と、その形である相と、その働きである用とに分けることができる。花にたとえれば、体という花の性質と、相という花の色・形と、用という匂いである。

人それぞれの体、相、用は服装、態度、行動に表れるものである。だから、採用試験のときなどは、この三つをみるように心がければ的確に判断できるのである。

ふだんでも、お得意先や部下に対して、体、相、用をみる目を持つべきである。相手の髪の刈り方、爪の切り方、机の引き出しの整理の仕方などをつぶさに観察すれば、相手の心の動きが手にとるように分かるようになる。

こうして、相手の体相用が分かったとき、相手の全体像が理解できる。これが、一即一切である。また、あなた自身も自分の体相用が、いつも自分の服装、態度、行動に出ていることも忘れないでもらいたい。

「必ず」とは心に「クサビ」を打込むこと

およそ、文字の中で「心」という字ぐらいバラバラに書く文字はあるまい。たしかに、「女心（あるいは男心）と秋の空」というほど、人の心というものは変わりやすいから無理もないが…。

いつもバラバラで、一瞬たりともじっとしていない、猫の目のようにクルクル変化する「心」に、クサビを打ちこむ。それが「必」という文字である。かならず、きっと、まちがいなく、ということである。

なぜ、まちがいなく物事ができるのであろうか。バラバラな心に、クサビを打ち込むことによって、しっかりと一つに締まるからである。こうなると、一心不乱になるから、ものごとが成功するのである。

関東大震災のとき、東京の中心地の建物はほとんど倒壊した。しかし、東京駅だけはビクともしなかった。調べてみたら、東京駅はよその建物の何倍も土台がしっかり作ってあったという。

木造の家を立てるとき、基礎工事は、まず土を深く掘って、ぐりいしとよばれる砕石をいれて石突きをやる。

ところで、たくさんのぐりいしを入れて石突きしても、みえない所なので、つい手抜きがちとなる。そうすると、いざ地震がくるとその家はかんたんに倒れるのである。

いや、ここで建築方法を語っているのではない。人間は、小さいころからみえないところに手間暇かけて、心に教育というぐりいしを入れ、しつけという石突きをするべきだといいたいのである。そうすれば、どんな災害にあってもビクともしない人間ができあがるのである。

新入社員を採用しても、ひとさまの前に出すまえに、社員教育というみえない所に使うお金を惜しんではならない。

一週間や二週間の短期の研修では、ものの役には立たない。せめて、半年か一年の間は新入社員の心に、深い溝を掘り、多くのぐりいしを入れて、しっかり石突きをすべきである。

　何も、中小企業の会社に研修道場を建てろというのではない。いま、お得意先の担当者には上手に話すが、担当外の人や先輩に対する物のいい方さえ知らない者が多い。だから、せめて会社の名刺を持たせる前に、社内でみっちり石突きをして、心にしっかりとクサビを打ち込んでもらいたいのである。

　こうして、心の基礎工事がしっかりとできていれば、たとえどんなに困難な問題が起こったとしても、へこたれてしまったり、投げ出して退職してしまったりはしないガンバリ屋となるのである。

「心をこめた世話で「いのち」は生きる」

まさやんというお百姓さんがいる。彼の畑では、きゅうりやなすなどを大量に栽培して市場へ出荷している。彼は、温室栽培はやらない。それぞれの季節に合わせたものを作る。彼の出荷した野菜は、味も形もいちばん良くて、評判が良いそうである。理由を聞いてみた。

彼は、きゅうりやなすには毎日きまって四時に水をやるのだそうだ。そのとき彼は、野菜たちに向かって、

「やあ、きょうは一日暑い思いをさせて悪かったな。今、水をやるからな」

と大声ではなしかけるのだという。すると、水をかぶったきゅうりやなすは、頭をしゃんと上げて、

「いいえ、どういたしまして。おかげで助かりました」

と、ほんとうに答えているようにみえる、というのである。きゅうりやなすに限らず、すべての植物には生命があるばかりでなく、人間のような感情まで備わっているという。このことは、世界の植物学者が実験によって証明していることからも明らかである。

なるほど、それでまさやんの話が納得できる。

まさやんは、「おまえ達を、市場へつれて行ったときには、わしが自慢できるような子に育ってくれよ」と、いつも頼むのだそうである。

野菜を作っても、花を作っても、人間を育てても、世話をするには愛情をこめてやらなければいけない。菊でも、大根でも、種を蒔けば芽は出る。しかし世話をしないと、すぐに虫がついてしまう。菊は、生長の途中で余計な枝が出ると、それを切らなければ良い花が咲かない。大根は、何度も間・び・きをしないと大きな大根にならない。

人間も、親や先生が生長の過程をよく観察していて、もし悪い芽が出たら早く摘み取ってしまわなければいけない。放っておくと、悪い芽に栄養がまわって幹よりも太くなってしまうからである。

人間は、とくに心をこめて、「どうか立派な人間になってくれよ」と念じながら、悪い虫がつかないように世話をしなければならない。

人間や植物ばかりでなく、形あるものにはすべて生命が宿るという。永年、無事故を誇るあるタクシー運転手は、毎日終業後に車を洗いながら「今日も一日、無事に働いてくれてありがとうよ。いまお腹いっぱい燃料を入れたから明日もよろしくたのむよな」と感謝のことばをかけるそうだ。

会社の車にも、そして工場の機械にも、みんな生命が宿っている。愛情を持って接してほしいものである。

だれでも「四つの恩」を受けている

恩という文字は、原因の因に心と書く。

自分は、この世に生まれてきて今ここに存在している。その原因を知る心、また、知らなければならない心、と解釈したい。

現在、自分が生きているのは、父母が生んで育ててくれたからであり、その父母も自分も、この社会のおかげで生活ができている。

また、社会の秩序は国家があるから安全に保たれている。

そして、すべてのものは「三宝《さんぼう》」によって調和が保たれているという。三宝とは、仏教では、「仏法僧《ぶっぽうそう》」の三つの宝のことである。今様にいうと「宇宙の真理と、それを説き、実践する者の集まり」となる。

弘法大師空海は、父母の恩、社会の恩、国家の恩、三宝の恩を、人が守るべき四恩であると教えている。

どこの会社も、社員教育を熱心にやっている。結構なことである。だが、一人ひとりに多額の費用をかけて長期研修をし、さあこれからというときに辞められたり、同業者に引きぬかれて困っている例をよく耳にする。

それはなぜかといえば、戦後の日本では、学校も社会も「恩を知ること」を教えないからである。昔の教育は、小学校から「忠犬ハチ公」などで恩の大切さを教えた。

また、実社会には徒弟制度があり、丁稚《でっち》としてお店に入り、研修期間が終わっても「恩がえし」の意味で一〜二年間、無料奉仕をしたのである。これを「お礼奉公」といった。

欧米には、恩ということばがない。そのかわり、権利と義務が平等に与えられる。ちかごろの日本では、権利だけは主張するが、義務の方を忘れている人が多いようだが……。

いっぽう、恩といっても「恩を売る」悪い奴がいる。何も売り物ではないのだが、これは強い立場にいる者が弱い立場にある者を恩という鎖で縛っておこうとする悪い考えである。

恩というものは、人間のまごころから自然に出てくる、美しくつつましいものの感じ方であり、また行動である。

弘法大師のいう「四恩」のありがたさを知っている人間は、会社へ入社しても、技術を教えてもらった先輩やみんなのおかげを心に深く感じており、決してたやすく他社にくらがえしたりしないものである。

また、教えた方も、「俺が教えたんだ。この技術は俺以外は誰もできないんだ。俺がいなければ何もできないだろう」などと決して考えてはいけない。

それ、昔からいうではないか、

『俺が俺がのがを捨てて、おかげ、おかげのげで暮せ』と、ね。

「けっして怒るな、叱れ！」

世の中には、すぐ腹を立てる人がいる。あなたの周囲にも、そんな人をたやすくみつけだすことができるだろう。もしかして、あなた自身がそうかもしれないのである。

怒りには、感情がともなう。何かのきっかけで五官（眼・耳・鼻・舌・身）のどれかの部分に触れられると、たちまち怒りの感情が頭をもたげるのだ。

満員電車の中で、とつぜん足を踏まれる。とたんに「ムラムラッ……」と怒りの気持ちがこみ上げてきて、思わず「このやろうッ」といいたくなる。グッと堪えて、

「アノー、すみません、私の足があなたの足の下になったんですけど」

といえるだろうか。

忠臣蔵で名高い四十七士の殿さまであった浅野内匠頭は、グッと堪えることができなかったために一族の悲劇を招いたのである。

今の政治家にも感情をあらわに出す人のなんと多いことか。僧侶は、昔も今も、一度でも腹を立てたらお坊さん失格なのだ。

この世のことを娑婆《しゃば》という。娑婆は、梵語で「サーバ」といい「忍土」と訳す。まさにこの世は「忍ぶべき土地」なのである。

部下をひきいるリーダーは、この世は「忍土」であると悟って、怒りの感情を表さないようにつとめなければならない。

叱る、というのは大声を出して、いましめ叱りつけることである。この場合、決して感情をともなってはならない。

むかしの先生はよく殴った。しかし、どの先生も決して理性を失わないから、手加減をして殴った。だから誰も怪我をしなかった。そして怒っていないから、生徒は先生を恨まなかった。それどころか、卒業すると、かえって殴られたことを懐かしく思い出した。

もう、あなたは部下のミスに対して、どういう叱り方をすればよいかがわかったことであろう。

とはいうものの、会社に重大な損失を与えた部下の行動にたいして、胸にこみ上げ、頭にやってくる怒りの心を抑えつけることは、容易なことではない。

しかし、そのとき叱られる側の社員は、冷静な目であなたをじっとみているのだ。今の、あなたの叱り方次第で、「この上司のためなら、どこまでもついて行こう」と思わせるか、将来の逸材を失うことになるかがきまるのである。

「掃除とは心のチリを払うこと」

お客さまの入りが多く、よく儲かっているレストランに共通していえることは、おトイレのきれいなことである。金をかけて豪華であるというのではなく、手入れが行き届いているのである。

むかしの人は「おトイレの掃除を熱心にする娘は、良縁に恵まれる」といって、女の子には小さいころから掃除をすることを教えたものである。だから、婦人の婦という文字は女篇に帚《ほうき》と書くのだろうか。社内で良いお嫁さんを探すには、掃除の上手な女の子を選べばいいのかもしれない。

手に帚を持ってホコリを除くから、掃除というのだが、ちかごろのように電気掃除機での掃除はどう書けばいいのだろう。

釈迦に「周梨槃得《しゅりはんどく》」という弟子がいた。自他ともに認める馬鹿であった。

ある日、彼がどうしてもお経が覚えられなくて嘆いているのをみて、釈迦はかわいそうに思った。釈迦は、彼に帚《ほうき》を持たせて「塵《ちり》を払い、垢《あか》を除かん」といって庭を掃くことを命じた。

周梨槃得は、朝から晩まで飽くことなく、そのことばかりを勤めた。ある日、彼は「これは、心に積もる煩悩の塵を払い、心にこびりつく邪念の垢を除くことだ」と、カツ然として悟りを開いたのである。その後ますます修行を積み、ついに釈迦の十大弟子の一人となった。現在でも、お坊さんの世界は、寺院住職の心得に、毎朝の勤行《ごんぎょう》よりも掃除を第一番にあげているほどである。

掃除をすれば、多くの功徳があるという。

一つには、家も庭もきれいになるばかりでなく、つぎつぎとわいてくる心の中の煩悩妄想を、絶え間なく払っていく修行となるのである。

二つには、きれいな所には人が喜んで集まるようになる。

三つには、病魔が逃げていくから身心ともに壮健になり、自然に福徳円満になる。

ところで、掃除には雑巾がいる。どんなに汚れた雑巾も、石けんときれいな水で何度も洗えばきれいになる。もともと、きれいな心という布も、むさぼりや、けちや、怒りや、おごり、その他の妄想というもので汚れてしまう。これを「仏法《ぶっぽう》」という石けんで洗い、修行という水ですすげば、再びきれいな心にかえるのである。

社内においても、壁面に大きな文字で、整理・整頓・清潔第一などと書いてあるが、一人ひとりが掃除をしようと思ったとき、心に帚を持ったのである。その気持ちが、すなわちQC活動の第一歩であり、ひいては会社が儲かることにつながるのである。これが、企業における掃除の功徳である。とくにおトイレの掃除はお忘れなく。

作法は「出船」の形からはじめよ

いくら生活が洋風化されたとはいえ、まだまだ日本の家庭では、玄関で靴を脱ぐ。だが、だいたいが乱暴な脱ぎ方である、まるで、大地震のあとの漁港のようだ。

漁港といえば、漁船が港に帰ってくると漁師は舟のへさきを沖へ向けて、いつでも出航できるように停泊させる。これを出舟の形という。

靴の形は舟によく似ている。玄関で靴を脱いだら、漁師のように出舟の形にしておくべきだ。誰のためでもない。あなたのためである。もし、家の中にいるときに地震や火事が起こったら、いち早く逃げ出すのにサッと靴が履けて便利ではないか。これを作法という。

作法とは、動作の方法のことである。お作法は、何もお茶やお花の専売特許ではなく、日常の行動をいかに無駄なく合理的に、しかも美しく動くかの行動基準である。

お坊さんの修行では、作法をとくにやかましくいう。たとえば、本堂での立ち居振る舞いのことを「所作《しょさ》」といって、きびしくしつける。

お作法は、日常生活の中で習慣になるべきものである。お茶会から帰って、部屋いっぱいに窮屈な訪問着を脱ぎ散らかし、台所で大口あけてカレーライスをかき込んではいけないのである。

みんなが忘れている作法がある。

他家《よそ》を訪問して、おトイレを拝借したとき、便器にしぶきがかかる。ソッと拭いておく。きたない？　きたないから拭くのだ。つぎに手を洗う。こんどは洗面器に水のしぶきだ。手を拭いたついでに、そのタオルなりハンカチできれいに拭いておく。これが洗面所の作法である。

あなたの家に客を迎えたとする。客が帰ってから洗面所に入る。しぶきだらけの洗面器や便器をみて、あなたはどう思うか。反対に、きれいにしぶきを拭きとってある洗面器を目にしたあなたは、客の奥床しさに感動するだろう。

つぎに使う人が、気持ちよく使えるようにする。これが自然にできるように訓練することが「仏道の修行」なのである。

寺の食堂には、食事をするときの心がまえが貼ってある。本堂の入り口にはもちろんのこと、風呂場にも、便所にさえも、それぞれの作法をせよと書いてある。

社員研修会のときなどは、むずかしい理論を教えることも必要であろうが、まず自分の履物を出船にそろえ、おトイレへ行ったら洗面器を拭くことから教えはじめてはどうであろうか。

「人を叱るには「お不動さん」の気持ちで」

お不動さんをご存知であろう。どうみても、あのグロテスクな形相は気持ちの良いものではない。ひとりでじっとみつめていると、心の中を見すかされているような、うしろめたい気持ちになる。みたことがない人は、車を運転していて、突然お巡りさんが現れ、自分の車をじっとみつめられたとき、何も違反していないのにドギマギする気持ち、と思えばいい。

お不動さんは、弘法大師がはじめて日本に持ってこられたものである。あの醜悪な形相は、何も仏師が勝手に作ったものではない。どの仏さまも、お経の中のことばどおりに忠実に彫刻したもので、髪かたちから指先一本の動きにいたるまで、それぞれ深い意味を持っているのである。

お不動さんの場合は、右手に利剣と呼ぶ諸刃《もろは》の剣を持っている。これは、仏の知恵を表す。左手には羂索《けんじゃく》という縄を持っている。世の道理を知らない者を、フン縛るというのである。身体は、青黒色で怒りの相をしている。仏さまのお顔は、決して柔和な相ばかりではないのである。

仏さまは、はじめはやさしいお顔で人々をさとされる。しかし、どうしてもいうことを聞かない悪逆の者には、お不動さんのお顔になってこらしめる。ちょうど、母親がいたずらをしている子どもに向かって、最初はやさしく注意するが、それでも止めないと、とたんに柳眉をさか立ててムチを手に持つようなものである。しかし、そのとき母親の目には涙が溢れている。

お不動さんは片目を閉じている。そして、ものすごい形相の開いた方の目は、やはり慈愛の涙でうるんでいるのである。

「泣いて馬謖《ばしょく》をきる」とはよく聞くことばである。すぐれた将校であった馬謖を、指揮官の諸葛孔明《しょかつこうめい》は、馬謖が軍法を守らなかったため涙を流しながら死刑にしたという。

職場においても、いかに有能な部下でも規律を乱したり、他の者の迷惑になるような行動をした場合には、「泣いて馬謖をきらねばならぬ」のである。

優秀な部下だから多少のことは大目にみよう、などといっていると、彼は増長し慢心して手がつけられなくなる。これは「増上慢《ぞうじょうまん》」といって、仏教では悪心の見本とされている。しまいには、これを叱らない経営者を馬鹿にして経営を危うくさせることになりかねないのである。

お不動さんは、「慈愛の両相を現じ、順逆の二機に応ず」といわれる。叱るにしても、怒りの表情の中に慈愛の気持ちを忘れないでもらいたい。そして、叱るタイミングをよくこころえ、たまにはお不動さんに手を合わせ、じっくりとお顔をおがんでくるといい。

相手に合わせた教え方「方正利便《ほうせいりべん》」

ウソも方便、と聞けば、「なんとウソというものは便利なものだわい」と思う。また、詐欺師の常用語のような感じもうける。

「釈迦の説かれる方便」というのは、「八万四千の法門」というのがあって、国王とか大臣とかそれぞれ高い地位についている人や、大地主とか大金持ちの人、またそれぞれの職業や、さまざまな環境におかれている人々に合わせて、分かりやすいように例話をあげ、便利な方法で説かれている。それが八万四千種もあるというのである。

「方正利便《ほうせいりべん》」とは中国から来たことばである。方正とは正方形のことであり、利便とは現在、便利ということばで使われているとおりである。

図のように、AからCへ行く人に、Bを通って行くよりもDという道を通って行った方がとても便利ですよ、ということで、方便とは方正利便の略であり、目的を達成するのに便利な道だ、ということが分かったであろう。

あなたは部下にガミガミと口やかましくどなったことはないだろうか。それで部下は喜んであなたの命令どおりに動いたか。そうではないはずである。

釈迦のような偉大な説教師になるには、人の話にまず耳を傾けることだ、という。

あるとき、釈迦が説教をしているところへ、外道《げどう》（他の邪教を信ずる者）がやってきて、さんざん釈迦の悪口をいった。終わりまで黙って聞いていた釈迦は最後に、

「あなたは、自分がきらいな品物をプレゼントされた場合、それを受け取るかね」

「いいえ、返します」

「では、せっかく長い時間聞かせてくれた悪口だが、私はいらないから持って帰ってくれないか」といった。

外道は自分の非をさとり、間もなく釈迦の弟子になった。

上司が部下を自分の思い通りに働かせようと思えば、自分の気持ちを部下の立場まで引きおろさなくてはならない。そうして部下の言い分を、おしまいまで聞いてやることである。決して途中でさえぎってはならない。彼がいい尽くしてしまったとき、やっと発信する。すなわち、

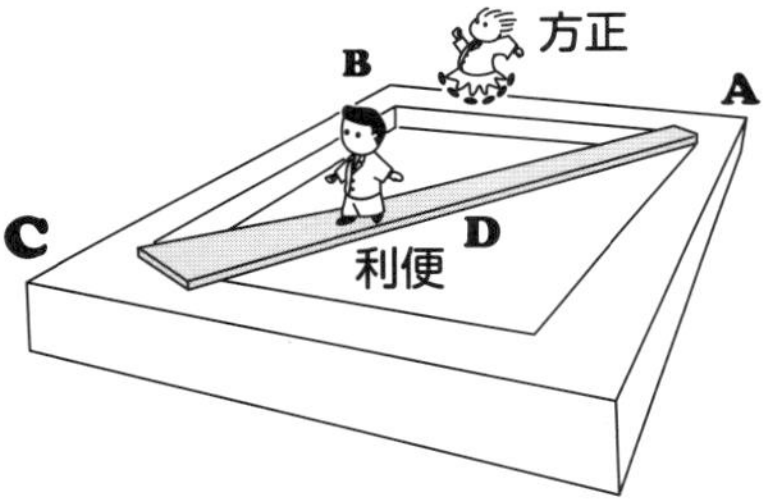

「よく分かった。君が行こうとしている道はAからBを通ってCへ行く道だね。それよりもDというすばらしいバイパスがあるが行ってみる気はないかね」
と、いうのである。彼は、「なるほどそうだ。さっそく行ってみよう」ということになる。部下に喜んで働いてもらうには、この方法が最も方正利便なのである。

「知目行足」身につくまでやり続けよ

仏教の勉強に、たいへん熱心な経営者がいる。

彼は、日曜ごとの仏教大学の講座には必ず出席して熱心に学んでいる。また、土曜日には寺の参禅会に出席しているので、陰ながら感心していた。

だが、ある日、彼の自宅を訪問して驚いた。玄関では靴が乱雑に脱いであるし、子どもは立ったままで挨拶をし、仏壇はほこりだらけであった。家族といっしょに食事をしたが、食前の合掌もなく、子どもはテレビをみながら犬食いである。これでいいのだろうか？　良いわけはない。

これを、言行不一致《げんこうふいっち》という。仏教のことばではない。いうことと、することがちがうことをいうのだ。こんな人は意外と多い。

経営研修会や各種ゼミナールには、必ず出かけている経営者がいる。研究熱心なのはたいへん結構なのだが、これを会社へ帰ってどう生かしているかが問題である。

個人の家には、それぞれの家風があり、それに沿ったしつけをしなければならない。会社にも、それぞれの社風があり、それに沿った社員教育をすべきである。

朝・夕礼の仕方からはじまり、社内ですれちがう従業員の挨拶の態度にも、社風は反映される。それほど大切な社員教育をするには、まず、社長の日ごろの行ないが重要なのである。

仏教では、「知目行足《ちもくぎょうそく》、もって清涼池《しゅうりょうち》に至る」という。「目で本を読んだり、講習会で講演を聞いて知識を得ても、みずからの足で行なわなければ何もならない。知識を得て、それをすぐ実行に移すことができたならば、蓮の花の咲くきれいな池（さとりの世界のこと）に到達できる」ということである。

ここで、きっと反論が出るにちがいない。「いや、私は学んだことを社員に教えて、実行させ、また自分も実行しています」と。

そうだろう。たしかに実行されているであろう。

しかし、先ほどの仏教の好きな社長も、ゼミ好きの社長も、もう一度、行なうという、「行《ぎょう》」について考えてもらいたい。

行くとは、散歩ではなく、目的地へ着くまで行き続けることである。途中で休んでは着かないのだ。これを行《ぎょう》という。

有名な、般若心経《はんにゃしんぎょう》というお経の最後に、「ギャーテー、ギャーテー、ハーラーギャーテー、ハラソーギャーテー、ボージソワカー」という呪文《じゅもん》がある。これは、「行こう、行こう、いっしょに行こう、悟りの世界にたどり着くまで・・・・・・行き続けよう」ということである。

もうお分かりだろうか。あなたの家族も、部下も、いったんその家風なり、マナーを教育しようと思ったら、完全に彼等の身についてしまうまで実行させ続ければ、あなたも、やがて清涼地へ行き着くことであろう。

第6章

知っておきたいくらしの仏事と仏語

仏教から生まれたマナー

ふだん、われわれが使っていることばには、仏教からきているものがたいへん多い。

たとえば、お客さまを会社、もしくは自宅へ迎えたとする。まず玄関へ入る。もうこれが仏教語である。昔、玄関は寺にしかなかった。それは「仏の幽玄な世界へ入る関門」のことであった。

つぎに、お客さまと主人との挨拶が始まる。拶は「近づいて」、挨は「肩に手をかけ、心を開いてヤァという」ことなのだが、禅寺では老師が修業中の弟子にいろいろ質問して問答をしたことを挨拶といった。

つぎは、お茶をすすめる。お茶はもともと中国から日本へ帰化した僧が持ってきたものである。お茶を飲むことを、「茶を喫す」という。しかし、今の喫茶店がお茶だけでなくコーヒーにかわったのは、いつごろからであろうか。

さて、つぎは接待である。とくに社用としては、接待ゴルフに接待麻雀とやたらに接待がつく。本当は、上におをつけて、「お接待」という。

四国八十八カ所の霊場を「お遍路さん」になって巡拝する。土地の人は、お遍路さんを修業僧とみている。そこで、

「お遍路さん、お茶をご接待させてください」

と、呼びかけて米、みかん、芋、お金などをさし出し供養する。お遍路さんは、ありがたく頂戴して、今度は差し出した人の無事息災を祈ってあげるのである。これが接待であって、決して見返りを期待してお接待するのではない。

接待といえばいろいろあるが、まずご馳走があげられる。

人里はなれた山寺で、和尚が小僧さんと二人で住んでいた。ある日、ひさしぶりで和尚の知人が訪ねてきた。和尚は、ねじり鉢巻で小僧さんを指揮して、大根を抜いたり、竹の子を掘ったりてんてこ舞いで遠来の客のために馳

けまわり走りまわったという。

玄関も挨拶も馳走も、みんな人との交際の仕方である。

客を迎えるときは「真心を持ってせよ」と仏教は教えている。真心とは「仏心《ほとけごころ》」である。仏心とは無心になること、すなおになることである。

お客さまをゴルフに接待しても、料亭でご馳走しても、注文をください、見返りの仕事を下さい、などとおくびにも出さず、ただひたすら接待されているお客さまの身になって、〝お接待ありがとう〟と感謝されるような、真心のこもった接し方をしてほしいものである。そうすれば、相手もかならず、仏の心であなたにこたえてくれるであろう。

役に立つ暦の知識

「結婚式はなぜ大安の日にするのか。なぜ仏滅の日にしないのか。お葬式はなぜ友引きの日にしないのか。誰か教えてもらいたい」

というと、たいていの人は

「それは迷信だよ。だけど、みんながいけないというから、やらない方がいいのだろう」

と答える。

迷信というのは、道理にかなっていないことを信ずることである。信心というのは、天地自然の法則に基づいている道理を信ずることである。

そこで、大安仏滅の、「六曜」について述べてみよう。

お手元に暦の本があれば開いてみてもらいたい。六曜という欄に、仏滅、大安、などと書いてあるが、どこからはじまるのか分からないであろう。だが、きちんときまっている。
もともと六曜というのは、中国の名将だった諸葛孔明が、軍隊で使っていた日時の時間表のことで、これを『諸葛孔明六壬時課《しょかつこうめいろくじんじか》』といった。それを後年、日日の吉凶を占うのに転用するようになったのである。
その順序は、一、先勝《せんしょう》　二、友引《ともびき》　三、先負《せんぷ》　四、仏滅《ぶつめつ》　五、大安《だいあん》　六、赤口《しゃっく》と運行する。
各月に対しては、
旧暦一月一日と七月一日は、先勝の日
旧暦二月一日と八月一日は、友引の日
旧暦三月一日と九月一日は、先負の日
旧暦四月一日と十月一日は、仏滅の日
旧暦五月一日と十一月一日は、大安の日
旧暦六月一日と十二月一日は、赤口の日

と、きめてある。そして、一カ月の中では、一から六が順ぐりに回ってゆくのである。

ところで、六曜の意味であるが、

先勝とは――釈迦が菩提樹の下で、悟りを開いた(成道したという)日(十二月八日の明け方)である。

友引とは――釈迦のお葬式の日(二月十九日)である。

先負とは――釈迦がお城から家出をした日(十二月十日)である。

仏滅とは――釈迦が亡くなった日(二月十五日)である。

大安とは――釈迦の誕生日(四月八日)である。

赤口とは――釈迦を火葬にした日(二月十七日)である。

ここまで書けば、六曜が仏教といかに縁が深いかが、お分かりになったであろう。

だが、現在の六曜は、釈迦の誕生とか成道、あるいはその他の日付と暦の日付けとは関係ないようである。

曜は、光のかがやきを意味するが、暦の上では、惑星のことを指す。

日本では、明治六年から太陽暦が使われているが、それまでは推古天皇のころから太陰暦によってきた。

暦というものは、「宇宙と人間との共通点を探るため」に研究されてきたものである。

人間は、宇宙の大生命の一つの表れである、というのが密教の原点である。そして、人間がより幸せに生きるためには、宇宙を知らねばならぬ、という考えから天文学を研究するようになった。だから、昔から僧侶の天文学者は多い。

密教を中国で栄えさせた一行《いちぎょう》は、中国天文学の秦斗として現在、中国の切手にまで印刷されている。こうした人たちは、何とかして宇宙と人間とのかかわり合いを知り、人の運命を知りたいと考えた。

そして、大自然の運行に合わせて、干支《かんし》、九星、七曜星、六曜、二十八宿《しゅく》、十二直《ちょく》などが作られたのである。

これらによって、吉凶を占っていたわけだが、それが、今日の易占となっている。

「方位《ほうい》」というのがある。これが、十干、十二支、八卦《はっか》に基づいて作られた、いわば天文の統計学といったようなものであることを知らない人が多い。

「そんなものはすべて迷信だ」と一笑に付す人もいるであろう。だが、閏年《うるう》は、子《ね》と辰《たつ》と申《さる》の年にしかないことや、四百年に三回は閏年がないことをご存じだろうか。また、三千年の中の一年だけは、三百六十四日であることなど関係していることを知るべきである。

「風水」によれば、むかしから五神が住むにふさわしい地というのがある。水は東に流れ、南がひらけ、西が広く、北に山を背負って、中央が平坦になっている地を最良とする、といわれている。都を京都においたのも、そんな理由だったのだろう。

鬼門などというのも、北東や西南は、じめじめして風が通りにくく不衛生だから清潔にするために作られた、天の道理なのである。

古くからあるもので、天地自然の道理にかなっているものならば、現代人も大いに活用すべきである。

土地購入とか新社屋の建築などの場合は「方位」を、人事の吉凶をみるには「十二直」を参考にして決定することも、安全に経営していくための手段ではあるまいか。

あなたの家のご宗旨は？

農家の次男に生まれた方が、戦後すぐ東京に出てきていたのだが、その方が、先日亡くなった。喪主である長男に聞いてみた。

「おたくのご宗旨は何ですか」

「さあ、何でしょうか。ちょっと待ってください、田舎の実家へ電話して聞いてみますから」

こんな人が意外と多いのである。

そこでかんたんに日本の仏教の宗派について述べておこう。

日本にはじめて仏教の宗派ができたのは、奈良時代であった。南都六宗といって、「三論《さんろん》宗」、「成実《じょうじつ》宗」、「倶舎《くしゃ》宗」と、「法相《ほっそう》宗」、「華厳《けごん》宗」、「律《りっ》宗」の六つができたのである。

このうち、現在まで続いているのは、法相宗と華厳宗と律宗だけである。法相宗は、「北法相宗」と「南法相宗」に分かれている。

北法相宗の本山は京都の清水寺であり、南法相宗の本山は奈良の薬師寺と興福寺である。華厳宗の本山は東大寺であり、律宗の本山は唐招提寺である。

平安時代に入ると、伝教大師最澄が、「天台宗（八〇五）」を開いて、比叡山延暦《えんりゃく》寺を総本山にした。まもなく弘法大師空海が、「真言宗（八〇七）」を開いた。総本山は高野山金剛峯寺《こんごうぶじ》である。

平安時代の末期から鎌倉時代にかけて、百年ばかりの間に、浄土系の四宗と、禅系の二宗と、「日蓮《にちれん》宗」の七宗が続いて改宗された。これを順を追って書いてみると、

浄土系四宗とは、

イ、融通念仏宗《ゆうずうねんぶつ》（一一二七）――開祖は良忍、総本山は平野念仏寺である。

ロ、浄土宗《じょうど》（一一七五）――開祖は法然（源空）、総本山は京都知恩院である。

ハ、浄土真宗《じょうどしん》（一二二四）――開祖は親鸞、総本山は京都西本願寺と東本

願寺である。
ニ、時宗《じ》（一二七四）――開祖は一遍、総本山は藤沢の清浄光寺である。
また、禅系二宗とは、
イ、臨済《りんざい》宗（一一八七）――開祖は栄西、総本山は京都妙心寺である。
ロ、曹洞《そうとう》宗（一二二七）――開祖は道元、総本山は鶴見の総持寺である。
その次が、「日蓮宗（一二五三）」である。開祖は日蓮、総本山は身延山久遠寺である。

その後、江戸時代のはじめになって、禅系の、「黄檗《おうばく》宗（一六五四）」が、中国僧隠元《いんげん》（いんげん豆をもってきた）によって開宗された。総本山は、万福寺である。

これで、現存するのは、十三宗である。このうちの七宗が、さらに百三十六派にも分かれているのには驚く。

さて、お宅のご宗旨はどれに当たるか、ご先祖のことを調べておくことが必要なのではなかろうか。

「あなたも確実に出合う臨終・通夜・葬式」

「生まれることと、死ぬことは大違いだが、たった一つの共通点がある。それは、本人が区役所へ届けに行けないことだ」と、うまいことをいった人がいる。

ついにゆく　道とはかねて聞きしかど
きのうきょうとは　思わざりけり

というわけで、死はとつぜん、誰にも前ぶれもなくやってくる。したがって、お通夜や葬式は待ったなしである。「縁起でもないことをいうな」といっているあなたにも、縁起でもないことがやがて確実に訪れてくるのである。

だから、通夜、葬式のやり方ぐらいは心得ておくべきであるが、それはマナーの本ででも学んでもらいたい。

ここでは、臨終と通夜、葬式、そしてその周辺のことを述べておく。

ここに、解脱上人《げだつしょうにん》が十二世紀に書いた『臨終用意の事』というのがある。それを読んで、霊魂について考えてみるのもいいだろう。

解脱上人はその書の中で、人が臨終のときには、次のことに気をつけるようにといっているのである。
一、病人の周りに大勢あつまって、声高で世間のことを話さないこと。近辺は三～五人までにすること。
二、病人が嫌っている人、酒に酔っている人、肉・魚・にんにくなどを食べた人を近づけないこと。
三、病室には有縁の仏をまつり、香をたき、執着の原因となるような金品を近づけないこと。

四、臨終のときは、のどがかわくから、ときどき口をうるおしてやること。
このとき、目は見えぬが耳は聞こえるから気をつけること。
五、息を引き取る前から静かに念仏をとなえて、息がきれてもなお二時間ばかりはそれを続けること。
六、死後、半日くらいは荒々しく動かさぬこと。
七、自分も平生から臨終に正しい心でいられるように願うこと。臨終に心が乱れていたら必ず悪道に入る。
あまりに具体的で、なんだか恐くなるくらいである。しかし、病院で機械にかこまれて寂しく死ぬよりも、近親者のとなえる念仏を聞きながら息絶える方が、より人間的ではあるまいか。

さて、その夜は病室にこもって、翌日のお弔いまで、亡者《もうじゃ》の迷える魂のお守りをしてあげるのである。これを、夜伽《よとぎ》ともお通夜ともいう。

人の一生を、仏教では「四有《しう》」というものに分けている。
一、受胎の瞬間を、「生有《しょうう》」

二、この世に生まれて死ぬまでを、「本有《ほんぬ》」

三、息をひきとるときを、「死有《しう》」

四、死後から四十九日間を、「中有《ちゅうう》」または「中陰《ちゅういん》」という。これは霊魂が迷っている期間である。

さて、お通夜の翌日はお葬式である。亡者の体をよく清めて、経帷子《きょうかたびら》という白い衣を着せる。これが、死装束《しにしょうぞく》である。

つまり、出家《しゅっけ》させるのである。

昔は足にわらじをはかせ、白い手甲《てっこう》、白い脚《きゃ》はんをつけて、死出の旅装束をさせたものである。

家出をひっくり返したら、出家だ。お坊さんが着る白い着物も、花嫁さんが着る白いうちかけも、みんな清浄な清い、生まれたままの心になる、という意味だ。

昔は喪服も白だったが、いつの間にか墨染めの衣の黒がモーニングや紋付きの羽織にまでとり入れられて、黒い喪服になってしまったのである。

さて、やがて亡者は、ひつぎ（昔は座らせたので、棺桶《かんおけ》といった）に納められる。

お葬式のお布施がなぜ高いかというと、死装束をして出家したものの、迷っている亡者に、お坊さんが戒名を授け、「引導」を渡すからである。

社長に引導を渡されたら社員はクビだが、お坊さんは、迷っている亡者を悟りの世界へ引き導いてやるのである。

そのとき、はるか西の天からは、阿弥陀如来《あみだにょらい》が六人の地蔵菩薩や、二十五菩薩などを従えて、亡者の魂を迎えに下りてくるのである。

親鸞上人は、「それがし開眼せば、加茂川に入れて魚に与うべし」といったそうだが、事実は、弟子達がてい重に弔ったそうである。また、今どきこんなことをしたら、死体遺棄でひっぱられるのがオチである。土葬でさえ、一部の地域を除いては禁止されているのである。

さて、お葬式が終わり、火葬場から帰った遺骨は、遺骨が「西を背にして東を向く」または、「北を背にして南を向く」ように祭壇をこしらえて安置する。西は、阿弥陀如来の懐に抱かれ、北は、釈迦如来に抱かれるからである。

そうして、香、花、灯明、水、飯を供えて、ねんごろに供養してあげなければならない。

これぐらいのことは知っておいて、おりにふれ、先祖まつりをすることを周囲に教えてもらいたいものである。

「知っておきたい法事・墓・仏壇のこと」

多かれと　思うお布施は少なくて
　いらぬ塔婆《とうば》の　丈《たけ》の長さよ

と和尚がいうと、

長かれと　思うお経はみじかくて
　いらぬ和尚の　背の高さよ

と施主が答えたという。

亡き人（亡者《もうじゃ》）の冥福を祈って、仏の世界に安住することを願って、供養することを、法事という。

出家《しゅっけ》をしてお坊さんになることを、発心《ほっしん》という。そして、各地の仏の巡礼をすることが、修行《しゅぎょう》である。修行がすすみ、心がおちついてくることを菩提《ぼだい》といい、そしてついには、涅槃《ねはん》という仏の世界に安住するのである。

出家となった亡者は、七日目ごとに十三の仏を一つずつ巡礼する。七人目の仏への巡拝が終わると（亡くなって四十九日目）、魂はやっと家を離れてもっと遠くの仏を巡礼するようになる。この日を、中陰が満ちる（葬式の項244ページ参照）日、つまり満中陰忌《まんちゅういんき》という。そして、この日から遺骨はお墓に移す。

これらは、死者を自然の大地にかえし、骨と土を同化させるということである。

したがって、墓地は午前中に太陽が当たり、土にうるおいのある所が最適である。また、墓所や墓石は、阿弥陀如来《あみだにょらい》や釈迦如来《しゃかにょらい》の懐に抱かれるのであるから、西を背にして東向きか、北を背にして南向きがいちばん良い。これも、午前中に日の光があたる方向に向けると思えばよい。

また、墓石は白色系の堅い石ならば結構である。そして、天・人・地・の三段とも同質の石ならばなおよいのである。

墓石の形は、人体を模したものである。人体は、「地水火風空」からできていると考えられていた。地は大地の生命、水は生命の源泉、火は熱量と活力、風は宇宙の息、空は宇宙の永遠の生命であるといえばうなずける。これを、五大、または五輪というが、オリンピックのことではない。

法事の時に、卒塔婆《そとば》を建てるが、これは、ストゥパ（塔）からきており、釈迦の遺骨を納めた塔を意味している。これが由来して、今日では、故人のために塔を建てることになったものである。

思うまい、思うまいとは思えども
　思い出しては　袖しぼるなり

と、良寛さんがうたった四十九日もすぎると、白木の位はいとなって仏壇にまつられ、ご先祖の新入生となる。

仏壇というのは、大きくいえば日本人の心が形成されるところであり、魂のふるさとである。それが軽んじられているのは、お坊さんが悪いのか、仏壇屋さんの勉強不足か。

ともあれ、仏壇は家庭の信仰の道場である。一家の守り本尊を中心にして、祖先の霊をおまつりするところである。だから、仏壇は、家庭内にあるミニチュア寺院だ。

仏壇は、紫檀《したん》、黒檀《こくたん》、などの堅い木で作ってあり、唐木《からき》仏壇といわれている。これは浄土真宗を除いて、各宗とも共通である。浄土真宗は、黒の漆塗り仏壇であり、内部は一面に金ピカ仕上げである。

仏壇の向きも、やはり西を背にして東を向くか、北を背にして南を向くように置いてもらいたい。あるいは東南向きでも良い。

仏壇の中のいちばん高い壇は、須弥壇《しゅみだん》という。仏教の世界では、世界の中心にそびえ立つ高山を須弥山《しゅみせん》といい、ここに仏が住むという。この須弥壇に、それぞれの家庭のご宗旨の本尊さまを安置するのである。それからその下の壇に、古いご先祖から順に奥から前へ、または向かって右から左へとおまつりするのである。

その下の壇へ、茶湯、御飯、花、ローソク、線香などを供えるのである。この場合、ローソクは向かって右、花は向かって左、線香はまん中にする。これらの一切の供物は、おがむことによって本尊さまの徳で人の心に供養するのである。これを回向《えこう》(回転趣向)するという。だから拝《おが》めば自分にかえってくるというのである。

だいたい、これぐらいのことを知っておいて、毎朝ご先祖に手を合わせ、本尊さまをおがみ、毎日を感謝の気持ちですごしてもらいたい。そうすれば、日本の仏教徒として、また日本人として世界に誇れるであろう。

本書は一九八四年四月に中経出版から刊行された『空海！ちょっと悟って感動の人生学』を文庫収録にあたり改題し、新編集したものです。

大栗　道榮（おおぐり　どうえい）
代々木八幡大日寺住職。高野山真言宗大僧正·傳燈大阿闍梨·本山布教師。日本文藝家協会会員。日本ペンクラブ会員。1932年、徳島県四国八十八カ所第十三番霊場に生まれる。中央大学を経て、高野山専修学院を卒業。1977年、東京代々木に大日寺を建立。傳燈大阿闍梨として僧侶指導にあたるほか、働く人のための「密教通信講座」を主宰して難解な密教を生活に活かす道をやさしく説いている。著書に『声を出して覚える般若心経』（中経出版）『図説 密教入門』『図説 「理趣経」入門』（以上、鈴木出版）など多数。
【問い合わせ先】大日寺　03-3465-5351

本書の内容に関するお問い合わせ先
中経出版編集部　03(3262)2124

中経の文庫
空海！　感動の人生学
2008年7月8日　第1刷発行

著者　大栗　道榮（おおぐり　どうえい）
発行者　杉本　惇
発行所　㈱中経出版
〒102-0083
東京都千代田区麹町3の2　相互麹町第一ビル
電話 03(3262)0371(営業代表)
03(3262)2124(編集代表)
FAX03(3262)6855　振替　00110-7-86836
http://www.chukei.co.jp/
DTP／アスラン　印刷·製本／図書印刷
乱丁本·落丁本はお取替え致します。

ISBN978-4-8061-3064-2　C0115

僕とヤンデレの7つの約束

BOKU to YANDERE no NANATSU no YAKUSOKU

原作／セツナプロジェクト
みかづき紅月
イラスト いずみべる

BOKU to YANDERE no NANATSU no YAKUSOKU

CONTENTS

イラスト／いずみべる

プロローグ

嘘《うそ》だろ。信じられるか、こんなこと——

そりゃ、最初こそは、ぶっきらぼうだしクールだし無表情で、いまいち何を考えているか分かりづらかったけど、だんだんと表情豊かになって甘えるようになってきて。

つい昨日までは毎日のように携帯メールだってマメにやりとりして、寝るときだって一緒だったのに。

はっきりと言葉に出さなくてもお互いの気持ちは伝わっていた。

だからこそ、あんなにも甘い時間を一緒に過ごせていたはず、なのに……。

(どこで……どう間違ってしまったんだ?)

自問するも、答えは得られない。

夢だ。これは悪い夢に違いない、ただその言葉だけが何度も脳裏《のうり》に繰《く》り返されるだけ。

「零王《れお》? どうしましたの? せっかく二人っきりになれましたのに。もっと幸せそうな笑顔を見せてはいただけないの?」

そう言った刹那《せつな》は、長い黒髪を後ろにさらりと払いのけながら優美に微笑《ほほえ》んだ。

透《す》きとおるような肌に薔薇《ばら》色の頬《ほお》、黒目がちな大きな瞳を長い睫毛《まつげ》が縁取っている。

いつも着ている漆黒《しっこく》のゴス服も華奢《きゃしゃ》な彼女にとても似合っている。

深窓《しんそう》の令嬢のよう、かつ天使のように愛くるしい容貌《ようぼう》をしているのに……。

「刹那、とりあえずみんなのところに戻ろう。みんな待っ……」

そこまで言ったところで、彼女の天使の微笑みがぐにゃりといびつに歪《ゆが》んだ。

「……わたくしと二人きりがそんなに嫌？」

「そういう訳じゃ……」

「なら何も問題ありませんわ。ここでずっとずっと二人きりで暮らしましょう」

疑問形ではない。限りなく命令に近い口調で刹那は歌うように言った。

僕は黙りこくってしまう。これ以上、刹那を刺激してはならない。

本能が激しく警鐘《けいしょう》を鳴らす。これ以上は、危険だと――

「フフフ。幸せですわ。ほら、ずっと零王がここにいてくれたおかげで、ベッドに零王の匂《にお》いが染み付いてますもの」

彼女はベッドに腰を下ろすと、シーツを胸に抱きしめて顔をうずめた。

ここにいてくれた、か。刹那の脳内ではそう変換されているのか。

だが、事実は違う。

僕はベッドに縛り付けられていた。

鎖《くさり》が肌に食い込んで、赤紫色に変色するのを通り越してどす黒くなっている。

もうかれこれ、どれくらい経つのだろう。

気が遠くなるほど長い時間が経ったような気がする。

と、その時、ぜぇひゅうっと僕の喉《のど》が耳障《みみざわ》りな音をたてた。

「あら、のどが渇《かわ》きましたの？　水を飲ませてあげますわね」

刹那が水を口に含むと、僕の唇《くちびる》に寄せてきた。

濡《ぬ》れた唇が押しあてられ、とろみのついた甘い水が僕の口の中に流し込まれてくる。

「んふふ、おいしい？　零王？」

口端から水を滴《したた》らせながら、刹那が小さく舌を出して目を細める。

「……ああ」

「そう、よかった。幸せ？」

もう一度、尋ねるというよりも、イエスを強要するような口調で彼女は言った。

「あ、ああ」

「でも、なら、なんであんなこと言うのかしらね？」

まるで恋人同士のような甘いキスを交わした後で、彼女の瞳に狂気が滲《にじ》む。

「あそこには可愛《かわい》い子たちがいっぱいいるから戻りたいんですの？」

「そういう訳じゃない」

「わたくし一人では役不足なのかしら？」

「違うって言ってるだろ」

「じゃあ、なあに？」

小首を奇妙なくらいに傾《かし》げると、彼女はクマのぬいぐるみの手足を指先でもてあそびながら尋ねてきた。

「ねえ、どっちがよろしくて？」

今日の夕飯のこんだてか何かを尋ねてくるような軽い口調。

「……何が？」

「切断するのと、潰《つぶ》すの。どっちがよろしくて？」

なんでいきなりそんな話になるんだ。さすがに冗談だろ？

そう自分に言い聞かせる。

だが、刹那は、いきなりぬいぐるみの手足を力負かせに引きちぎり、恍惚《こうこつ》とした表情でそれを見つめ、くすくすっと笑った後、急に興味を失ったように床に放り捨てた。

そして、傍《そば》に立てかけてあったブツを肩に担いだ。

それは小柄な彼女に似つかわしくない、巨大な鎌だった。

死神を彷彿《ほうふつ》とさせるほどに巨大な鎌。柄の先端には棘《とげ》のついた鉄球がついている。

彼女はゆらりと立ち上がると、その巨大な鎌の刃を指先でつっとなぞる。

カタカタと音がする。なんの音だと思ったら、僕の歯と歯のぶつかる音だった。

彼女の体からほとばしる狂気と殺気とに全身が鳥肌立っている。

床にちらばったクマの手足と胴体とが、不吉な予感を煽《あお》りたてる。

「や、やめろ。刹那、何をするつもりだ」

「だから、言ってますでしょ？　切断するか潰すかのどちらかですわ」

「………」

何を？　とは、怖くてとても尋ねることはできない。

ヤバい——そう思うのに、どうすればいいのかまるで分からない。

僕が黙りこくったままでいると、刹那は可愛く首を傾げて言った。

「そうね。潰してしまうよりも切断するほうがいいわね。零王が二つに増えますもの。あ、違いますわね。正確にいえば三つかしら」

とても楽しそうに指折り数える様子は、何かとっておきのいたずらを思いついた子供のように無邪気だが、その無邪気さが逆に不気味だ。

と、刹那がぴっと人差し指を立てて、不意にこんなことを尋ねてきた。

「ビスケットの歌ってご存じかしら？　ほら、もひとつ叩《たた》くとビスケットが二つっていう歌。あれと原理は一緒ですわ」

子供の頃は、無限にビスケットが出てくる魔法のポケットだと思っていたが、物心ついてからは、叩くと単にビスケットが砕けて数だけ増えるだけだと知ってがっかりしたものだ。

それと同じ？

ってことは――

ぞわりと全身が鳥肌立つ。

「ま、待てっ！　刹那っ。やめろっ！　やめるんだっ！」

「あはっははははっ！　切断したら三つになるものなぁに？」

双眸《そうぼう》をぎらつかせて、刹那が鎌を勢いよく頭上に振りかぶった。

「や、やめっ！　……っ！」

恐怖のあまり、言葉が喉に張り付いて外へと出てこない。

何か言わねば、何かしなくては。逃げなくては。でないと殺されるっ！

思考が千々《ちぢ》に乱れ、パニック状態に陥《おち》いる。

弧《こ》を描いた鎌の刃がぎらりと光り、そのまま僕の足に向かって容赦《ようしゃ》なく振り下ろされる。

まぶたの裏が真っ赤《まっか》に染まる。

「うふっ、ふふふふっ！　どこにも行けなくなったら、外に出ようなんて思いつきもしないようになるでしょう？　うふ、ふふふふ。あはは、はははは。はははははははっ」

狂おしい彼女の高笑いが闇の彼方《かなた》に聞こえた。

こんな……。こんなはずじゃ……。

なかったのに——

BADENDという赤い血文字が脳裏に浮かんで、儚《はかな》く消えていった。

第1章 聞いたふうな口、利かないでくださる？

「フンっ！　べっ、別にあんたのことなんて、全然っ！　待ってなんていなかったんだからねっ！　勘違いしないでよねっ！」

そんな言葉を吐《は》き捨てながら、ミニ丈のメイド服を着た一人の少女が、真《ま》っ白《しろ》なテーブルクロスの上にどかっとグラスを乱暴に置いた。

中に入っていた水が飛びはね、クロスに染みを作る。

客の青年が眉《まゆ》をしかめ、メガネのフレームを人差し指で押し上げてからウェイトレスを睨《にら》みつけた。

だが、ウェイトレスは彼に謝るどころか、野良犬のようにがうっと牙をむいてから、ふんっと思い切りそっぽを向いて店の奥へと消えてゆく。

「——なんだ、このあまりにもお粗末《そまつ》な接客は……。なのに、繁盛していると？　テレビにも紹介されたと？　まったくもって理解できん！」

青年——こと、古河零王《ふるかわれお》は、握りしめたこぶしをブルブルと震わせながら、呻《うめ》くように言った。

だが、そんな風に怒りに打ち震えているのは彼だけで、周囲の他の客たちはみんな気持ち悪いくらいだらしない笑みを浮かべている。

ここは洋館風の建物を使った喫茶店《きっさてん》で、メイド服を着た女の子たちが急がしそうに働いていた。俗に言うメイド喫茶ではあるが、ただのメイド喫茶ではない。

「はあ？　バカですの？　死にますの？　このわたくしにオムライスに絵を描いてほしいですって？　絵なんて描いてなんてさしあげませんわっ。貴方《あなた》にはこの字がお似合いですわ！」

金髪のツインテールの少女が、オムライスに「バカ！」とケチャップで書いている。

オムライスに絵を描くサービスは、すでにメイド喫茶では定番のサービスとなっているが、それにしたって普通は可愛《かわい》らしいメイドが〝ＬＯＶＥ♡〟とかをぶりぶりっと書いてくれるものだ。

客に対して罵声《ばせい》を浴《あ》びせるのも接客としては普通はありえない。

だが、この店は、それをウリにしているメイド喫茶――ツンデレメイド喫茶で『七人のツンデレ』という店名で、その筋の人間の間ではかなり名の通った店なのだ。

「ここはドＭの巣窟《そうくつ》なのか？　何がいいのかさっぱり分からん。っていうか、こんな店が繁盛しているのは間違ってるだろ。普通ならクレームもんだ。つか閉店もんだろ」

ほとほと理解しかねるといったふうに、零王は力なく首を左右に振った。

「てか、こんなひどい店にきて喜ぶ客もダメダメじゃないか」

彼以外の客は、怒るどころか、そのほとんどが悦に入っている。悦には入ってないやや一般寄りの客も、「これがツンデレかあっ！」なんて喜ばれ、おおむね好評のようだ。

ホールの隅《すみ》から隅まで、厳しい目で零王はチェックしていく。

と、メイドが一人、ホールの隅の窓辺で頬杖《ほおづえ》をついて外を眺《なが》めている様子が目に留まる。

他のメイドたちは、メイドの制服を着て、ふりふりのエプロンをつけ、カチューシャをしているというのに——彼女だけはエプロンもつけていないし、一風異なる格好をしている。

大きな赤い薔薇《ばら》をあしらったヘッドドレスをつけ、フリルをふんだんに使ったミニドレスの腰には大きな白いリボンが目立つ。

まるで人形のようなへんてこな格好だなと零王は思う。

そして、彼女は……。堂々とサボっていた。

客に声をかけられても、その声は耳を素通りしているようで。メイドたちに注意されてもガン無視で。開かれた窓の外をぼんやりと眺めている。

そこには鳩《はと》が数羽、餌《えさ》をもらえることを期待しているかのようにたむろっていた。

彼女は左手にもった小さなビニールの袋に右手を突っ込んだ。

そして、中にいれてある米粒を握り締めると——鳩にエサをやる……。

のではなく、なんと鳩めがけて米粒を無言で投げつけた。

思わず、零王は自分の目を疑う。

餌をやっているにしては、腕の振りが激しすぎる。

どこからどう見たって、思いっきり憎しみをこめて鳩に米をぶつけているようにしか見えない。しかも、無表情のまま。

鳩も羽ばたいていったん逃げてから、土の上に散らばった米粒をついばんでいる。

(な、なんだ？　この子は何をしてるんだ？　一応、ここで働いているメイドなんだよな？　なぜ誰も注意しない？)

疑問符が彼の頭の中を埋《う》め尽《つ》くす。

窓際で堂々とさぼり、客の声かけもガン無視して鳩に米をぶつけているメイド。

零王にとっては、あらゆる意味でカルチャーショックだった。

と、客の一人がぼそっと呟《つぶや》いた。

「うーん、ああいう不思議ちゃんも捨てがたいよなあ」

「……っんだと？」

ついに零王の堪忍袋《かんにんぶくろ》の緒《お》が切れた。

「こんなのっ！　絶対に認められるかっ！　許せんっ！」

零王は椅子《いす》から立ち上がると、店の奥へと向かってずんずんと歩いていく。

「ちょっと待ってください。これ以上は関係者以外立ち入り禁止です」

背が高く凛々《りり》しい顔立ちのメイドが、彼の前に立ちはだかる。青みがかった黒髪をヒップまでのばしている美丈夫《びじょうふ》な少女だ。

だが、零王は彼女に告げる。

「――関係者だ」

と、そのときだった。

「おお、零王。よく来ましたね」

厨房《ちゆうぼう》のほうから、執事服を着たオールバックのロマンスグレーな中年男性が姿を見せると、青年に向かって声をかける。妙な節回しの口調が、只者じゃない感を醸《かも》し出している。

「……なるほど、マスターの知り合いですか。ならば問題ありませんね」

生真面目な表情がデフォルトらしきメイドは、得心《とくしん》がいったように頷《うなず》いた。

「ああ、勘奈《かんな》さん、大丈夫です。彼は私の甥《おい》っ子なのですよ」

「そうですか。それは失礼しました。では、私は接客に戻ります」

彼女はそう言うと、再びホールへとに戻っていった。

「勘奈さんは、メイドたちのリーダーなんです。お前と同じ高二ですよ。しっかりしているでしょう？」

マスターが零王に言うも、彼は顔をしかめただけで首を縦にはふらない。

「叔父貴《おじき》、お久しぶりです」

「ああ、久し振りですね。兄さん、いえ、貴方《あなた》の父さんは元気でやっていますか？」

「まだ本調子じゃなくて。病院に通ってます。店はなんとかぼちぼちってとこですね」

「そうですか……」

「で、ちょっと相談があります――」

「ハイ、なんでしょう？」

「単刀直入に言います。僕もここに雇《やと》ってもらえませんか？」

「ほう、それはまたなぜ？」

「父さんの店をいずれ継《つ》ぐためにも叔父貴の元で修行したいんです。それと——」

いったん間をおいてから、零王は手をきつく握り締め、凄《すご》んだ声で宣言した。

「あのクソ駄メイドたちに接客のなんたるやをみっちし教えこんでやりたい」

彼の体から並々ならぬ殺気が立ち上る。

そんな彼をどこか懐《なつ》かしそうな目をして眺めているマスターの口端には笑みが浮かぶ。

「そうですか。いいでしょう。ただし、彼女たちはツンデレの中のツンデレ。そう簡単にいくとは思わないほうがいいです」

「問題ありません。心してかかります」

「零王は昔から兄さんの純喫茶を手伝っていたことですし、接客についてのこだわりも半端ではない。正統派の接客を知ってこそ、崩しようもあるというもの。彼女たちにとっても、きっとよい経験になるでしょう。当店のチーフを任せましょう」

「ありがとうございます！　必ずやあのメイド共を再教育してみせますっ！」

零王のメガネが、窓から差し込む西日の太陽を受けてぎらりと光る。

こうして、零王は晴れてツンデレメイド喫茶の接客チーフに着任したのだった。

だが、これが一連の騒動の発端になるとは、誰も知るよしもなかった。

メイド喫茶の見学から一週間経ち、店用の制服が出来上がったとの連絡をマスターから受けた零王は、満を持して単身メイド喫茶へと乗り込んだ。

「ってことで、今日から僕がチーフだ！　おまえらのふざけた接客をみっちし叩《たた》き直してやるから。そのつもりでいてほしい」

皺《しわ》一つない執事服《しつじふく》に身を包んだ零王が、メイドたちをびしぃっと指さしてそう言いきった。

メイドたちは全員揃《そろ》えば八人になるが、オープン時からフルメンバーは入らない。開店直前である今、零王の前には四人のメイドたちが並んでいた。

ちなみにメイドたちは全員、メイド喫茶の二階に住み込みで働いている。

彼女たちは平日は小中高一貫の学校に通っているので、『七人のツンデレ』はそれにあわせて平日は夕方六時から十時の営業となっている。土日は午前十一時からの営業で閉店時間は平日と同じだ。

「なんですの？　いきなりチーフだなんて偉そうにっ！　そんなのこのわたくし、コロナ様は絶対に認めませんわっ！」

客のオムライスに「バカ」と汚い文字をケチャップで書いていた金髪ツインテールの少女が早速零王に向かって牙をむく。メイドたちは全員店の制服を着ているが、各々《おのおの》がそれぞれの個性に合わせてカスタマイズしている。

自分のことを様付けした彼女は、エプロンの下に着込んだメイド服のいたるところに高級そうなレースを縫《ぬ》いつけており、ぱっと見、どこかのプリンセスかと突っ込みたくなるような華美な格好をしている。胸のバッジには「コロナ」と、汚い文字で殴《なぐ》り書きされていた。

「まあ、コロナ、喧嘩腰《けんかごし》になるのはやめなさい。零王はマスターの甥っ子ですし、貴女《あなた》よりも一つ年上なのですよ。ないがしろにしていいワケがありません」

「勘奈ったら相変わらず固いですわっ！　理不尽《りふじん》なことを言う輩《やから》は年齢性別問わずこのわたくしの敵っ！　ふざけた接客なんて言われて悔しくありませんの？」

「確かにふざけた接客と言われるのは心外ですね。我々はお客様のニーズに応えているだけ。だから、お店も繁盛しているのでしょう？」

前に零王がメイド喫茶へとやってきたときに、彼の前に立ちはだかった少女——メイドたちのリーダー、勘奈が顎《あご》に手を当てて、神妙な面持《おもも》ちでそう言った。

メイドたちは、彼女の言葉にもっともだと力強く各々頷く。

「客もメイドも駄目駄目だからだ！　僕が正しい接客というものを教え、再教育してみせる。まったくふざけてる。あんなひどい接客が受けいれられるなど世も末だ！」

「ほう、客まで再教育とは——物騒《ぶっそう》なことを言うもの。大した自信だな」

勘奈の横で鋭《するど》いまなざしをした少女が、零王のふるまいを許すまじと腕組みをして毒舌を差し向けてきた。彼女の胸のバッジには、「月《つき》」と流麗《りゅうれい》な筆文字で書かれてある。

「だが、自分たちのリーダーは勘奈様であり、おまえではない。ちなみに自分も十七、よってコロナとは違い、おまえをないがしろにする権利もある」

やや他人を見下したような偉そうなまなざしが威圧的かつ好戦的だ。

ぱっと見た感じ、肩の下まで伸ばした髪やイド服をきちんと着こなしている様子から大人しめな少女に見えるが、いったん口を開くと毒舌が冴《さ》え渡る。かなり厄介《やっかい》そうな性格だなと零王は身構えた。

だが、零王も彼女に負けてはいない。

「舐《な》めるな。言っておくが、おまえらと僕とは接客歴が違うんだ。僕はガキの頃から父さんの喫茶店を手伝ってきたんだからな！」

零王と月の間に目には見えない火花が散る。

（さすがに、気が強そうな連中だな。手ごわそうだ）

内心、零王は呟く。

接客の態度からして、あらかた予想していたことではあるが、やはり彼女たちは突如《とつじょ》現れたチーフに素直に従うつもりは毛頭ないようだ。

だが――

ただ一人だけ、黙って彼の話に耳を傾けている少女がいた。

それは意外な人物だった。

（鳩に米投げつけてた……。客の言うこともメイドの言うこともガン無視してた子か）

零王は信じられないといった面持ちで彼女をまじまじと見る。

すると、彼女は小さくこくりと頷いた。

前髪を眉のところでぱっつんと切り揃え、長い黒髪は腰にまで届いている。

彼女は、居並ぶメイドたちの列から前へと出てきた。艶《つや》やかなストレートヘアが後ろになびいてしゃらりと音を立てる。

少女は、零王の目の前までやってくると彼を見上げて言った。

「貴方、正しい接客を教えてくれるのでしょ？　能書きはいいわ。さっさと教えなさい」

「え？」

「するのしないの？」

「お、おう。んじゃ……まずはお客様の出迎《ウエルカム》え方を教えよう」

淡々とした口調で詰問《きつもん》されるように言われ、零王はややたじろいでしまう。

と、コロナが眦《まなじり》をつりあげると、肩を怒らせて彼女にくってかかる。

「刹那《せつな》っ！　どういうつもりですのっ！　いきなりよそから突然やってきたどこの馬の骨とも分からない男をチーフと認めるつもりですのっ⁉　貴女はいっつもそう！　制服も着ないし、誰の言うことも聞かないしっ！　学校だって無断欠席してるしっ⁉　マイペースにも程がありますわっ！」

（こんなのが私服なのか――てっきりなんかのコスプレかと……）

零王は改めて、刹那と呼ばれた少女の格好をまじまじと見る。

「ツンデレは我が強いものだが、さすがに少しは協調性というものを知れ」

月も腕組みをした状態で刹那を睨みつける。

「まあ、コロナも月も落ち着きなさい」

勘奈が刹那と月たちの間に割って入る。

だが、庇《かば》ってもらったはずの刹那は、やはりメイドたちの言葉なんて耳に入っていないかのように徹底的に彼女たちを無視して、零王だけを見つめていた。

背筋をしゃんと伸ばし、凜《りん》とした雰囲気を醸《かも》し出している。その瞳は憂《うれ》いに沈んでいるようでいて、なんの感情もうかがい知れない。紫色の瞳はミステリアスな光を放っており、零王は吸い込まれそうになった。

「さあ、早くなさい」

彼女は右手をすっと伸ばすと戸口を指差した。

我に返った零王は彼女を伴ってホールへと向かった。

「あ、ああ……」

自ら正しい接客を教えてほしいと言ってくるような少女はここにはいないと思っていただけあって、ついつい足取りも軽くなる。

と、二人がホールのドアから外へと消えたのを見計らって月が勘奈に尋ねた。

「……刹那、一体なんのつもりでしょうか？　勘奈様」

「さあ、それは私にも分かりません。でも、あの刹那が何かを自分から進んでやるようになるとは」

「――ここにやってきてからというもの、ずっと刹那は無気力でしたが」

「まあ、それも無理はないでしょう」

「でも、ずっとそれでは先には進めません」

「いや、たった今、一歩進んだのかもしれませんよ？」

「ふむ……。ですが、あの男の手に負えるとは思えませんがね――。まさか、刹那がクーデレとでも勘違いしているのでしょうか？」

「それは分かりません。ですが、マスターの甥なら分かりませんよ？」

そう言う勘奈の表情はどこか朗らかだった。

それを見た他のメイドたちは、お互いに目くばせしあって肩を竦《すく》め合うのだった。


「いってらっしゃいませ、ご主人さま」

しごく一本調子な物言いではあるが、刹那はそう言うと、お客を出口まで見送りにいく。

ドアを開いて恭《うやうや》しく一礼をすると、客を先へと促《うなが》した。客は鼻の下を伸ばして、ニヨニヨ笑いを浮かべている。

その様子を零王は遠目に眺めて、満足そうに頷く。

彼女は、忠実すぎるくらい忠実に、彼の教えに従《したが》っていた。

零王がメイド喫茶のチーフになって、まだ二週間ほどしか経っていないのに、ここまで刹那の接客レベルが向上するとはさすがの零王も意外だった。

（ものすごく可愛いんだがな。だが、あの服って確かゴスロリって言うんだったか？　東京の原宿《はらじゅく》かなんかであぁいう子がたむろしてる場所があるってテレビでやってたが。いわゆる、女のオタクってやつか？　つくづく惜《お》しいな）

相変わらず、メイド服ではなくゴスロリの私服を着た刹那を零王は眺めていた。

客を見送ったまま、彼女は微動《びどう》だにしない。

やがて、客の姿が完全に見えなくなってから、彼女は扉を静かに閉めた。

彼女はてきぱきとした所作《しょさ》で食器を片づけてゆく。零王が教えたとおり、左手に皿を二枚重ねて持ち、手前の皿に食べ残しのものをナイフで集めながら、空の皿を重ねていく。

それを食い入るように見つめているのは、絆創膏《ばんそうこう》を顔につけた背の低いメイドだった。ショートカットを少し伸ばした髪型をしており、いつだって元気いっぱい。みなぎりすぎてドジを踏《ふ》むこともしばしばといういわばドジっ娘《こ》だ。

胸のネームプレートには「千代《ちよ》」という名前がエキセントリックな文字で書かれている。

彼女は何かことあるたびに八重歯をむき出しにして、野良犬のようにがうっと唸《うな》る癖《くせ》がある。子供っぽい性格ゆえか、いじりやすい性格ゆえか。なぜか他のメイドたちからは三歳児扱いされている。

「——むぅうううっ。フンっ！　あれくらいあたしだって全然できるんだからっ！」

刹那に対抗心を燃やした千代が同じように真似て左手にお皿を二枚持とうとする。

だが、それにはちょっとしたコツがいる。

無論、それを知らない千代の手から真っ白な皿がバランスを失って滑《すべ》り落ち、ホールにがしゃんっという音が響いた。

「あーもー。千代ちゃん。仕方ないんだから。まーたお皿割ってるし……」

すぐさま、平美《ひろみ》というメイドが駆《か》けよって、砕け散った皿の破片をホウキでかきあつめていく。でも、その様子はどこか楽しそうだ。

十八才の平美はいつも千代の面倒を見ている。正確に書くなら、面倒を見ているというよりも千代をいじって楽しんでいるといえるかも知れない。

のほほんとした笑顔がデフォルトの彼女はいつも明るくて場を盛り上げるのがうまい。いわばメイドたちのムードメーカー的な存在だ。

「べ、別に！　今のはあたしのせいじゃないんだからねっ！」

ちなみに、皿を割った当の本人はといえば、腕組みをしたまま、反省するどころか傲岸不遜《ごうがんふそん》にこんなことをのたまう。それを見た客たちが「うぉおおおっ」と声をあげて身悶《みもだ》える様にやっぱり零王は理解不能と首を振る。

と、刹那が食器を片づけて、カウンターで待機している零王のところまで戻ってきた。

「零王、どう？　わたくしの接客、どこか直すべきところはあったかしら？」

「いや、ばっちりだ。刹那は呑《の》み込み早いのかもな」

零王がそうほめると、刹那の白磁《はくじ》の頬にほんのりと血が通う。

「――ラストオーダーはもうとりましたわ」

「うん、了解。んじゃ、そろそろ後片付け始めておこうか？」

「分かりましたわ」

刹那は同意を示すと、カウンターの中に入ってきて、山のように積み上げられた皿を食器洗い機にいれる籠《かご》へ手早く並べ始めた。

ラストオーダーが通れば、もう新しい洗い物はほとんどでないため片付けは早めにしておくに限る。

現に、今日は平日ということもあって、残りのお客は一組だけだった。

飲食業はかなりハードだ。無駄を徹底的にはぶかないととてもじゃないが、注文がきちんと回らない。

そんな基本も知らない他のメイドたちは、のんびりとしたもので――

すでに刹那と零王が片付けを始めているのがなぜか理解できていない様子だった。後でやればいいのにという表情をしている。

「……よし、今日はもうみんな上がっていい」

零王がカウンター裏にメイドたちを集め、そう言うと、少女たちはきょとんとする。

だが、次の瞬間、みんな手放しで喜ぶ——かと思いきや、さすがそこはツンデレだけあって喜び方もやはり捻《ひね》くれている。

「何よっ！ そんなこと言って点数稼《かせ》ぎでもするつもり？ お生憎様《あいにくさま》だよ！ べーっだ」

さっき皿を割ったせいでまた一枚絆創膏が増えた千代があっかんべーと舌を出す。

その横で、最年少のメイド——四葉《よつば》が歓声をあげる。

「あははっ！ べ、別にうれしくなんてないんですからぁー♪」

彼女は天真爛漫《てんしんらんまん》で無邪気な少女だ。ややたれ目がちな大きな瞳は好奇心に満ち溢《あふ》れている。いわゆる正統派な妹キャラを地でいくタイプで、非常に人懐《ひとなつ》っこい。甘え上手なせいかみんなに可愛がられている。

「まだまだ四葉はツンデレがなっておらぬな。本音が駄々《だだ》漏《も》れておるぞ」

メイド最年長である球子《きゅうこ》が彼女にそう言うと、鷹揚《おうよう》に微笑《ほほえ》んだ。彼女は、スカートに深いスリットが入っているメイド服を着ている。長い髪をポニーテールに束ねており、うなじも色っぽい。

いつなんどきも冷静沈着な彼女を四葉は尊敬しているせいか、そのぷくっとした頬を赤らめて小さく呻いた。

「あうぅう、球子お姉様ぁ。精進しますぅー」

球子は四葉の頭をぽんぽんっと軽く叩くと、零王のほうを振り返った。

「しかし、零王、良いのか？　後は任せてしまっても」

「ええ、あと一組だけですし、人数いるだけいても無駄ですから。あとは僕と刹那に任せて、ゆっくり休んでください。休むこともプロにとっては大事なことですし」

零王は年上に対しては敬意を払い、球子と平美相手には敬語を使う。

「だが、いつものようにラストまで付き合おうぞ。ちゃんと給金ももらっておるのだからな。役目はまっとうせねば給金泥棒じゃ」

だが、対する球子も物静かなほうとはいえ、やはりツンデレ。意志の強そうな目で零王をひたと見据《みす》え簡単に引く姿勢は見せない。

「いや、この店は年中無休ですし。いくらローテーションで休みはとっているとはいえ、混雑帯からはほぼ全員総出で働いてもらっています。休めるときに休んでおいてもらったほうがお店的にもいいんです」

「……なるほど。それは確かに筋が通っておるな」

零王の話を聞いた球子はようやく納得したようだ。

「本当は僕だけでもいいんだが、さすがにお客様のお見送りは、メイドにやってもらわないとならないので刹那に頼もうかと。それがおわったら刹那にも下がってもらうつもりだけど」

零王が刹那を見ると、彼女はどこか誇《ほこ》らしげに胸を張った。

そんな彼女に目を細めてから、零王は千代をじろりと見る。

「……とりあえず、千代だけ最後まで残ってもらおうか？」

「男に二言なしって言うじゃない！　だーれが残るもんかっ！　これでアンタのことを一ミリくらい見直したと思ったら大間違いなんだからねーっ！　べーっ」

千代が零王に向かって舌を出してみせると、笑いながら廊下へ飛び出していった。

（ったく、あいかーらず小憎たらしいったらねーよな。可愛くないっ）

零王は口元をひきつらせながらも、なんとか怒りを堪《こら》える。

「んじゃ、お先に」

勘奈たちも零王を一瞥《いちべつ》すると、めいめい二階の自室へと戻っていった。

その場に残ったのは、零王が手伝いを頼んだ刹那だけ。

「刹那、悪いな。あともうちょっとだけ頼む」

「他のメイドたちに頼まなかったということは、わたくしでなくてはダメということでしょう？」

「ああ、刹那じゃないとな」

「……そう」

刹那は彼の言葉にふっと俯《うつむ》いた。

だが、その耳たぶがほんのりピンク色に色づいていることに零王は気付く。

クールな彼女が一瞬見せたはじらいの表情にどきりとする。

（今のセリフ、かなりくさかったか？　ってか、聞きようによっちゃかなり勘違いされそうな言葉かも？　セクハラか？　いやいやいやっ。そういうつもりじゃないし）

頭の中では饒舌《じょうぜつ》に言い訳がぽんぽんと出てくるのに、口からは一言も出てこない。

「——ありがとうございました」

刹那の声で零王ははっと我に返る。

彼女は客が伝票を手に立ちあがったのを見て、即テーブルに向かっていた。

客の動きに注意を払い、先読みして動くようにという零王の教えを忠実に守っている。

てきぱきと会計処理をおこない、「いってらっしゃいませ。またのお帰りをお待ちしております」と客に頭を下げた。

感情がこもった物言いではないが、礼の角度も頭を上げる速さも申し分ない。

「んじゃ、お疲れ。後片付けは僕がやるから——」

「……いえ、これくらいついでにやりますわ」

零王の言葉に首を振ると、刹那は最後の客のお皿を下げた。

それから、彼女は黙って掃《は》き掃除に没頭する。零王が何度か声をかけてもガン無視する。

刹那に声をかけるのをあきらめた零王が、食器を片づけ、グラスを拭《ふ》いて、明日の準備を全部してからホールに戻ると、ちょうど刹那も掃除を終えたところだった。

「助かる。ありがとう。お疲れ様」

「もののついでですわ」

彼女は零王のねぎらいもさらっと流す。

と、零王は突然ひらめいて刹那に言った。

「あ、そうだ。新作デザートを作ってみたんだが、味見するか？」

「デザート？　味見？」

「うむ、疲れたときには甘いものがいいって言うしな。デザートは喫茶店においてなくて、絶対にはずせないもの。こう見えてもパティシエ修行をしてたこともあってな」

「――わたくしは、疲れてなんて……。いません」

刹那はむぅっと唇《くちびる》をとがらせると、そっぽを向いてしまう。

しかし、今日の刹那のシフトはオープンからで。それからずっとラストまで立ちっぱなしなのだから、足が棒のようになっていないはずがない。

「まあ、いい。これも接客の練習のうちだ。刹那はお客役でそこに座っていてほしい」

「修行のためならば、致し方ありませんわね」

そんなことを言いながらも、彼女はいつもよりもそわそわしている様子だ。

零王は、いったんキッチンに戻ると、冷蔵庫の中からデザート皿を一つ取り出した。

そして、ハーブティーをポットに淹《い》れ、馴《な》れた手つきでトレーにそれらをスプーンと一緒にのせると、刹那の元へと戻る。

まるでタクトを操る指揮者のように鮮やかな手つきで、刹那の目の前のテーブルにスプーンをセットしてデザート皿を置く。

そしてポットとカップを持つと、胸を張って姿勢を正し、高い位置から紅茶を注いだ。

「お嬢様、クレームブリュレです」

「それなに？」

「プリンのようなものです。もうちょっととろみがかっていますが。この洋館にふさわしいデザートをと思ってメニューに加えようと試しに作ってみました」

いっさいの無駄がそぎ落とされながらも、品よく麗《うるわ》しいその接客に触れ、刹那の表情筋が少しだけぴくりと動いた。そんな些細《ささい》な変化も彼は見逃さない。

なんせ、物心ついたときからずっと父親の純喫茶を手伝ってきていたのだ。人間観察は身に染みついたも同然だ。

（フ、僕の接客にびびったか……）

自尊心《じそんしん》が満たされるのを感じつつ、零王は少し下がって刹那の様子を窺《うかが》う。

「…………」

刹那は、かなり零王の動きを意識しているようだったが、やがて、スプーンを手にとるとクレームブリュレの上層のザラメでできたカリカリをつついた。

薄い被膜《ひまく》が割れ、中からバニラビーンズたっぷりのクリームが溢《あふ》れ出てくる。彼女はそれをスプーンですくって口に入れた。

その瞬間――

「…………っ⁉」

刹那の目が大きく見開かれる。

頬が紅潮《こうちょう》し、彼女は黙ったままもくもくとスプーンを動かしては口に入れ、時折、うっとりと目を細める。

血の通っていなかった人形に、今、まさに血が通ったような。

急に活《い》き活きとした彼女に零王は不覚にも胸を衝《つ》かれ、刹那の横顔から目が離せなくなる。

夢中でスイーツに舌鼓《したつづみ》を打つ彼女をずっと見ていたいとまで思ってしまう。

やがて、刹那は瞬《またた》く間にクリームブリュレを完食して、ほおっと吐息を漏らした。

彼女の反応から味の良し悪しを聞くまでもないが、零王は敢《あ》えて聞いてみる。

「お味のほうはいかがでしたか？」

「別に――」

と言う彼女の口元にはクリームがついたままで。

彼女の口から出てきた言葉とのギャップに気づいた零王は吹き出しそうになってしまう。

「……ごちそうさまですわ」

そう言うと刹那は立ち上がろうとする。

が——それよりも早く零王が動いた。

「片付けはいいから。んじゃ、お疲れ。おやすみ」

零王は恭《うやうや》しく一礼すると、食器を鮮やかに片づけ、カウンターの中へと消えてゆく。

彼がホールへと戻ってくると、刹那はまだ席についたままだった。

「あれ？　まだ部屋に戻ってなかったのか？」

「なぜ？　わたくしだけ？　さっきの、他のメイドたちには食べさせてないでしょ？」

「あいつらは生意気だから食わしてやらんっ！　心根を改めるまではな」

「……わたくしだけ特別扱いなの？」

「………………っ⁉」

刹那のド直球な言葉な言葉に零王は固まってしまう。

どくどくっと心臓が高鳴り、顔が真っ赤《まか》になる。

「いや、それはだ！　刹那はすごくよく頑張《がんば》ってくれてるし。頑張る人には頑張った分だけのメリットというものがあるべきでだな——」

頭が真っ白にはなったが、ぎこちない口調で零王はどもりながら言った。

もっとスマートにかっこいい言葉が出てくればいいのにと思うも、口は勝手にせわしなく動いてしまう。

「………」

刹那の双眸《そうぼう》がそんな零王をまっすぐ見つめていた。

零王は黙って、その瞳を見つめ返す。

（これってもしかして、いい雰囲気とか……。言ったりするんじゃないか？）

昔から今の今まで、放課後は帰宅後、喫茶店の手伝いをするのがデフォルトだった零王だから、当然、女の子には縁がなかった。

それもあって、零王の頭の中はうれしげな妄想で埋め尽くされる。

しばらくして、刹那の唇がはらりとほどかれた。

（ま、まさかっ、告白とかされたりされなかったり……）

零王はついつい甘い展開を期待してしまう。

だが——

「わたくしを特別扱いしないで——」

刹那の言葉は、彼の期待を粉々に砕いた。

一瞬、零王は自分の聞き間違いじゃないかと思う。

女の子というものは、特別扱いされたがるもんだと思っていたし、刹那もけしてまんざらでもなさそうだったのに。

零王が目を見開いたまま、呆然《ぼうぜん》とその場に立ち尽くしていると、刹那は言葉を続けた。

「忠告しますわ。わたくしには近づかないほうがいい」

その言葉を耳にした零王は思わず、ついこう答えてしまう。

「でも、僕から接客を学びたいと思ってくれて。それで頑張ってたんじゃ？」

「違いますわ」

きっぱりとした刹那の否定の言葉が零王の心を容赦《ようしゃ》なく抉《えぐ》る。

「んじゃ、いったい何のためにこんなに頑張って――」

「他のメイドたちを見返すためですわ。この店のトップになって」

「見返す？　なんだってそんな必要が？」

「――ここにはわたくしの居場所がないからですわ」

「……んなことはないだろう」

零王がそう言うと、刹那の目が一瞬険しく細められた。

「貴方はわたくしの何を知っていてそう言うのかしら？　何を根拠に？」

「…………」

刹那の口調はいつもとなんら変わらないが、その内容はといえば、零王のさっきまでの暖かな気持ちに氷水をぶっかけた上に棘《とげ》で突き刺しまくったようなものだった。

「そりゃ、まだ、僕は刹那のことをあまりよく知らないかもしれないが」

「でしょう？　わたくしと彼女たちとの間に何があったのかも知らない。なのに、聞いた風な口をきかないでいただける？」

何があったのか尋ねたくても話しかけること自体を拒《こば》むような、冷徹なまなざしの刹那に零王は閉口する。

「だから、貴方は、ただわたくしに正しい接客とやらを教えるだけでいいの。貴方とわたくしの利害は一致しているでしょう？　ギブアンドテイク、なんら問題はありませんわ」

確かに、刹那の言う通りではある。

だから、零王は彼女に言葉を返せない。

「では、失礼しますわ」

刹那は黙ったままの零王を一瞥するとホールを後にした。

が、一瞬、彼女のまなざしがひどくさびしげだったように零王の目にはうつる。

扉が閉まってから、零王は傍《かたわ》らの椅子に腰かけると、天井を仰《あお》いだ。

「参ったな」

口からそんな言葉が漏れ出てくる。

（って、何が参ったというんだ。別に——他意があった訳じゃないし）

そう自分で突っ込みをいれるも、どこかこう釈然《しゃくぜん》としない。

（接客の楽しさを分かってくれてるって思ってたのに。違ってたからか？）

零王は、はあっと重いため息をついた。

「そもそも、客をもてなすという根本が分かってないんだろなあ」

頭を掻《か》きながら、さっきの刹那の様子を思い出す。

彼女はいつもどおり感情は表に出していなかった。

だが、あのいつもよりも硬く厳しい口調には、彼女が普段は表に出さないような感情が包み隠されていたように思う。

「昔、何があったかは知らないが、仲間同士がうまくやれてないと、絶対にそれがお客にも伝わるもんだ」

刹那が従順に零王に従い、まるでスポンジのように学んでいたものだから、零王はてっきり自分の計画はうまくいっているものだとばかり思っていた。

「駄目駄目だ。全部、一からやり直しだな。まずは内側から正していかねば」

そう言ってから、彼はそのまま机に突っ伏した。

「……バラバラな気持ちを揃えるためには、何か共同作業をさせるのがいいんだが……。絶対、あいつらが素直に言うことを聞くはずないしなあ……」

前途多難――そんな言葉が彼の脳裏をよぎった。

第2章
サルの浅知恵、不愉快ですわ

「であるからして――xをこの公式にあてはめると――」

昼休みが終わって五時限目の数学の授業は、眠気もマックスになろうというもの。うつらうつら舟を漕《こ》いでいる生徒たちがクラスの大半を占めているなか、零王《れお》だけが真剣にノートをとっていた。

数学教師は満足げに頷《うなず》き、熱心な生徒のために授業を続ける。

だが、彼が一度も頭を上げていないということには気付いていない。

しかも、ここ三日間、彼がどの授業においても、ずっと同じ態度であるということにも。

(ここであのちっこいの――ロリっぽい人懐《ひとなつ》っこいの。ああ、そう。四葉《よつば》といったか。彼女を前に出して。あざとく「お兄ちゃん、だあーいすき♪」なんて言わせてだ。客のハートを鷲掴《わしづか》みにして――)

ぶつぶつ言いながら、零王はネットとかでかき集めたの「オタク」の知識を元にメイドたちのダンスの振り付けを考えていた。

(とりあえずアイドルっぽく歌でも歌わせてみるか? アニメかなんかの曲にあわせてダンスつきで、時折セリフをはさんで……。って、感じで試しにやってみるか)

オタクの世界なんかに興味はなかった零王だが、一度手をつけはじめると、凝《こ》り症《しょう》であるため、オタクの一般常識をどんどんと学んでいき、人気のアニメ曲などのリストまで作り出す始末だ。

やがて、放課後がやってきても、零王は顔をあげようとしない。

「零王のやつ、どうしたんだ？　携帯とかガン無視だし。大丈夫なのか？」

「さあ……。なんかスゲー集中してるみたいだけど」

クラスメイトたちが彼を遠巻きに眺《なが》めている。声をかけるのすら躊躇《ちゅうちょ》される妙なオーラが零王の体からまき散らされていた。

と、唐突に零王が、「できたぞっ！」と叫ぶと、その場に勢いよく立ちあがる。

「おう？　零王？　何ができたんだ？」

「萌え萌えダンスだが？」

なんとなく気があって昔から何かとよくつるむ友人、谷山久司《たにやまひさし》の質問に、零王は真顔で答えた。

すると、彼の言葉に教室がしんと静まりかえる。

ややあって、久司が口端を引きつらせながら零王に尋ねた。

「も、萌え？　零王、おまえ、だ、大丈夫か？」

「萌え？　って、あのアキバ系とかああいう感じ？」

「秋葉原かあ。オタクどもの魔窟《まくつ》なんだろ？　なんか町全体がダンジョンになってて、ヤバい罠がいたるところにしかけられてるとか？」

「凄腕《すごうで》のメイドたちが手ぐすねひいて待ち構えていて、ぼったくられるらしいぜ」

「あそこって完全自治みたいになってて、全員コスプレが義務づけられてるんだっけか？」

「してなかったら、オタクに狩られるとかって聞いたぞ」

「うへー、すげーとこなんだなあ。秋葉原っつーのは。萌えってコエーっ」

ざわざわっとクラスに動揺が広がる。

それなりに栄えているとはいえ、都心部から新幹線で四時間はかかる地方都市だけあり、萌え文化に疎《うと》い人間のほうが多い。

それればかりではなく、テレビや雑誌なんかで得られる部分的な情報が、微妙に歪《ゆが》んで届いたり融合《ゆうごう》したりしているため、彼らにとっては萌えだの秋葉原だのという言葉は不可解なものでしかない。

まさか、隣《となり》の市に、オタクたちの間では超絶に有名なツンデレメイド喫茶が存在しているとは思ってすらいないに違いない。

地方においては、まだまだ一般人《パンピー》とオタクの壁は厚い。

ややあって、久司が零王の肩を優しく叩《たた》いて言った。

「……おまえ、何かあったのか？　たまにはみんなでカラオケでも行くべ？　家の喫茶店《きっさてん》も最近は毎日手伝ってる訳じゃないんだろ？」

零王の父親の喫茶店は、彼の通う高校のすぐ傍《そば》にあるため、最近、喫茶店がオープンしている日が少ないことを知っている。

「いや、うちがクローズのときは叔父貴《おじき》の喫茶店を手伝ってるんだ。ってか、もうこんな時間か。シフトの時間に遅れてしまう。こっから電車で一時間かかるんで。ではな——」

零王はそそくさとノートや筆記具を鞄《かばん》に詰め込んで教室を飛び出していった。

そんな彼をクラスメートたちは怪訝《けげん》そうな顔をして見送るだけだった。

零王のことを昔から知る久司がぼそりと呟《つぶや》く。

「まあ、これでも昔と比べりゃだいぶマシになったほうだけどよ。零王のヤツ、本当に仕事中毒だよなあ。ったく付き合い悪いぜ」

口では不満を漏《も》らしているようだが、彼の目は優しく細められていた。

「はあっ！　あんたバカぁっ⁉　メイドショーっ⁉　そんなのする訳ないじゃない！」

千代《ちよ》の素《す》っ頓狂《とんきよう》な声がホールに響き渡った。

が、そんな言葉とは裏腹に、ひらひらのコスチュームを身にまとっている彼女の頬《ほお》は紅潮《こうちよう》している。

「千代さん、ナイスツンデレですーっ」

パチパチと小さな手を叩きながら、四葉が合いの手をいれた。

土曜日の朝、開店前。メイドたちが、全員色とりどりのアイドルのようなコスチュームを着て零王の前にずらりと並んでいる。

メイドのカチューシャとエプロンはいつものままで。

ただ、中の衣装は半透明のシフォン生地でできており、彼女たちがちょっと動いただけでふわりとなびく。それが乙女心にうれしいらしく、今日はメイドたちのツンデレにも一段と拍車《はくしゃ》がかかっている。この衣装は、零王が通販で取り寄せておいたものだ。

「ほほう。これはこれは。壮観ですねえ」

マスターがショー用の衣装を身にまとったメイドたちを見て口髭《くちひげ》を撫《な》でさする。

「これはいいアイディアだと思いますよ。きっとお客様も喜ぶでしょうし」

「……あんまこういうベクトルでお客を喜ばせるのは人として間違ってるような気がしなくもないが。でも、背に腹は代えられないというか」

このショーの狙《ねら》いは、あくまでもメイドたちの心をひとつにするもの。

ただ、どうせショーをするなら徹底的にと、零王がつい熱くなった結果がこの有様だ。

マスターに褒《ほ》められ、零王は複雑そうな顔をする。

「フンっ！　別にこんな衣装っ！　えっちだし、全然興味なんてありませんわっ」

相変わらずつんとした口調で不平を言うコロナだが、その割には、何度も何度も鏡を見てはやたらとくるりとターンしてみたり。

フリルたっぷりのふわっふわのショー衣装が乙女心を鷲掴みにしたらしい。それは零王にとって、うれしい誤算だった。

まずは彼女たちをその気にさせるというハードルがむちゃくちゃ高いと思っていただけに、ひとまず彼はほっと胸をなで下ろした。

「んじゃ、振り付けも覚えて——歌はそうだな。得意な人いるか？」

零王がメイドたち一人ひとりを見回しながら尋ねる。

「歌なら、幼少の頃、少々声楽《せいがく》のレッスンを受けていましたけど？」

「あ、はあい。あたしも少しなら。ピアノのおけいこで歌もついでに少し習ってました」

コロナと四葉が手をあげる。この二人、どうやらお嬢らしい。

「んじゃ、二人は歌のレッスンをしてもらう。ｉＰＯＤで聞いて練習してもらいたい。歌詞カードも作っておいたから」

「仕方ありませんわね！　どうしてもっていうなら歌ってさしあげてもよろしくてよっ！」

ｉＰＯＤのイヤホンを片耳ずつつけて、二人は耳を傾ける。

「あ、『ハレハレ』だ。このお歌なら四葉、暗記してますよーっ。振り付けもばっちしです」

「ああ、これならわたくしも歌えますわ」

「ちょっとメイドっぽくアレンジしてあるがな」

選曲に間違いはなかったとほくそ笑みながら零王が言うと、月《つき》が突っ込みをいれる。

「だが、著作権とか大丈夫なのか？」

「オリジナルでやるのが一番だけど。とりあえず試しにやってみてお客の反応を見たい」

「フフ、ヌフッフフフフ！　お客様に好評なようなら、当店オリジナル曲に振り付けをさる筋の超一流の先生に作ってもらいましょう。フハハハハ」

マスターがにやりと笑うと、悪役のような朗々とした節回しで声高らかに宣言する。

（叔父貴のさる筋とかって……。なんかすごそーだよなあ……）

昔、池袋でナンバーワン執事《しつじ》としてぶいぶい言わしていたらしいので、その頃のツテだろうか？　とかく、マスターには謎が多い。

「振り付けのベースも歌も知ってるなら、今夜にでも試しにショーをやってみるか？」

零王がみんなに向かって提案すると、メイドたちはやっぱりいつものように憎まれ口は叩くものの、結構ノリ気なようだった。

たった一人を除いて——

「——こんな子供のお遊戯《ゆうぎ》じみたこと、わたくしはやりたくありませんわ」

突如《とつじょ》、刹那《せつな》が口を開いた。せっかくどんな風に踊って歌うかとかいうおしゃべりでもりあがっていた場がしんと静まり返ってしまう。

「大体、これは正しい接客とは違うものじゃなくて？」

刹那の正論に零王は言葉に詰まる。

「……それはそうだが、秋葉原の有名なメイド喫茶じゃ、呼び物の一つらしいし」

「サルまねは所詮《しょせん》サルまねですわよ？」

「刹那、ちょっと言葉がすぎるのではないか？」

「月、貴女《あなた》に言われたくはありませんわ」

「まあまあ、刹那。せっかくなのだから、水を差す真似をしなくてもよいでしょう？」

すかさず月と刹那との間に、勘奈《かんな》が割ってはいる。

だが、彼女たちは犬猿の仲なのか、互いを鋭《するど》い目で睨《にら》みつけて双方引こうともしない。

勘奈が困り果てたように、はあっと深いため息を漏らした。

「──勘奈。貴女はわたくしに参加してほしいんですの？　このお遊戯に」

「あまり無理じいはしたくはないのですが、できることならば、協力してほしい」

刹那の問いかけに、勘奈は言葉を選びながら告げた。

一瞬、刹那の横顔が憂《うれ》いを帯びる。しばらくの間、考えを巡《めぐ》らせているようだったが、しばらくして彼女は透きとおった声で呟く。

「……そう。ならば、分かりましたわ」

なぜか、その言葉尻が少し震えている。

それが少し気にかかる零王だったが、一応は刹那の了解も得られたので良しとする。

「よし、じゃあ、早速練習にかかろう！」

「別にあんたのために練習する訳じゃないんだから！　お客様のためなんだからねっ！」

零王のかけ声に、ツンデレメイドたちからいかにもツンデレっぽい返事が返される。

だが、ツンデレというものをまだよく分かっていない彼は心の中で一人ごちる。

（別に、僕のために練習しろとか一言も言ってねーっての。相変わらず可愛《かわい》くねーなあ）

「今日はツンデレショーがあるんだってよっ！　すげー、僕らラッキーじゃね？」

「マジでっ？　すげー楽しみだしっ。ちょーワクテカしねー？」

週に三日はやってくる常連の二人組が、メイドショーのことを知った途端、ただでさえ高いテンションが天井知らずにアップする。

接客の合間に交代で振り付けと歌の練習をして——ようやくなんとか形になってきたところで、テストも兼ねてお披露目《ひろめ》する段になったのだ。

他の客たちもそわそわと落ち着きがない。

中には、いかついカメラを構えて待ち構える客もいたりして……。メイドたちが控《ひか》え室代わりの更衣室で準備をしている間、そういう輩《やから》のほとばしるパッションをやんわりと制すのもチーフたる零王の仕事だった。

そして、ようやくコスチュームに身を包んだメイドたちがホールに現れた。

途端、咆哮《ほうこう》にも似た歓声が轟《とどろ》き、ホールを揺るがす。

「はっはっは、あまり期待するでない。お主らのために踊る訳ではないのだからな」

首筋にほつれるおくれ毛を指で撫でつけながら球子《きゅうこ》が常連たちに言うと、二人組が壊れた。

「うあああああっ。球子さんのツンデレ、まじパネェっ！」「萌えぇええええっ！」

この二人は、凜々《りり》しいお姉様系の球子にはことさら弱い。

やがて、あっけらかんとしたテンポのよいＢＧＭが流れだした。

零王が見ると、マスターが親指を出してニヒルな笑いを浮かべてウインクをよこす。

メイドたちがホールにずらりと横一列に並ぶと、勘奈の合図によって、キラッ☆とポーズを決めて一斉にこう言い放った。

「「あんたたちのことなんてご主人さまなんてこれっぽっちも思ってないんだもんね！」」

のっけから予想だにしなかった展開に、零王は思わず吹いてしまう。

「っぷ、こんな話聞いてないぞ……。早速、アレンジしまくりかっ」

だが、観客たちのテンションはさらにアップして、ホール内の熱気が異様なまでに増す。

「ぐはぁあああっ。なんつー良いツンデレっ。たまらん。たまらんぞぉおおおお」

「萌えーっ！　真面目系クール系ツンデレっ！　Ｌ・Ｏ・Ｖ・Ｅ！　勘奈ーっ！　月っ！」

「くあー、生意気そーな千代ちゃんに踏《ふ》まれたいぃいいいいいっ！　ナイスツンデレっ」

「…………」

零王は、自分で仕掛けたことながら、客のテンションの高さにドン引きしてしまう。

（お、おまえら、病気だろう……。だ、大丈夫か？　日本の未来は……）

思わず、日本の未来を憂えずにはいられない。

そんな彼の心とは裏腹に、メイドたちの歌とダンスはどんどんと進行していく。

「お兄ちゃんのことなんて、大・大・大っ嫌いなんだからあっ！」

四葉がぷんすかっと拳《こぶし》を上下に突き上げ、頬を膨《ふく》らませて腰に両手をあてて舌を出す。

（だぁああっ！　だーあら、そこは「大嫌い」じゃなくて「大好き」だって言っただろ！）

ところどころ、いや、全体的にかなり突っ込み満載なショーではあったが、それら突っ込みどころを除けば、初めてあわせたとは思えない見事な出来だった。

四葉とコロナの歌もばっちりだったし、ダンスもなかなかのもの。

——のはずだったが。

「だあ、せ、刹那……。右手と左手逆だし……」

零王は、はらはらしながら刹那のダンスを見守る。

たった一人、刹那だけが強烈な異彩を放っていた。全員が左手を勢いよくあげるところで右手をあげ。しかもそのあげるタイミングもかなりずれてしまっている。

いつもと変わらない仏頂面なため、彼女が素でやっているのか、意に反する「お遊戯」に抗議しているのかは分からない。

それは、超絶なまでにマイペースなダンスもどきだった。

右を向いたかと思うと、左を向き、思いついたようにダンスらしきしぐさを見せるも、振り付けはまるで間違っており、見るからに挙動不審で……。

（なーんか、デジャヴっつーか。これ、どこかで見たことあるよーな……）

眉間《みけん》に皺《しわ》を寄せ、零王はうーっむと考え込んでしまう。そして気がついた。

（あれか！　ドア○だろ！　あの空気を読まない野球のマスコットキャラそっくりだ）

せっかくショーが成功すると思いきや、刹那一人がすべてを台無しにしていた。

（こんなにダンスが下手だったとは。それであんなに嫌がってたのか……）

肩を落としながら零王がとても見てられないと目を瞑《つむ》ったその時だった。

「うあああああっ！　刹那ちゃんのマイペースっぷりがやべぇえええええ！　ツボった！」

「まじやべええええっ！　超頑張れっ！　刹那ーっ！」

零王は耳を疑った。

だが、目を開くと、どういう訳か客たちの目は刹那に釘付けだった。

てっきりショーは失敗と思いきや、ショーが始まったときよりもさらに会場は熱気の渦《うず》に包まれている。

「……なんで、こうなる？」

むぅっと唇《くちびる》を尖《とが》らせると、刹那はフンっと強気にそっぽを向きながらも、さらにどこかおかしいダンスをのろのろと繰《く》り広げる。

そうすればするほど、客は悶《もだ》え、刹那コールが増える。

やがて——

ショーが終わるやいなや、ホールは拍手の嵐に包まれた。

「……めっちゃよかった！　感動したっ！」

一人の客が感極まって立ち上がって拍手をすると、他の客たちもつられて立ちあがって、惜《お》しみない拍手を送る。よもや、初めてのショーにしてスタンディングオベーションとは。

零王はぽかんと口を開けたまま、目の前の現象が信じられなかった。

（まあ、確かに。抜けてて可愛いっちゃ可愛いかもしれないが……）

思わずそんなことを思ってしまい、慌ててその考えを否定しにかかる。

（って、メイドも客も真人間に戻そうってのに、これは人を堕落《だらく》させる罠に違いないっ）

だが、ついつい刹那のほうを見てしまう。彼女は、多くの客から引っ張りだこだった。

醜態《しゅうたい》をさらしたのになんでだろう？　とでも言いたそうにしきりに首を傾《かし》げて、仏頂面のまま接客をする様子に零王は笑いを誘われる。

初めてのショーは、誰の予想も裏切って大成功と言ってよかった。

だが――

お客にちやほやされる刹那の元へコロナがつかつかと歩み寄る。

「ちょっと！　どうしてですの？　あんなにヘタクソなダンスだったのに！　なんで刹那がもてはやされますのっ⁉　納得いきませんわっ！」

人一倍負けず嫌いなお嬢様だけあり、この現象に我慢ならなかったようだ。

確かに、コロナは口でこそ生意気なことを言っていたが、メンバーの誰よりも熱心に練習していただけに悔しさも半端じゃないのだろう。

「まあまあ、コロナちゃん、コロナちゃんの歌もとってもよかったよー」

客の一人がコロナの機嫌をとりにかかるが、その言葉がさらに彼女の怒りを煽《あお》る。

「……わたくしも、ですって？　下手なおべっかなんて大っ嫌いですわっ！　あんなみんなに合わせようともしないダンス、絶対に認めませんわっ！　刹那はいつもそう！　何一つわたくしたちに合わせようとしないんだからっ」

「コロナ、やめなさい。今その話は――」

「勘奈は黙っていてちょうだい！　すぐに貴女は刹那を庇《かば》ってばかり！　今日の今日こそきっぱり言わせていただきますわよっ」

（ますい……。せっかくうまくいったと思ったのに。今までたまってた不満が爆発したか。これじゃ逆効果だ）

零王が、すぐさまコロナと刹那の間に割って入る。

「お客様の前でケンカをするなんて恥《は》ずかしいだろう。お金をもらっている以上はプロなんだから。自覚をしっかり持ってお客様に気持ちよく過ごしてもらうことを最優先に考えろ」

厳しい口調でコロナを叱《しか》る。

だが――

「怒ったコロナたんも可愛いよなあ……」

「ああ、正直萌えるぜ。罵声《ばせい》を浴《あ》びせかけてなじってほしいぃ」

一部の客が息を荒げながら、怒ったコロナを舐《な》めるように眺めている。

(激しく理解不能だ。メイドなら何やってもイイって言うのか?)

零王はうんざりとしながら、心の中で突っ込みをいれる。

「フンっ！　知りませんわっ！」

コロナは怒りに瞳を燃やすと、肩を怒らせてそのままホールから出ていってしまう。

その後を面倒くさそうにだが、「コロナのバカは自分がなんとかする」と言い残して月が彼女の後を追っていった。

「………」

刹那は黙ったまま、コロナが飛び出ていったドアを見据《みす》えている。

一部の客は今まで以上に興奮しているが、他の客はさすがにしんと静まり返っている。

それを見た零王は、思い切り頭を下げてよく通る声で謝った。

「お騒がせしました！　失礼しましたっ！」

「………っ！」

客に頭を下げる彼を見て、刹那は不愉快そうに眉《まゆ》をしかめる。

頭を下げた零王を見て、勘奈が残りのメイドたちに指示を出した。

「――球子。あっちのテーブルのフォローを頼みます。四葉と千代は反対側。私と平美《ひろみ》は中央のテーブルのフォローに回ります」

勘奈の指示によるメイドたちの見事な連携のおかげで、すぐさまメイド喫茶には元通りの賑《にぎ》わいが戻る。

ほうっと安堵《あんど》のため息を放つと、零王は額に滲《にじ》みでた冷や汗をハンカチで拭《ふ》いた。

と、そのときだった。

「なんでですの？」

零王が見ると、刹那は叱られた子どものような頼りない顔をして、彼を睨んでいた。

「なんで貴方《あなた》が頭を下げる必要がありましたの？　ないでしょう？」

「いや、だって僕は一応チーフだし。ま、メイドの誰にもまだ認められてはないがな――」

「……だからといって、頼みもしないのに頭を下げるなんて。迷惑ですわ」

困惑の表情を見せる刹那だが、いつもの語調よりもかなり弱い。

「僕は僕の仕事をしたまでだ」

「…………」

零王の言葉に、刹那は押し黙ってしまう。

だが、少しして、彼女は力なく首を振りながら目を閉じた。

「なぜ貴方は訳の分からないことばかりしますの？　嫌い。わたくしをこれ以上苛立《いらだ》たせないで」

嫌いという言葉が零王にずしんと響く。

そうそう、誰かにあからさまな敵意を向けられることというのはないものだ。

「……悪かったな」

零王は低い声で刹那に応えると、カウンターの中へと引っ込んだ。

と、その時だった。

ズボンの後ろポケットにいれている携帯が振動する。

暗い面持《おもも》ちで零王は携帯をチェックする。

と、彼の知らないうちにメールが三通ほど届いていた。

チェックすると、それは彼の父親からのメールだった。

最新のものをチェックすると、そのタイトルは「おめでとう」になっていた。

なにがおめでとうなんだろう？　と零王は首を傾げる。

本文には「たまには一緒に夕飯でも食いにいくぞ。夜の七時に駅前の『楽々苑《らくらくえん》』集合で。誕生日くらいバイトは休め」と書かれてあった。

あわてて零王が時計を見ると、すでに九時過ぎだった。

「はあああ……。最悪だ」

すぐさま彼は「悪い。メール、今気づいた。まだバイト中」とメールを返す。

と、すぐさま返信メールが届いた。その早さがさらに零王の罪悪感を煽《あお》る。

父からの返信メールには「気にするな。バイト頑張れ」とだけ書かれていた。

零王は頭をむしゃくしゃと掻《か》き毟《むし》ると、苛立つ気持ちを紛《まぎ》らわせるかのように、食器洗い機から出てきて湯気をあげているグラスを手にとり、すさまじい勢いで真《ま》っ白《しろ》なナフキンで拭いてゆく。そんな彼の様子を刹那がじいっと眺めていることには気がついていなかった。


「お疲れ様ー。おやすみなさい」

閉店時間の十時を迎え、メイドたちはめいめい自分たちの部屋へと戻っていき、零王もレジを締めると、くたびれた体を引きずってメイド喫茶を後にした。

雨がしとしとと降っており、五月半ばとはいえまだ外気も冷たい。雨が零王のズボンの裾《すそ》を濡《ぬ》らし、帰途《きと》の足を重くする。

「さすがに通いに往復二時間はきっついな」

零王の実家及び学校がある石山駅《いしやまえき》からメイド喫茶がある萌恵駅《もええき》へは電車で一時間ほどかかる。往復で二時間——実家の純喫茶の手伝いが入っていないときはほとんど全ての曜日にメイド喫茶でのバイトのシフトを組んでいるため、さすがに疲労もたまる。

「せめて通いの時間が三十分以内に収まるようにもうちょっと近くに部屋を借りるか。うちの喫茶店も手伝わなくちゃならないし、両方に近いほうがいいな」

柔らかな雨が降りしきる夜道を傘をさして歩きながら、零王は一人呟いた。

交通費はバイト代とは別途支給されるとはいえ、その分を家賃に回せば時間の節約になるのではと頭の中で計算する。晴れの日ならまだしも、今日みたいに雨の日なんかは、家と店との往復だけでもかなり億劫《おっくう》だ。

「お、これとか良さげだな」

おんぼろの不動産の前で足を止め、家賃参万円と筆で書かれた貼り紙を眺める。

「六畳一間、風呂なしトイレ共有、水道光熱費込っつーのはなかなか……」

零王は携帯をとりだすと、その不動産屋の電話番号を押し、ワンギリして履歴《りれき》に残しておく。携帯をポケットに戻そうとして、父親からのメールのことを思い出す。

「そっか、今日、誕生日だったんだよなあ……」

バタバタしていて、いつの間にかきれいさっぱり忘れていた。

別にご馳走《ちそう》、ケーキ、プレゼントという誕生日の三種の神器的なものを期待していた訳ではない。そんな習慣は、彼の母親がいなくなってからというもの、すっかりご無沙汰《ぶさた》だった。

だが、そうはいっても、零王の誕生日には、父と二人で焼肉を食べにいくのが毎年の定番行事となっていた。

無論、シャイな父のことだから、いちいち「誕生日おめでとう」なんて言葉を口にはしない。

ただ、もくもくと言葉少なにひたすら肉を焼いて食べながら、学校や喫茶店のことをぽちぽち話すだけのことだった。

別に今日である必要はない。別の日でもいいはずだ。

なのに――

「はあああー」

零王は重いため息をつく。

「ったく、ほんっとに駄目駄目だな……」

バタバタしていたせいで父親のメールに気づかず、例年恒例の約束をすっぽかしてしまったこと。

さらに、お客の前だというのに、コロナと刹那とが喧嘩《けんか》してしまったことを思い出す。

これだけでも十分気分が滅入《めい》るというのに、極めつけはやはり刹那の一言だった。

「全然分からないな……。嫌われるようなことやってるつもりはまったくないのだが。なんであそこまで言われなくちゃならない？」

動けば動くほど、彼女の機嫌を損ねている気がして、途方に暮れてしまいそうになる。

「つくづく、女ってメンドーだよなあ……」

クレームブリュレを夢中になって食べているところや、超絶なまでにヘタクソながらも一生懸命ダンスを踊っているところを見る限りは、女子ってのは可愛いもんかもしれない、なんて思うのに。

反面、その口は、零王を奈落の底に突き落とすような攻撃的な言葉を淡々と吐《は》く。

「……もう知るかっての！」

半ばヤケになった零王が、頭の中から刹那の姿を追いやりつつ、道端に転がっていた空き缶を蹴《け》った。

と、それは水しぶきを上げながらころころとアスファルトを転がっていき、踵《かかと》の高いエナメルの靴《くつ》にぶつかって止まった。

先端が丸っこく小さなリボンが一つついた見覚えのある靴だった。

丸っこい傘が顔を覆《おお》っているが、誰かはすぐに分かる。

そこにいたのは、刹那だった。傘をくるりと回して、彼女は顔を上げた。

壊れた電灯が時折瞬《またた》き、その白い顔を闇に浮かび上がらせる。

「………………」

お互い一言も発しない。

雨が二人の傘をリズミカルに叩く音だけが聞こえてくる。

彼らは互いに向き合ったまま、微動《びどう》だにしない。双方相手の出方を窺《うかが》っているようだ。

(文句が言い足りなくて、わざわざ追いかけていちゃもんつけにきたのか？)

大嫌いとはっきりと面と向かって言われた手前、ついつい零王も身構えてしまう。

そのままどれくらい時間が過ぎただろう。

夜道で立ち尽くし、互いを睨みあってぴくりとも動かない男女を怪訝《けげん》そうに通行人たちが眺めながら足早に横切ってゆく。

ぱっと見た目、これから果たし合いでも始まるんじゃないかというほど、二人の表情は険しかった。二人の間を一陣のつむじ風が通り抜ける。

やがて、最初に動いたのは刹那のほうだった。

傘の手を持っていないほうの左手、後ろ手に持っていたブツを零王のほうへと突き出す。

「っ⁉」

とっさに零王は身構える。

と、彼の目の前には小さな白い箱が一つ。

「…………」

刹那はあらぬほうを見て、手を前に突き出したまま、何も言おうとしない。相変わらず、予測不可能な彼女の行動に零王の目が点になる。

「何だ、これ？」

「……別になんだっていいでしょう」

「僕に？」

「いらなかったらそこらへんの猫にでも投げつけるといいですわ」

とりあえず、零王は彼女から箱を受け取って、中身を確認する。

「ケーキ？」

果たして、箱の中には大きなショートケーキが入っていた。

ホールではなくてワンカットだが、普通サイズの一・五倍くらいはあるだろうか？

大粒のイチゴがてっぺんに輝いている。

「うお、このイチゴ、あまおうだし……。すごいな」

思わず、零王は感嘆《かんたん》の声を漏らしてしまう。

「だが、なぜこれを僕に？　誕生日だって知っていたか？」

「誕生日？　何のことかしら。ただわたくしは借りを作るのが嫌いなだけですわ」

「借りって、そんなもの作った記憶はないが？」

「この間、デザートをいただいたでしょう？」

「あんなの借りのうちに入らないだろ」

「おバカ。借りのうちに入るに決まっているわ。なんせ本人が手間暇かけてつくったデザートなのだから、そんじょそこらで売っているデザートとはモノが違いますもの」

睨みつけながら刹那は言ってくるが、その内容はえらく可愛らしいもので——

「は、はは、そりゃどーも」

「はあ……」

零王は気が抜けてしまう。

借りがどーのこーの口では言ってるが、照れ隠しに見えなくもない。

「では、これで借りは一つ返しましたわよ！」

刹那が長い黒髪を無造作に後ろに払いながらぶっきらぼうに言った。

「一つ？　まだなんかあったっけ？」

「今日のこと──わたくしの代わりに頭を下げさせてしまったこと」

「……っぷ。結構、律儀なんだな」

「なっ！　別にそんなんじゃありませんわ！　ただ借りをつくるってのが嫌いなだけだと何度も言っているでしょう？　その耳は飾りですの？」

刹那の細い指が、零王の耳を思い切りつよくつねってきた。

「い、てててててっ！」

わざと零王は大袈裟《おおげさ》に痛がってみせる。

「借りの一つや二つくらい、作るくらいのほうが可愛げがあると思うがな」

「──可愛げがなくて悪かったですわね」

零王の言葉を聞いた刹那は、腕組みをして、またも彼にガンをつけてくる。

「ほら、んな、ガンつけてこなくてもいいだろ……。せっかく……なのに、台無しだぞ」

可愛いという言葉は歯が浮いてしまいそうなほどこっぱずかしいため、零王はごにょごにょとごまかしてしまう。

「フン！　では、確かに渡しましたわよ？　年をひとつくってご愁傷様《しゅうしょうさま》ですこと！」

気丈な言い方で、またも憎まれ口を叩いてくる刹那だが――

ここでようやく零王は彼女の性格に気づいた。

（……もしかしたら、ただのものすごい天邪鬼《あまのじゃく》なだけなんじゃないか？）

そう考えると、いちいち彼女の言葉を鵜呑《うの》みにしていた自分がアホくさくなる。

と、そのとき、急に雨足が強まり、強風が二人の傘を煽《あお》りたてた。

「あっ！」

刹那の傘は作りがもろく、ひっくり返ってしまう。

彼女は必死に戻そうとするも、ばきっという音と共に傘の骨が折れてしまった。

垂直に空から降ってくる雨が容赦《ようしゃ》なく彼女に降り注ぐ。

「入るか？」

零王は自分の傘を刹那に傾ける。

「………………」

すると、一瞬彼女はたじろぐが、むっつりした顔のまま、傘の中に入ってきた。刹那の体が完全に傘に入るよう、零王は自分が濡れるのも構わず傘を更に彼女へ傾けてやる。

だが、安物のビニール傘だけあって、豪雨の中で二人をとてもカバーしきれない。

「むー、さすがに濡れるな。少し雨が弱まるまで雨宿りしていこう」

「……わたくしは濡れても困りませんわ。零王こそ、終電を逃してしまうのではなくて？」

「どうせ刹那を喫茶店にまで送っていくつもりだし、今日は店に泊まらせてもらうか」

「女の子だらけのお店に泊まるつもりですの？　いやらしいったら」

「ちゃんと叔父貴に頼んで許可もらうし。まあ、それがダメならコンビニをハシゴして立ち読みで時間つぶしてもいいし、ネカフェかカラオケがあればそっちに行くし」

こうやって話していると、少し前まで話しづらいと思っていたのが嘘《うそ》のようだ。

「で、どこで雨宿りしますの？」

「そこの公園はどうだろう？　ベンチのとこ、屋根ができてるだろ？」

「じゃ、さっさと案内なさい」

二人は水たまりに注意しながら小走りに公園へ入るとベンチにハンカチをそれぞれひいて腰かけた。

ちょうどそこは藤棚があり、うまい具合に雨の勢いを和らげてくれる。

とはいえ、完全に雨を防げるわけではないから、零王は傘を持ったままだ。

刹那がその傍にちょこんと腰かけている。

「…………」

彼女は黙ったまま目を伏せている。長い睫毛《まつげ》がよりいっそう長く見える。

濡れた長い髪が額にこめかみに張り付いて、時折雫《しずく》をぽたりぽたりと垂らす様がどことなく色っぽくて。ついつい零王は強烈に彼女を意識してしまう。

（てか……。透けてるし）

ブラウスが濡れて、彼女の細い肩や二の腕に張り付いてしまっている。

水色のブラ紐に気づいた零王は慌てて彼女から目を逸《そ》らした。

が、やっぱりちらちらと盗み見てしまう。

雨に濡れた刹那は、普段の物憂《ものう》げな様子もあいまって、妖しい色香を放っている。

「……ですの？」

「へっ！」

いきなり彼女と目が合い、零王は上ずった声を漏らしてしまう。

「食べないんですの？　それ」

「あ！　あああっ！　いやいや、食べるが」

零王は膝《ひざ》にケーキの箱を置き、空いているもう片方の手で箱を開くと、そのままショートケーキを手でつかんで取り出した。そのまま、刹那に向かって差し出す。

「半分食え」

「え？　わたくしも？」

むっと唇を尖らせる刹那だが、その目は大きなケーキに釘付けだ。

「ケーキを手づかみで食べるなんて。野趣《やしゅ》溢《あふ》れるマナーだこと」

「フォーク入ってなかったんだから仕方ないだろ？　たまにはこういうのも悪くない」

刹那はやや遠慮《えんりょ》がちに口を開いてケーキを一口食べた。冷たい表情がふっと和らぐ。

「もっと、がぶっといけばいいのに」

そう言いながら、零王が大口を開けて刹那が食べた場所からケーキにかぶりつく。

「む……」

一瞬、刹那が眉をしかめると、何か言いたげに口を開きかけた。

「ん、どした？」

「いえ、別に。野蛮人の考えることは理解しかねますわ」

どういう訳か顔を真っ赤《まっか》にして水溜りを睨んでいる。

「ほら、一番上のいちごんとこ食っていいぞー」

「え？　それはさすがに――」

そうは言うものの彼女の目が一瞬輝いたのを零王は見逃さない。

だから、食べかけのケーキを彼女の鼻先に差し出す。

「むう……」

どうしようかやや迷いながらも、刹那は大きく口をあけて大きなイチゴにかぶりついた。彼女の小さな口にはかなり大きいらしく、口いっぱいに頬張る形となる。

「むぐむぐ。むう？」

頬をいびつに歪《ゆが》ませながら、刹那は一生懸命イチゴを頬張る。その様はまるでハムスターのようだ。

口の周りにクリームをいっぱいつけたまま、すました顔でイチゴを食べる刹那を見ていて、つい零王は吹き出してしまう。

「口にクリームついてるぞ？」

刹那はスカートのポケットの中からレースのハンカチを取り出し、急いで口元を拭《ぬぐ》った。

やがて、一つのケーキを二人で食べ終え、零王たちはまんじりと雨足が弱まるのを待つ。

だが、雨は一向におさまる気配がない。

「一つ質問」

「ん？　なんだ」

「なんで、零王はあんなに接客にこだわってますの？」

いきなり刹那が突っ込んだ質問をしてきたため、零王は驚いてしまう。

「うち、昔っから純喫茶をやってて、働く親の姿を見てきてたからだろうな。刷り込みに近いもんがあるな」

なんとなくこんな話を誰かにするのが気恥ずかしくて、冗談めかして彼は言った。

しんと辺りが静まり返る。沈黙に耐えかねて、零王は言葉を続けた。

「うちの親父はかなり頑固《がんこ》でな。店にだって客を選ぶ権利があるっつって、例えばコーヒー一杯で長居するような客は遠慮なく叱ったりするタイプなんだ」

「あら、マスターと真逆なタイプなんですの？」

「かもな。叔父貴はどっちかってーとお客様第一主義者だし。ちなみにな、うちはそんなに儲《もう》かってる訳でもないし、知られている訳でもないかもしれないけど。十年以上も通ってくれるお客さんとかもいてさ。それは、親父の誇《ほこ》りみたいなもので」

「……ふむ」

「僕の親父、身体《からだ》壊してからあまり店開いてないんだけど、それでもやっぱり楽しみに通ってくれるお客さんがいる限りは続けたいって言ってる」

「……そこは、そのお客さんにとって特別な場所ですの？」

「かもなあ。んで、僕もそういう場所は大事にしてきたい。お客さんが疲れたときに、ふと帰りたくなるような場所をつくりたい」

「…………」

刹那は、黙ったままこくこくと神妙な顔をして頷く。

「で、僕は一度、学校やめて店を継《つ》ぐって言ったことがあるんだが――」

いつしか、誰に話しているのか、零王は分からなくなっていた。

独り言のように語り続ける声に、刹那は黙ったまま耳を傾けている。

「親父に殴《なぐ》られた。まだまだおまえなんぞにこの店のマスターは務まらんって。親父が一人前って認めるまでは学生の本分をまっとうしろって言われたんだ。だから僕はこうして――」

「…………」

刹那は黙って顔をあげると、あらぬほうを見つめたまま動かない。

しんと辺りが静まりかえる。そこで、零王は初めて我に返る。

「わ、悪ぃ。なんか、重たい話になっちまったというか。ガラでもないな」

慌ててとりつくろう彼に、刹那は真顔で首をふるふると横に振った。

「とても、らしい話でしたわ。ようやく納得いきましたもの」

「そっか」

「ええ、誰かにとって特別な場所を作るということ」

今度は彼女が独り言のように呟くと、なにごとかに考えを巡らせているようだった。

やがて、どれくらい経っただろう。ようやく土砂降りの雨が弱まってきた。

気がつけば身体《からだ》がすっかり冷えきっていて、零王はその場に立ち上がった。

「んじゃ、そろそろ戻ろう」

刹那もその場に立ち上がる。

そのまま二人で肩を並べて歩いていく。彼らは公園を出て、元来た道を戻っていった。

駅前の商店街に出るまでは民家が密集しているため、人通りはほとんどない。

濡れた道が街灯の光を反射して銀色に光っている。

二人とも何も話さない。柔らかに降ってくる雨の中、一本の傘をさして歩いていく。

しばらくして、メイド喫茶が見えてきた。

と、そこで刹那の足が止まる。

「では——ここで結構ですわ。いろいろとみんなに邪推されるのは迷惑でしょうから」

そんなことを言うと、彼女はビニール傘から出た。

柔らかな小雨が彼女に降りかかり、艶《つや》やかな黒髪を縁取るようにこまやかな雨の粒がまとわり、まるで宝石のように輝いている。

「おう……。じゃあ、僕は少し時間をずらして戻ったほうがいいな」

二人だけの秘密を共有しているのだという気持ちがいっそう強まる。

「では、おやすみなさい。せいぜい長生きするといいわ」

「ああ、そうする。おやすみ」

捨て台詞《ぜりふ》のような、刹那らしい祝福の言葉に零王は笑いを必死にかみ殺す。

と、不意に彼は彼女の背に声をかけた。

「と、そうだ。刹那——」

刹那の足が止まる。

だが、彼女は振り向かずに、零王に背を向けたまま次の言葉を待つ。

「刹那の誕生日はいつなんだ？」

背中を向けているので、彼女がどんな顔をしているか零王には分からない。

だが、彼女の両手が握り締められ小刻みに震えるのに気づく。

しばらくして、刹那は喉《のど》から絞《しぼ》り出すような声を出した。

「――分かりませんわ」

「え？」

彼女が後ろを振り向いた。手はきつく握り締められたままだというのに、とても穏やかで柔らかな笑みを浮かべている。

「だって、まったく興味ありませんもの」

「……マジで分からないのか？　ど忘れしたとかではなく？」

「ええ、本当にわたくしは自分の誕生日を知りませんの。大体、そんな質問をされたのも初めてですわ。零王、貴方ってやっぱり変な人ですのね」

「…………」

教えたくなくて嘘を言っているようには見えない。

（自分の誕生日を知らないなんて、一体今までどんな風に生きてきたんだ？）

零王はそう思わずにはいられない。気になって仕方ない。

だが、こういうプライベートなことは、むやみやたらに土足で立ち入るものではない。

だから、零王はこれ以上は何もいえなかった。

「なぜ、突然そんな質問を？」

「いや、気になったから」

「気になる？　わたくしのことが？　ありえませんわ」

刹那は自嘲的《じちようてき》な笑いを浮かべる。

「誰もわたくしのことになんて興味はもちませんもの」

「んなことないし」

「いるとしたらよっぽどの物好き、変態、命知らずですわ」

「…………」

零王はまるで自分のことを言われたような気がして少しむっとする。

「で、誕生日を聞いてどうするつもりでしたの？」

「さあな。ただ、僕も借りは作らない主義なんだ」

彼がそう言うと、刹那は目を見開く。

が、すぐに我に返ると、少しムキになって言い返した。

「……人の真似、しないでくださるっ？」

「っぷ」

子供っぽい彼女の一面があらわになり、零王が吹きだすと、刹那の頬の赤みはさらに面積を広げていった。

「んもぅ、知りませんわっ！」

刹那は踵《きびす》を返すと、音を立てないように気をつけてドアを開き、中へ入っていく。

ドアを閉める前に後ろを振り向くと、フンっと盛大に顔をそむけて小さく舌を出した。

「参ったな」

零王は頭を掻いて、喫茶店の二階を見上げる。

しばらくして、その一番端っこの部屋にほのかな明かりがついた。

窓が小さく開くと、刹那が顔を覗《のぞ》かせる。

と、二人の視線が宙でぶつかり——二人はそそくさと互いに目を逸《そ》らすのだった。

第3章
ハンパな優しさ、迷惑千万ですの

あの雨の日から三日後、今日は待ちに待った給料日。

というだけあって、メイドたちはみんなどこか浮き足立っている。

一階の廊下のつきあたりの部屋――マスターの書斎がノックされた。

「どうぞ、ああ、零王《れお》ですか。どうかしましたか」

モノクルをかけて書類に目を通していたマスターが甥《おい》に微笑《ほほえ》みかける。

対する零王はバツの悪そうな顔をしてマスターに白い封筒を差し出した。

「コレ、叔父貴《おじき》、なんか給料多いような気がするんで。確認してもらえませんか？」

「間違ってなどいませんよ。零王はチーフとしてとてもよくやってくれていますから。頑張《がんば》ったら頑張った分だけ給与に反映されるのは当然のことでしょう？」

「でも、こっちから押しかけてバイトに入らせてもらってるってのに悪い気がして」

「いいえ。零王、ちょっとこの表を見てもらえますか？」

零王はマスターから一枚の用紙を受け取る。

それはエクセルで作られた売上リストだった。

「グラフから今月に入って売り上げが二十パーセントも伸びています。次に客層のグラフを見てください。女性客とリピーターが増えていることがわかりますか？」

「そういや女性客もちらほら来ていましたね。でも、別に普通だって思ってました」

「よそでは普通かもしれませんが、当店においては今までは女性客は皆無《かいむ》でした。おかげさまで新規のお客様が開拓できているという証拠です。数字は雄弁でしょう？」

零王は、マスターに向かって照れくさそうに頭を掻《か》いた。

「兄さんにもきちんと伝えておきました。喜んでいるようでしたよ。まあ、兄は感情表現が苦手なタイプなのでなかなか伝わりづらいとは思いますが」

「ああ、それでか。昨日、焼肉食いにいったとき、やたらと泣き上戸《じょうご》だったような」

「ははは っ。そうですか。それは何より。だいぶ回復してきたみたいですね」

「早くまた前と同じくらい店を開けることができたらいいんですけれどね」

「しかし、それではこちらのシフトが減るので困りますね」

「そう言ってもらえてうれしいです」

「メイドショーもすっかりお店の目玉になりましたしね。本当によくやってくれてます。だから、悪いなんて思わず、胸を張ってそれは受け取ってください」

そう言うと、マスターは封筒を零王に押し戻した。

「んじゃ、ありがたくいただきます」

「そうそう、家からここまで通うのも大変でしょうし。もしも、どこかに部屋を借りるつもりなら、敷金礼金は店が負担しますからね」

「ああ、いや……。でも貯金ならありますし。大丈夫ですよ」

この叔父は何から何までお見通しなんだなと、零王は驚きの面持《おもも》ちでマスターを見る。

さすがは、伝説の執事《しつじ》——接客業のエキスパート。零王の気持ちが改まる。

と、そのときだった。

「何か聞きたいこととかあればいつでも聞いてくださいね？」

マスターのモノクルがぎらりと窓から差し込む陽光を反射して光った。

なんでも知っていそうな知的なまなざしが零王をまっすぐ射抜く。

零王は少し前からなかなか聞き出せなかったことを聞いてみようと思い立ち、口を開く。

「あの、マスターってメイドたちの情報はなんでも知ってるんですよね？」

「無論のことです。そういった情報もさる筋から入手していますから——」

口元にたくわえた口髭《くちひげ》を撫《な》でながら、マスターは不敵な笑みを浮かべる。

（だから、そのさる筋ってのはなんなんだよ！）

零王は思わず心の中で突っ込みをいれる。

「スリーサイズとかそういうものはダメですよ。守秘義務というものがありますから」

「……いや、そうじゃなくて。その——刹那《せつな》の誕生日って分かりますか？」

マスターがモノクルをかけなおすと、零王を興味深そうに見つめてくる。

なんでも見抜かれてしまいそうな錯覚《さっかく》を覚え、零王は居心地が悪くなり、やっぱり聞かないほうがよかったかと少しだけ後悔する。

「彼女の誕生日は約一ヵ月後。十七年前の、六月三十日、午前二時の丑三《うしみっ》つ時に彼女は産声《うぶごえ》を上げたのです。フハハハハハハァ」

「って、なんでそんな細かく知ってるんすか……」

「無論、情報は武器になりますからね――」

葉巻をハサミで切りながら、マスターはさらりと言う。

その手つきが父親そっくりで、やっぱり兄弟なんだなあと零王は妙なところで感心する。

「で、なぜそれを？」

葉巻に火をつけて煙をふかしながら、マスターが尋ねてきたので、零王はあらかじめ用意していた答えを口にした。

「刹那は自分の誕生日を知らないって言ってたんです。ってことは、誰にも誕生日を祝われたことがない。接客の基本というのはおもてなしの心です。もてなされたことがない人間にそれが分かるはずもない。そう思ったんです」

「刹那の誕生日を祝うことにより、おもてなしの心を学んでもらおうという訳ですか」

「はい――それに……。なぜかは分からないけど、刹那と他のメイドたちの間には明らかに確《かく》執《しつ》がありますよね？　これがそれをなんとかするきっかけになればなあとも」

「ほほう。まあ、確かに……。それは私もいずれどうかしなければと常々考えている問題でしたが、なにぶん刹那が私には心を開かないもので」

言外の意味を感じ取って、零王の顔がかっと熱くなる。

だが、彼は努めて冷静を装う。

ややあって、マスターが葉巻から煙をくゆらせながら言った。

「ですが、もしかしたら、零王なら刹那を救えるのかもしれませんね」

零王はその言葉には答えない。

「んじゃ、僕、そろそろホールに戻りますんで。ありがとうございましたっ！」

勢いよく頭を下げると、マスターから目を反らしたまま書斎を後にする。

マスターは甥の背を見ながら、何かに思いを馳《は》せているようだった。


ホールにて。ドアベルが鳴ったので刹那が新しいお客を出迎える。

と、刹那と同じようなゴス服に身を包んだ女の子三人組が中に入ってきた。

「やっほー。薔薇石《ばらいし》ちゃん、また遊びにきたよー」

「今日も可愛《かわい》いわねぇーっ。本当にお人形みたい♪」

「おかえりなさいませ。お嬢様たち」

「ただいまーっ！　って、お嬢様じゃなくて、お姉様でしょ？　あたしたち四人姉妹っていう設定なんだから。ヴァンパイアでドールな四姉妹よー？」

こういった喫茶店《きっさてん》に足しげく通う常連たちにはよくあることだが、各々《おのおの》、自分で設定をつくってそのロールプレイを楽しんでいる節がある。

「失礼しま……した。……お姉様たち」

刹那がエプロンスカートをちょっとつまんで優雅に一礼すると、たちまちV《ヴァンパイア》姉妹たちのテンションがアップする。

「相変わらずカワイーんだからっ！　んもう、このぶきっちょな感じがほんとツボー」

彼女たちは、最初は興味本位でぶらっとツンデレメイド喫茶に立ち寄った客だったが、メイドショーを見て、刹那のドア○ダンスに惚《ほ》れ込んだらしい。

週に二度は必ず刹那目当てに足を運んでくれるようになっていた。

ちなみに、彼女目当てのお客は、他にもかなり増えている。

それに伴い、零王は刹那もほんのわずかに変わっていっているような気がしてならない。

さながら彼女を取り巻いていた棘《とげ》が、日ごとに一つずつとれていくように——

「で、薔薇石っ！　セバス二世はまだわたくしたちを出迎えにこないのかしら？」

長女がぎんっと鋭《するど》い目でホールを見渡す。

「——セバス二世をご所望《しょもう》ですか？　お姉様」

「ええ、薔薇石とセバス二世に会えるのを楽しみにやってきてますのよ」

「かしこまりました。では、お席でお待ちくださいませ。すぐに連れてまいります」

勘奈《かんな》が零王を呼びにいった刹那の代わりに、彼女たちを席に案内する。

刹那はカーテンに隠れている零王を見つけると、無表情のまま彼の耳を引っ張って力づくでお姉様たちの元へと連れていった。

「ごきげんよう、セバス二世。薔薇石はちゃんとわたくしたちを出迎えてくれたのに、貴方《あなた》は出迎えてくれませんの？」

（だからっ！　誰がセバスだっ！）

内心、激しく突っ込みながらも、零王はつくり笑いを浮かべた。

「は、ははっ。も、申し訳ございません。少々立て込んでおりまして」

「うーん、セバス二世ったら、相変わらずのナイスメガネ男子だわー」

少女たちは零王を見ながら、きゃっきゃっとはしゃいでいる。

ちなみにセバス一世とはマスターのことらしい。

彼女たちから零王が入手した情報だと、メイド喫茶としてオープンしていないときは、こっそりとマスターが会員制の執事喫茶をやっているそうで……。執事をこよなく愛するお嬢様たちの間では、「いつか通いたいお屋敷《やしき》」とまことしやかに語り継《つ》がれているそうだ。

「お嬢様方、本日のお食事とデザートはなんになさいますか？　いつものになされますか？」

彼女たちが気にいっていつも頼んでいるのは、クリームブリュレとメイドオリジナルブレンドティーのことである。

（常連はいつものに弱いからな！　押さえておくのは基本中の基本）

零王がにやりと笑うと、やはり彼女たちは、お気に入りの執事が自分たちのお気に入りを覚えてくれていたのだと、鼻高々な様子だった。

「うーん、でも、今日はかなりおなかがすいているから、まずはオムライスをお願い」

「……オムライス、ですか？」

零王は思わず尋ね返してしまう。

「あー、私もオムライス食べたいな。そういえば、まだここのって食べたことないわ」

彼女たちは全員、メニューの「メイドオムライス♡」を揃《そろ》って指さした。

（やばいな……）

冷や汗が零王のこめかみを伝わり落ちてゆく。なんせ、このオムライスは「メイドがケチャップで絵を描いてくれる」というのがウリなのだ。

そして――

刹那は、いまだかつてこの注文を断固として拒絶し続けてきている。

零王が刹那に視線を向けると、想像どおり、彼女は渋い顔をしていた。

仕方無いなあと、彼は姉妹たちにこう提案してみる。

「メイドのオムライス――ではなく執事のオムライスはいかがですか？」

「あら、セバス二世が描いてくれるの？」

「それもいいけど、私は薔薇石に描いてほしいなあー」

零王は刹那を見て、「どうする？　できるか？」と目で尋ねる。

と、彼女は仏頂面のままふるふると首を横に振る。かなり表情がこわばっている。

やはりそうかと零王はため息をつく。

「薔薇石、わたくしたちのために絵を描いてくださる？」

長女が刹那に頼んだ。

いつものように刹那は断るだろう。

だが――

「やってみますわ。出来は保障しかねますが。後悔なさいませんか？」

一瞬、零王は自分の耳を疑った。

目を見開いて刹那を見ると、彼女はお姉様たちに抱きつかれて困ったような、それでいて少しだけうれしそうな、複雑な表情を浮かべてその場に立ち尽《つ》くしていた。

「……へえ、ちょっとは刹那もやる気になったのかしら」

別なテーブルの食器を片づけていたコロナが半目になってぼそりと呟《つぶや》く。

「すごいですっ！　あたしも刹那さんの絵、見てみたいですっ」

「はっはっは、こりゃ、なかなかの見ものだねー」

四葉《よつば》が笑う横で、おもしろいもの好きな平美《ひろみ》が身を乗り出す。

メイドもホールに居合わせたお客たちも刹那の一挙手一投足を固唾《かたず》を呑《の》んで見守る。

ややあって、特製オムライスを刹那が運んできた。

左手で二枚の皿を、右手で一枚の皿を持ち、足元に気をつけながら刹那が歩いてくる。

一瞬、躓《つまず》きそうになって、彼女を見守る全員がはっと息を呑む。

だが、刹那は転ぶことなく、無事、お姉様たちのテーブルにたどり着いた。

「お姉様方、お待たせしましたわ。特製オムライスです」

刹那がお皿をテーブルに置くと、まるでこれから手術にとりかかる医者のようにオムライスを厳しいまなざしで見つめたまま、右手を零王に差し出す。

零王が緊張の面持ちで、刹那にメスならぬケチャップを渡す。

「で、何を描きましょうか？」

(頼むっ！　無難に♡とか、LOVEとか！　簡単なやつで……)

V《ヴァンパイア》姉妹の長女に向かって、零王がしきりに目くばせして念を送る。

だが、彼女はこう言った。

「んじゃー、ミッキモースがいいなー♪」

(っちょ、いきなりそれはっ！　僕でも描けないぞっ！　ハードル高けぇえええっ)

「ふむ、わたくしそれが何か知りませんわ」

(よし、そのまま、簡単なメッセージにしてくれとか頼むんだっ)

今度は零王が刹那に目くばせする。

だが、刹那には何も伝わってないらしく、無言でお姉様たちの言葉を待っている。

「ならば、薔薇石にお任せするわ。何でもいいから好きなものを描いてちょうだい」

「――好きなもの……」

それは、とても簡単なようでいて難しい注文だった。

刹那はケチャップを構えたまま、微動《びどう》だにしない。

「薔薇石、大丈夫か？　む、無理しなくてもいいからな？」

「別に。無理などしていません。とりあえず、心のまま描いてみます」

零王が震える声で尋ねると、彼女の細い腕が動いた。

「おぉおおおおっ！　なんて流麗《りゅうれい》な動きっ！」

観客たちが、ざわ、ざわ……とどよめく。

確かに、刹那の手つきは軽やかで舞いのようだった。

まるで、高名な書道家のように――

ものすごい集中力で、刹那はケチャップを操ってゆく。

こわいくらい真剣なまなざしはオムライスにのみ注がれている。

赤いケチャップが弧《こ》を描き、あれだけ躊躇《ちゅうちょ》していたのがうそのように、たちまち三つのオムライスにケチャップで絵を描き終わった。

刹那は、ひと仕事やり終えた満足そうな額をハンカチで押さえながら顔を上げた。

びっくりするほどの大量の汗が、彼女の額からこめかみから流れていく。

顔は上気し、息も弾んでいる。

だが――

「で、これは一体……なんの象形文字だ？」

思わず、零王は素で突っ込んでしまう。

と、刹那がむっと口を一文字に引き結んで明後日のほうを向いた。

一つのオムライスには台形を逆にしたような記号が描かれており、その次には卵型の記号。最後の一つは三角形が描かれていた。

最後の三角形は特にひどくて。仁王《におう》のような表情（？）が書き込まれている。

しかもところどころケチャップの容器から空気が漏《も》れたためか、それら変な記号に血飛沫《ちしぶき》を彷彿《ほうふつ》とさせる模様が添《そ》えられている。

時間が経つほど、ケチャップがオムライスの上から垂れて、血文字の様相を呈《てい》し、余計に怖い感じになる。

「…………」

メイドたちは互いに顔を見合せて、その謎のダイイングメッセージらしきものを解読しようとしきりに首を傾げる。

その一方で、V《ヴァンパイア》姉妹たちはといえば――

「わーっ！　ちょーシュールでミステリアスっっ！」

「うんうん、可愛い可愛いっ！　てか、真剣に描いてる薔薇石に超萌えたっ！」

「お腹がすいたときは、いつもコレを注文しましょ♪　お気に入りがまた一つ増えたわ♪」

——大絶賛だった。

どうやら彼女たちの「いつもの」にもう一品追加されたらしい。

（客単価が千円上がったのは快挙だが——）

やっぱり零王には、この現象がいまいち理解できない。

だが、確かに。次女が言うように、汗みずくになるくらい集中して真剣にオムライスに絵を描いている刹那からはちょっと目が離せなかった。

零王はとある可能性にいきついて、ごくりと生唾を呑み込む。

だが、すぐにその可能性を真っ向から否定する。

（いや！　違うっ！　断じて、僕はコッチの世界には毒されてなぞいない！）

刹那はお姉様たちにベタ褒《ぼ》めされつつ、ほんの少しだけ得意そうな顔をしてケチャップを胸に抱きしめている。その様子がやっぱり零王の心を鷲掴《わしづか》みにする。

だが零王は、こう自分にきつく言い聞かせるのだった。

（萌えなど……。萌えなど認めんぞっ！）

零王はオンボロ不動産の、たてつけの悪い戸を必死にこじ開けながら外へと出てくる。その手にはカギが握られていた。

今日は日曜日。父親の喫茶店と叔父のメイドカフェの両方で働いている零王にとっては久々のオフだった。いまや飲食店は、年中無休というところも多く、飲食関係の仕事をしているとなかなか休みがとれない。

そういった意味でも、マスターの体調に合わせて一週間のうちに店がクローズドしているほうが多い彼の父親の喫茶店と年中無休のメイドカフェは対照的だった。

「とりあえず、いろいろ買出しにいかないとな。全部は無理でも、必要最低限のものだけは今日のうちに買っておきたいところだ」

零王は買うものを書きだしたリストに目を落としながら、駅に向かって歩いていた。

彼の頭上には、すがすがしい空が広がっている。

足取りはとても軽いどころか、かなり浮足立っているのが傍目《はため》からも一目瞭然《いちもくりょうぜん》だった。

「初めての一人暮らしか」

ついに、零王は部屋を借りたのだった。

メイドカフェと実家の中間地点の築三十年の木造アパートだ。

初めての自分だけの城を手にいれた気がして、柄にもなく鼻歌を口ずさんでしまう。

「ついでに刹那のプレゼントも探しておかなければな」

まだ高校生だが、彼にとってこうやって買い物にでかけられる機会はめったにない。

彼は頭の中で計算する。

（先に買出しすると荷物が増えてプレゼントを見て回るどころじゃなくなるから、先にプレゼントを探すか。帰るついでに新居の近くのディスカウントショップで買出しをしよう）

接客業務は、いかに無駄を減らして効率よく動くかがとても大事だ。

店が満席になったときなんかは特にそうで、スムーズに客を席に案内し注文を受け、料理をなるべく早く提供しなければならない。厨房《ちゅうぼう》の動きも考えなくてはならないし、そうしている間にも他のお客の動きにも気を配らなくてはならない。

無駄を省いて段取りを考えるのはもはや零王にとっては当たり前と化している。

零王は緩やかな坂を下っていく。

駅に続くこの道はちょっとした商店街になっていて、最近できたちょっとこじゃれた店もあれば、昔ながらの古い和菓子やなどがまだ残っていたりもしていて面白い。

「……しかし、女子っていうのは、何をプレゼントされたら喜ぶんだ？」

零王は歩きながら店のショーケースを見て、ぼんやりと考える。

刹那の誕生日を祝おうと決めたものの、実行に移すとなれば問題が山積みだった。

「雑貨とかがいいのか？　それとも服か？　アクセサリーか？」

生まれてこの方、女子にプレゼントなんてしたことがない零王。

何をプレゼントしたらいいかも分からない。

女の子向けの店なんて普段は気にも留めていなかったが、今日はショーウィンドーや客層、客の入りなどを入念にチェックしていく。

「要は刹那っぽい女子に人気があるところのアイテムを入手すればいいんだろうが」

そうは思うが、ゴスロリ服を着た女子なんかが、地方にそうそういるはずもなく。

「お、これなんかどうだろ？」

零王が足を止めた。

彼の前にあるショーケースには水着を着せられたマネキンが置かれていた。

「夏だし水着というのもなかなか。いや、待て、他意があるんじゃないかって疑われそうだろ。しかも、高っ！　ちょっとしか布を使ってないってのになんでこんなに高いんだ？」

家賃の三分の一くらいの値段プレートがマネキンの傍《そば》に置かれていて零王は仰天する。

思わず、零王は刹那が水着を着ている様子を想像してしまう。

かなり似合っていた。妄想のはずなのに、気のせいか本人の幻《まぼろし》まで見えてくる。

「って、え？」

幻の割には、妙にリアルで。零王は目をこすってもう一度彼女を見直した。

いつもとは違う、赤いチェックを差し色につかったゴス服に身を包んだ刹那が、商店街を歩いていた。否、歩いていたという表現は相応《ふさわ》しくない。

ひどく真剣な表情で大きなビニール袋を両手で持ち、少し持ち上げては三歩ほど進み、また荷物を地面に下ろして休憩《きゅうけい》するということを繰《く》り返している。

かなり息があがって、細い肩が激しく上下に動いているのが、少し離れていても分かった。

「——何をやってるんだ？」

不思議に思いながら、零王は彼女に手をあげてみせる。

だが、重たそうな荷物を運ぶのに一生懸命な彼女は、俯《うつむ》いたまま顔をあげようともせず、当然彼にも気付かない。

いつ気づくかなと思い、零王は刹那の動きを間近で観察する。

ぜぇはぁと息を切らしながら、彼女はノロノロと亀のように移動していく。

さすがに見るのが忍びなくなった零王が彼女に声をかけることにした。

「刹那？　何してるんだ？」

零王の言葉を聞いて、初めて刹那が顔をあげる。

汗がだらだらと滝のように流れて、彼女の人形のような顔一面を濡《ぬ》らしていた。

さらさらのストレートヘアはもつれてしまって、毛羽《けば》立っているように見える。

「む、なぜ零王がここにいますの？」

「だって、今日は僕も休みだし。で、何をそんなに大量に運んでるんだ？　おつかいか？」

「……これはっ！　なんでもありませんわ」

刹那はいまさらだが、袋を後ろに庇《かば》い、肩を怒らせて零王を威嚇《いかく》する。

「僕が持とうか？　このままだと店にたどり着く前に死にそうだぞ？」

「むううう……」

零王の申し出の誘惑に流されまいとしつつも、ひかれているのが見てとれる。

だから、零王は返事を待たずに彼女の荷物を手に持った。

「って、そんなに重くはないだろう？」

確かに、それは重いことには間違いないが、けして三歩進んでは休憩をいれなければならないほどの重さではない。

刹那は頰《ほお》を膨《ふく》らませて零王を睨《にら》みつけてきたが、おとなしく彼と並んで歩き始めた。

「しかし、なんでまたこんな大量の卵を？」

「黙秘権《もくひけん》を行使しますわ」

「店の買出しという訳でもないんだろ？　昨日チェックした感じだと卵はまだたっぷり余ってたはずだし。それに、店の買出しは基本、業者に発注かけるし……」

「……たまに卵が死ぬほど食べたくなるときがあってもいいでしょう？」

「そりゃ個人の自由だが、体にとても悪そうだな」

「別に。そんなのまったく気にしないもの」

「少しは気にしたほうがいい。後悔先に立たずというし」

「……後悔なんてしないもの。別にわたくしが病気になったって誰も悲しまない」

「そんなことはない」

零王が即座に答える。

「また、どうしてそう根拠もないのに偉そうに……」

「根拠ならある」

ちらりと刹那は零王の横顔を見て、何か言いたそうに口を開くも、またきゅっと口端をきつく結んでしまった。それきり黙りこくって地面を睨みつけたまま歩く。

零王はしきりにこの大量の卵の使い道に考えを巡《めぐ》らせる。

やがて、もしかしてという仮定にいきついた。

「……まさか、だが」

「な、何ですの？」

刹那がびくっと体を反応させると、零王に凄《すご》んでくる。

「オムライスに絵を描く練習……とか？」

零王の言葉に彼女は足を止めた。

そして、唇《くちびる》をわななかせると、ぷいっとそっぽを向いてしまう。

どうやら図星だったようだ。

零王は懸命に笑いを堪《こら》えながら、努めて真顔で彼女に尋ねた。

「だが、刹那ってオムライス作れるのか？」

「…………っ⁉」

　はっと彼女は息を呑む。

　そして、次の瞬間、肩を落としてため息をついた。

　その様子がおかしくて、零王はさらに彼女を追及してみる。

「百歩譲《ゆず》ってオムライスが作れたとしよう。だが、オムライスを作るには店の厨房《ちゅうぼう》を使わせてもらうしかないんだぞ？　隠れて特訓とかは間違ってもできないって分かってるよな」

「…………っ‼」

　零王に言われて初めて気がついたかといわんばかりに、刹那は大きく目を見開くと、そのまま固まってしまう。

　しばらくそのままでいたが、やがて彼女はその場に膝《ひざ》をかかえて座り込んでしまった。

「いろいろ誤算でしたわ。わたくしともあろう者が……」

　彼女の細い顎《あご》から汗が伝わり落ちていき、アスファルトにぽつぽつと染みをつくる。

「いや、誤算しすぎにも程ってもんがあるだろう」

「……うぐ」

　言葉に詰まる刹那――みるみるうちにしおれてしまう。

「んじゃ、僕が手伝おうか？　どうせみんなに知られたくないんだろ？」

　子供のようにしゃがみこんだまま動こうとしない刹那に零王が言った。

「え？」

刹那が首を傾《かし》げて、彼を見上げてくる。

「僕の家を使うか？　まだ借りたばっかかで何もないが。オムライスはちょっと手間かかりすぎだが、オムレツなら僕が作ろう。そう変わらないだろ？」

「だけど、零王はお休みなのでしょう？」

「刹那だって休みだろう？」

「――ええ」

「こっから電車で三十分ってとこでよければだけどな」

零王が言うと、刹那は頬を染めてこくりと頷《うなず》いた。

「よしきた。んじゃ、行くぞー」

彼の言葉に、もう一度彼女は神妙に頷くのだった。


フライパンにフライパン返しにまな板に包丁に――

近所の百円ショップでありったけの調理具を買ってから、零王と刹那は、借りたばかりのオンボロアパートへと乗り込んだ。

（こうやって女子と一緒にいろいろ買い出ししてから新居にやって来るというのは、なんだかは同棲《どうせい》みたいな感じがしなくもないな……）

零王はついそんなことを考えてしまい、あわてて色気づいた考えを頭の中から追い払う。

(別にそういうつもりで連れ込んだとか。そういうんじゃないし！　変なこと考えるんじゃない。大体、従業員同士のそういった男女のあれこれはトラブルの元だしな……)

自分によくよく言い聞かせ、本能を強い理性で封印しにかかる。

深呼吸を繰り返し、俗に言う賢者モードに自身を導く。

「なるほど……。ここが零王のお部屋ですのね」

部屋にあがった刹那は、まずは窓を開け放った。

畳《たたみ》のすり減りきった六畳一間は埃《ほこり》っぽいが、さわやかな風が入ってきて、いくぶんか古めかしい臭《にお》いが紛《まぎ》れる。

「かなり年季が入った建物ですのね。さぞかし高かったのでは？」

「……それは嫌味か？　ボロだし、相当安いぞ？」

「嫌味ではなく、欧州では古い建物のほうが価値がありますの。ゴーストつき物件とかもありますし。ここもそうですのね。なかなかの掘り出し物かもしれませんわ」

刹那には何か見えるのだろうか……。やたら周囲を見回しながら、しきりに頷く。

無論、零王には何も見えない。

「……嫌なこと言わないでくれ」

相変わらず彼女の発言から想像される過去は謎に満ちている。

「では、早くオムレツを作って」

「おう、まあ待て。まだガスが通ってないからな。コンロセットするから――」

言いながら、零王が手際よく簡易コンロにガスをセットする。

刹那はコンロの傍に座り込んで、彼の動きをじっと見つめていた。

「んじゃ、刹那は買ってきたスプーンとか皿を洗って並べておいてくれ」

「でも、並べるってどちらに？　机がありませんわよ？」

「段ボール箱で代用したらいいだろ？　確か押入れにあったはず」

「……つくづく零王は野趣《やしゅ》に溢《あふ》れたスタイルが好きですのね」

あきれたように言うと、刹那は押入れを開けて段ボールを取り出し、四苦八苦して即席のテーブルを作った。

その間、零王はよく熱したフライパンにバターを一かけ放り込み、回して広げてから卵液を中に入れ、手早くオムレツを作っていく。

いい匂《にお》いが辺りに立ち込め、すぐさまレモン色のオムレツが出来上がった。

刹那は食い入るようにオムレツを見つめている。

「ほら、絵描くんだろ？　練習、練習っ！」

「っ！」

零王に促《うなが》され、刹那は気をとりなおすと、ケチャップを構えた。

「で、何をうまく描けるようになりたいんだ？　このあいだのアレか？　好きなもの？」

彼がそう尋ねると、彼女はやはり気まじめな顔でうんうんと力強く頷く。

「あれって何を書こうとしたんだ……」

「……クレームブリュレ、いちご。最後のは秘密」

仁王のような表情をした三角形についてはむっと頑《かたく》なに口を閉ざす。

「というか、無難にハートとかのほうがいいんじゃないか？　なにごとも基本が大事だし」

「……むー」

しばらくの間、悩んでいるようだったが、ようやく刹那はケチャップをそろそろと動かし始めた。手元がぶるぶると震えてしまうため、やっぱり線がガタガタになってしまう。

やがて、オムレツをキャンバスにできあがった絵は——

「カニの手？」

ハートの上部の丸みを帯びるべき箇所が見事にとんがったいびつなハートだった。

カニとかザリガニとかの爪のようだ。無論、力みすぎたせいで、中の空気が飛び出してきた際に描かれた血飛沫《ちしぶき》的な演出も健在だ。

「んー、もうちょっと肩の力を抜いて、ここのとがったトコを丸っこくだな」

零王が指摘してやる。

と、刹那は真剣なまなざしで頷いた。

（しかし、ハートすらまともに描けないというか、むしろここまで恐ろしげに描けるっつーのもある種、才能かもしれないな……）

そう思う零王だが、それは口にしないでおく。

「んじゃ、次。焼いて」

刹那がそう言ったちょうどその時だった。

ぐぅうううう――

二人の胃袋が同時に悲鳴を上げる。

「っ⁉」

刹那が慌ててお腹を押さえて頬を染めた。

「まあ、練習もいいけど、せっかくだし、冷めないうちにまずはコレを食べてしまおう」

彼女にスプーンを差し出すと、彼女はそれをおずおずと受け取って両手で握りしめる。

零王と刹那がスプーンでオムレツを掬《すく》うと、中からとろりと半熟卵が出てきた。二人は、段ボールの机の上にのせたシュールなオムレツを同時にほおばる。

口いっぱいに甘い味が広がっていった。

「我ながら、なかなかうまくできたな」

「…………」

刹那は何も言わずに二口目、三口目とスプーンを口に運び続ける。

どうやらかなりお気に召したらしい。彼女は喫茶店のまかないはあまり食べないから、食が細いのだとばかり零王は思っていた。

（でも、多分、「うまいか？」って聞いたら、「別に」って答えるんだろなー）

なんてことを思いながら、零王はオムレツを一生懸命頬張る刹那を眺《なが》めて目を細める。

「とりあえず、ハートくらいはうまく描けるようになれたらいいよな」

「まあ、描けるまで作ってもらいますもの」

「まじか？」

「だって、たっぷり卵はあるもの」

刹那はスプーンで卵のパックが入った袋を指し示す。

「あれってまさか全部、今日のうちに使い切るつもりだったのか？」

「当然」

「でも、待て……。そんなにオムレツばっか食えないだろ？」

と、零王が言うと、彼女はふるふると首を振る。

「別に、あせらなくても少しずつ毎日練習すればいいんじゃないか？」

「やるときめたら一気にやってしまいたいもの。じゃ、さっさと次焼いて」

「お、おう」

零王は再びフライパンにバターをひいて卵液を注ぐと、菜箸《さいばし》で円を描くようにかきまぜながら、手首のスナップをきかせて手早くオムレツを作っていく。

それを刹那は待ち遠しそうに凝視している。

まったりとした二人だけの時間が、ゆっくりと過ぎていった。


「参った。マジでやると決めたら徹底的にやるんだな。まさかあそこまでとは……」

次の日、授業中何度も強い睡魔《すいま》に襲《おそ》われ、何度も何度もチョークを投げられて起こされたせいで、零王の髪はチョークの粉まみれだった。

頭を払いながら、零王が本日何度目ともしれない大きなあくびをした。

すると、そんな様子を見て、ニヨニヨ笑いを浮かべた久司《ひさし》がやってきて彼をからかう。

「おう、零王、どうしたんだ？　さすがに寝過ぎだろ？　そんなにバイトきついのか？」

「いやー、バイトがきついっていうより……」

「お、なんか可愛い子いたとか？　もしかして付き合いだしたとか？　どんな子なんだ？　その子の女友達紹介してくれよーっ！」

こういう話になった途端、クラスメートの男子たちがわらわら虫のように集まってくる。

「……別に付き合ってるとかじゃないが」

「んじゃなんだよ？」

「ただ、昨日は一晩中、こき使われてた」

「一晩中っ⁉　奉仕してたのかっ！　ちょっ！　マジ詳しくっ！」

彼を取り囲む男子たちがわっと盛り上がる。女子たちが怪訝《けげん》そうな顔で見ているが、男子たちはもうそんなのお構いなしに零王に詰め寄っていった。


確かに――零王は刹那に一晩中奉仕していた。

ひたすらオムレツを作り続け、卵を三パック使い切り、もうこれ以上卵を食べたら、どこかの血管がブチ切れてしまうんではというくらいオムレツを食べて……。

夜中の二時を回って、さすがに零王は刹那にこう提案したのだった。

「……さ、さすがに、もうこの辺にしておかないか？　眠くないのか？」

「ううん。わたくしは夜行性だもの」

「って、昼もバリバリ働いてるだろ？　いつ寝てるんだよ」

「――あまり眠らなくていいの」

「んな訳あるかー。ちゃんと寝ろ」

「……それができたらとっくの昔にしてますわ」

もう半ば朦朧《もうろう》としていたため、刹那との会話はうろ覚えだったが、結局朝までオムレツを作り続け、そのまま零王は学校行きの電車に乗り、刹那は逆方向、メイド喫茶行きの電車に乗っていったのだった。

「で、どんな子なんだ？　吐《は》けよっ！　やっぱ幸せっつーのはみんなで分かち合うべきだ」

「ラーメンおごってやるから！　な、んで、どこまでしたんだ？」

「…………」

あんまりにも眠すぎて、クラスメートたちの質問にいちいち答えるのもだるい。

だから、零王は力なく机に突っ伏しながらこう答えた。

「……おまえらの想像に任せる」

その一言に、男子たちの妄想力が全開になり、もうどこからどこまでが嘘《うそ》なのか分からないくらい、そうまるで目の前で見てきたかのようなとんでもない艶話《つやばなし》で場が大いに盛り上がったのだった。


「あの刹那が――朝帰り、ですか？　いったいどこに？」

「さあ……。でも、とってもおいしそうな匂いがしてたとか？　ほら、千代さん、わんこみたいに鼻が利きますしー」

「ははっ、何かうまいものでも食べにいったのかのう？」

メイドたちはメイドたちで、一晩どこかへと姿をくらました刹那の話題でもちきりだった。

刹那は涼しい顔をして、その話が聞こえていないフリをする。

だが、零王は始終、心中穏やかではなかった。

(別に何があった訳でもないが、なんかこう後ろめたいというか。うーむ)

よくよく考えてみれば、一晩中二人きりでいたということは、実はものすごいことだったんじゃないかといまさらのように思う。

色っぽい展開はこれっぽっちもなかったが――

と、刹那が客に声をかけられる前に動いた。

見れば、刹那が気に入っているV姉妹《ヴァンパイア》たちが、彼女にちょうど声をかけるところだった。

(接客の腕前はかなりレベルアップしてるな。声をかけられて反応するのではなく、声をかけられる気配を察して動くとは……)

顎に手を当てると、零王は刹那に感心する。

「薔薇石《ばらいし》、このあいだの、またお願いできるかしら?」

長女の目がきらりと光る。彼女のまなざしを真《ま》っ向《こう》から受け止めると、刹那は静かに頷いてみせる。その所作《しょさ》にはどこか自信が漂《ただよ》っている。

「――もちろんですわ。お姉様方」

「何を描くかは任せますわね」

(おおっ! 早速、修行の成果を見せるときが)

思わず零王は拳を握りしめてしまう。まるで我が子を見守る父のごとく。

「オーダー入りました。オムライス三つ、お願いします」

刹那が心持ち固い声でカウンターの中へと声をかける。

厳しい目をした零王がケチャップを準備して、彼女にすっと差し出した。

「できるか？」

「ええ、必ずやってみせますわ」

「よく言った」

ケチャップを受け取ると、刹那は表情を引き締めてその時を待つ。

「オムライス三つ、できあがりました」

マスターがオムライスの載った皿を三つ差し出す。

刹那がそれをテーブルへと運んでいき、ケチャップを両手で構えた。

周囲がしんっと静まり返り、異様なまでの緊張が辺りに満ちる。ややあって、刹那が少しずつケチャップの容器に圧を加えてゆき、ゆっくりと手を動かし始めた。

ゆっくりゆっくりとなめらかな線が描かれていく。

そして――

三つのオムライスにはとても可愛いハートが描かれていた。

ただし、やっぱり血飛沫《ちしぶき》効果が健在なのはご愛敬《あいきょう》というところだろうか。

「わあっ！　すっごい！　薔薇石、腕をあげたわねっ。可愛いハート」

「血染めのハートオムライスっていうのもなかなか素敵ねえ」

「わたくしたちのために、きっと一生懸命練習してくれたのね。ありがとうっ」

「……いえ。別に」

三女にありがとうと言われた途端、刹那の頬が傍目にも明らかなほど真っ赤《まか》に染まった。

彼女は慌てふためくと、視線をゆるゆると左右にさまよわせて周囲を見回す。

そこには、彼女を見守っていたメイドたちがいた。

「フンっ。なかなかやりますわねっ！　でも、勘違いしないでよねっ！　それくらいならっ！　わたくしだってできますもの。ようやく人並みにできたってだけですのよ！」

「またもー。こういうときくらいツンは控《ひか》え目にしてもいいんじゃない？　コロナ」

「刹那、よく頑張りましたね。とてもきれいなハートです」

「——もしかしたら、刹那がお客様にお礼を言われたのって初めてではないか？」

「すごいすごいすごーいっ！　短期間のうちにこんなに腕を上げるなんて。あたしも頑張らなくっちゃ！」

「むー。そんなの困っちゃうじゃん！　あたしより下手なのがいなくなっちゃうしっ」

「千代《ちよ》も頑張らんとなあ」

和気《わき》あいあいとした雰囲気がホールに満ちていた。

刹那も、とても気恥《きは》ずかしそうにではあるが、薄い微笑みを口端に浮かべている。

彼女はよろよろと歩いていくと、ホールのドアから外へと出ていった。

心ここにあらずというか、浮足立っているような、そんな感じの彼女の足取りを見て、メイドたちが、「ものすごく緊張したんだろねー」なんて言いながら笑い合っている。

だが――

零王はかすかな違和感を覚えて、彼女の後を追った。

ドアを開いて廊下を右に左へと見渡す。

と、柱に寄り掛かって苦しそうに肩を上下させる刹那の姿が目に飛び込んでくる。

慌てて零王は彼女の元へと走り寄った。

「どうした？」

「……別に。なんでもありませんわ」

気丈に言い張る刹那だが、どこからどう見たって大丈夫そうには見えない。

大量の汗が全身から滲《にじ》み出ている。額に触れてみると、そこは燃えるように熱い。

それでいて、彼女の体は小刻みに震えている。

「そんなわけないだろう！　すごい熱だし。なんでこんなになるまで平気なフリして……」

「言ったでしょう？　別にわたくしがどうなろうと知ったことではないのだから――」

「……っ⁉」

自分のことに無関心を貫く刹那に、零王はついかっとなってしまう。

だが、その言葉を否定したくてもできない。

（なんで……。こんなの急に体調崩したとかじゃないだろ！　結構前から調子悪かったんじゃないか？　そういえば、このあいだだって……）

確かに彼女が体調を崩していたと思《おぼ》しき場面はいくつもあった。

（何がチーフだっ！　くそっ！）

自身を叱咤《しった》して零王は刹那の体を横抱きにした。彼女の体はびっくりするほど軽い。

「なっ、下ろしなさい」

刹那が零王の胸の中でもがくが、力が入らない。

「断るっ！」

そう言うと、零王はダッシュで二階へと駆《か》けあがってゆく。

一番端っこの刹那の部屋へと辿《たど》りつくと、怒りに任せてドアを開いた。

女の子らしい部屋と思いきや、ほとんど何もないがらんとした部屋だった。

黒いトランクが一つと、何か大きなオブジェが布に包まれて立てかけられている。

部屋の端には赤いベッドが一つあった。

零王はそこに彼女の体を下ろすと、刹那に言った。

「服、脱いで」

「やっ。な、何をいきなり言って――」

「いいから早く」

「……だ、駄目ですわ。そんなこと。できる訳ありませんわ」

刹那は自分を抱きしめて、恥ずかしそうに目を伏せる。

「五分で戻るから。それまでにちゃんと服を脱いでおくこと！　それがきけないようなら、僕は責任をとってチーフを辞めるっ！」

「な、何ですの。偉そうに……。それに責任？　なんの責任ですの？」

「スタッフの健康状態も把握できていないようなチーフはクビでいい」

そう言い残すと、零王は刹那の部屋から外へと飛び出していった。

「ただの自己管理の不行き届きですわ」

残された刹那は不愉快そうに眉をしかめて胸を押さえ、そのまま俯いてしまう。

「……誰にもみじめな格好なんて見せたくありませんのに――」

そう一人呟きながら、零王に言われたとおり、ゆっくりとスカートを脱ぎ、ブラウスも脱いでゆく。

やがて、ショーツ一枚になった刹那は、ベッドの上のタオルケットを自分の体に巻きつけ、零王が戻ってくるのをじっと待つ。

ややあって、バタバタとせわしない足音が近づいてきたかと思うと、零王が戻ってきた。

手には氷水をいれたボウルとタオルを持っている。

「よし、んじゃ、まずは背中。つらいようなら横になったままでいい。後ろ向いて」

ベッドの端に腰を下ろすと、零王は氷水に浸《ひた》したタオルをしぼる。

刹那はベッドに横になると、彼に背中を向けた。

零王は彼女のタオルケットをはだけると、うなじから濡れタオルで拭《ふ》いていく。

「ああ……」

火照った体に冷たいタオルが心地よいようで、刹那はうっとりとした声を漏らす。

肉づきの薄い背中の中央に背骨のくぼみがヒップへ向かって連なり、肩甲骨《けんこうこつ》は羽根のように突き出ていた。白くて滑《なめ》らかな肌が熱のせいでほんのりと薄ピンク色に色づいている。

熱で朦朧《もうろう》となった刹那の意識がみるみるうちに遠のいていく。

「じゃ、前のほうは――さすがに自分で……」

零王が気まずそうにそう言いながら刹那の熱を吸収してぬるくなったタオルをもう一度氷水に浸してしぼると、冷たい濡れタオルを刹那に差し出す。

だが――

「っすぅ……」

穏やかな刹那の寝息が聞こえてきて、零王は濡れタオルを差し出したままの姿勢で固まってしまう。ごくりと生唾を呑み下す。

とにかく刹那の汗を拭いてから着替えさせて、頭を冷やして横にならせないという一念と、自責の念とで自分が何をしでかしているかあまり考えていなかったが、はっと我にかえり、さすがにこれはと躊躇《ちゅうちょ》してしまう。

「まったくけしからんな。無防備すぎだろ……」

刹那の細い背中がすぐそこにある。

そして、その向こう側を濡れタオルで拭かねばならないという状況下にある。

おそらく刹那はひどい風邪をひいている。汗でぬれたまま放置は厳禁だ。

零王は、ゆっくりと濡れタオルで彼女の前半身を拭くべく手を伸ばしていった。

「…………っ！」

ぎゅっと目を閉じて、手探りで刹那の胸元を拭く。

ものすごく柔らかいふにふにした感触が濡れタオル越しに伝わってくる。

「くっ」

ついつい息が荒くなってしまう。濡れタオル越しにぽちっとした隆起を感じた途端、零王の理性が崩壊寸前にまで追いやられてしまう。

だが――

零王は奥歯をくいしばって、そのまま手を下のほうへと下げていく。

薄い下腹をタオルで拭き、足を拭いて、主だったところは拭き終わり、ようやくすべきことをし終えた彼はぜーはーと息を繰り返しながら脱力する。

刹那の肩までタオルケットをかけてやると、はあぁあああっと深いため息を放った。
と、そのときだった。
いきなり刹那が後ろを振り向くと、勢いよく彼に抱きついてきた。
零王はその場に硬直し、頭の中が真《ま》っ白《しろ》になる。
彼女の安らかな寝息が、彼の耳元に規則正しく吹きかけられた。

第4章
わたくしのものはわたくしだけのもの

「で、あやしーと思うんですよねえっ」

「何がだ？」

「えー、何がって、刹那《せつな》さんと零王《れお》さんですよぉーっ。だって、ねえ、千代《ちよ》さん」

「朝帰りの次の日、二人とも同じ匂《にお》いしてた。おいしそーな匂いっ！」

四葉《よつば》の言葉に、千代が得意そうに鼻を鳴らしてみせる。

その頭を平美《ひろみ》がかいぐり撫《な》でまわす。さながらペットと飼い主のようだ。

日の光が窓から斜めに差し込む中、メイドたちは、開店前の準備をしながらおしゃべりを楽しんでいた。

「——四葉、そういう下賤《げせん》な詮索《せんさく》はやめておくがいい。他人の噂《うわさ》をする暇があったら、ツンデレ接客の腕でも磨《みが》いたほうがよっぽど有意義だ」

「あう、は、はあい。すみません……」

「……刹那が。ふむ」

メイドたちの会話に耳を傾けながら、勘奈《かんな》は一人、物思いにふけっている様子だ。

と、そのときだった。

「おはよう」

朝刊を手にした零王がメイド喫茶《きっさ》へとやってきた。今日は日曜なので、Tシャツにジーンズというラフな格好をしている。噂の渦中《かちゅう》の人物がやってきたため、メイドたちは意味深な笑みを浮かべて彼に視線を向けた。

「おはよーございますっ！　零王さーん」

ニヨニヨしながら四葉が彼の元に勢いよく駆《か》け寄っていく。

「お、四葉、おはよう。朝なのに元気いいな」

「いつだってあたしは元気ですよー」

零王が彼女の頭をわしわしと撫でる様は飼い主にじゃれる小型犬を彷彿《ほうふつ》とさせる。

最初こそ、チーフVSメイドたちという図式ができあがっていたが、今は和やかな雰囲気が漂《ただよ》っていた。

だが、四葉の無邪気な一言がそんな場を凍らせた。

「んでっ！　零王さんっ！　ぶっちゃけ、刹那さんのこと好きなんですかー？　刹那さんの看病とかも一生懸命やってますしー。尽《つ》くしてますよねえー」

まさか藪《やぶ》から棒にこんなド直球な質問を本人にしようとは……。

この場の誰もが思いもよらなかっただろう。メイド喫茶最年少ならではのポジションを利用した荒業と思えなくもない。零王は四葉をまじまじと見ると黙りこくってしまう。

だが、しばらくして、彼は周囲を見渡しながらこう答えた。

「――何をいきなり言い出すと思えば。スタッフ間の恋愛沙汰ってのはご法度《はっと》だ。看病はチーフの義務。他意はない」

彼の言葉を聞いたメイドたちは互いに顔を見合わせる。

「くだらんことを気にしている暇があれば、さっさと手を動かす！　今日は予約客でいっぱいだってこと忘れたとは言わせないからな」

チーフたらんと厳しい口調で零王が言い切ったちょうどそのとき——

「本当にくだらないことですわよね」

不意に、ホールのドアのほうから冷徹な声が響いてきた。

氷の手が零王の心臓を握り潰す。

（刹那⁉　なんでここにっ。叔父貴《おじき》に事情を話して風邪が治るまで部屋で安静にしておくようにと言っておいたはずなのに）

見れば、物憂《ものう》げにドアに寄り掛かった刹那がいた。

ひどい風邪をひいたせいで、さらにやせて線が細くなったようだ。

何か言わねばと零王が口を開く。

だが、何の言葉も出てこない。

刹那は肩から滑《すべ》り落ちてくる長い黒髪を後ろに払いながら、ドアの外へと出ていった。

ホールは静まり返ったまま、誰一人微動《びどう》だにしない。

「零王、良かったのか？」

静けさをやぶったのは勘奈の言葉だった。

「……別に。何も問題ないはずだが？」

そう答えるも、零王の声はひどくこわばったものだった。


「うーむ……。絶対にマズったよなー。どうしたものか」

刹那を怒らせたと思《おぼ》しきあの事件から三日後——

学食でA定食のから揚げをもそもそと食べながら、暗い面持《おもも》ちで零王が一人呟《つぶや》く。

隣《となり》で一緒に食べていた久司《ひさし》が好奇心をむき出しにして彼に尋ねてきた。

「おー、どうした零王。すげー顔暗いぞ？　彼女とケンカでもしたか？」

「つか、彼女じゃないし」

「でも、ここんとこかなり浮かれてたじゃねーか？　まだ片思いとか？」

「そういうことはよく分からん！」

「っぷ！　おま！　そんなことは下半身に聞いてみりゃよく分かんだろが」

「そっちは大抵、節操なしだろう」

「確かに違いねー。で、どうしたんだ？」

久司の質問に、零王は一瞬言葉を詰まらせる。

だが、頭を掻《か》きながら答えた。

「いや、ちょっとドジったっていうか。あからさまに嫌われたような気がする」

「ドジった？　そりゃなんでまた」

「タイミングが悪すぎただけっつーか……。まあ、そのいろいろ問題が」

そう言いながら、零王は箸《はし》を止める。

「つか、別になんにも問題ないはずだし、これでいいはずなんだがなあ」

「なんにも問題ないようには見えんが？」

久司が彼の皿から唐揚げを奪うが、零王はそれを見咎《みとが》めない。普段の彼とはやっぱりあきらかに反応が異なる。

「だよなあ、やっぱり見えないよな。僕もそう思う。困ったもんだ」

「嫌われたとか言うけど、気のせいとかじゃねーの？」

「いや、かなりあからさまな態度でなあ……」

「どんな風に？」

「一言も口を利かない。目があったらまず逸《そ》らす。僕を見かけたら逃げていく」

「……そりゃ。重症だな。つか、そこまで露骨《ろこつ》に人を避《さ》けたり嫌うっつーのもいまどき天然記念物モンじゃね？」

「…………」

友人のとどめの一言に零王は深い深いため息をついた。

二人とも無言で定食をがふがふとかきこんでいった。

「――これ、今月のシフト表」

零王が刹那に紙を差し出すと、彼女は無言で彼の手からそれをむしりとる。あからさまな刹那の拒絶に零王の表情も暗くなる。

「どうしちゃったんですか？　もしかして、このあいだのことが原因とかだったりしちゃいますか？　そしたら、ご、ごめんなさい。あたしがあんな話をしなかったらよかったのに」

ここ最近の刹那と零王とのぎくしゃくした様子を気にして、四葉が零王に頭を下げる。

だが、零王は首を横に振った。

「いや、何の問題もない。これでいいんだ」

「そんなこと……ないですよ」

「すぐ慣れる。それに元々はこれが普通だっただろ？」

「で、でも……」

今にも泣きだしてしまいそうな零王の顔を見て、四葉は言葉を詰まらせる。だが、零王は彼女の頭を軽く叩いてやり、キャッシャーのほうに移動していった。

「むうう、どうしたらいいんだろう。あたしのせいで」

「四葉、気にせず。恐らくこれは外部の人間がどうにかできる問題ではありませんから」

勘奈が四葉に言うと、刹那のほうを見やる。刹那はちょうど客を出迎えるところだった。

「薔薇石《ばらいし》♪　また遊びにきたわよー！　今日はお土産《みやげ》つき」

「お帰りなさいませ。お姉様方。お土産とは？」

「じゃーんっ！　これっ！　同人誌つくったの。まっさきに薔薇石にプレゼントしたくて」

「わたくしに？　まっさきに。プレゼント……」

すっかり常連と化したＶ《ヴァンパイア》姉妹たちが刹那をとりまいてきゃあきゃあと盛り上がっている。

刹那はもらった同人誌を胸に抱きしめたまま、次女の言葉を繰《く》り返して頬《ほお》を染める。

だが、その同人誌の表紙は、耽美《たんび》な中年と美少年が絡《から》み合ってるっつーとんでもないシロモノであった。それに気づいた周囲の客――特に男性客たちはぎょっとしている。

無論、零王も例外ではない。

他のテーブルの皿を下げるふりをして、姉妹たちの会話に耳をそばだてる。

なぜか嫌な予感がしてならない。

「これはね小説なんだよー。執事《しつじ》ものっ！　ここだけの話だけど『マスター×零王』ものなの」

三女の言葉を聞いた途端、零王は片付けようとしていたフォークを床に落としてしまう。

周囲に頭を下げて「失礼いたしました」と言いながら、ぎ、ぎ、ぎと音にすればそんな感じで後ろを振り向いた。

（執事ものっ！　しかも叔父貴と僕がなんだって？）

音にすれば、マスターと零王という単語をただ順番に言っただけのようだが、零王にはどうしてもその間にものすごく邪念のこもった何かを感じずにはいられない。

「マスター×零王？」

「そそ。誘い受けなんだ。激しく萌えるわよー？」

刹那が首を傾《かし》げながら、冷たい目で零王を見た。

零王が困ったような顔をして首を横に振ると、黒い笑みを浮かべる。

「では、さっそく読ませていただくわ」

同人誌を開くと、そこには表紙よりももっと濃厚な男同士の体がくんずほぐれつ、えらいことになっているイラストがばーんっと出てくる。

『そして、素直になれないレオードの肩をそっと抱き寄せると、男爵《だんしやく》は彼を無言でベッドに押し倒した。レオードは抵抗するも男爵の獣《けもの》のような瞳には抗《あらが》えない』

「他のお客様のご迷惑になるから朗読はするな。シャレならんし。頼むからやめてくれ」

顔面蒼白になった零王が、耽美な比喩の羅列からなるおぞましい呪文を中断してほしいと刹那に訴えかける。

だが、刹那はフンっと彼の訴えを冷たくあしらうと、無表情のまま棒読みでそのヤバげな同人誌を朗読しつづける。

『灼熱《しやくねつ》の魂《たましい》がぶつかりあい、禁断の愛は激しく燃え上がり、お互いを高め合っていく。禁断がゆえにその炎は尽きることを知らず』」

「きゃああっ！　いやああ、零王……。いや、レオードったらサイコー」

「男爵様ったら鬼畜《きちく》ーっ」

そのテーブルだけは大いに盛り上がっているが——

他の客たちはしんと静まり返っていた。

「恐るべし。あれが腐女子《ふじょし》というヤツか……」

「我々とは相容れぬもの？　否、だが、魂の根っこは一緒なはずだ」

常連二人組がおののきと好奇心のいりまじったまなざしをV《ヴァンパイア》姉妹たちに向けている。

攻撃の余波がおさまり、ようやく冷静さを取り戻した零王は、この状況を見て、わずかに残った力を奮い立たせ、テーブルへと向かった。

「——失礼ですが、お嬢様方。他のお客様のご迷惑になりますので。少々お控《ひか》えください」

礼儀正しく会釈《えしゃく》をするも、彼ははっきりと注意を促す。

すると、盛り上がっているところに水を差され、V《ヴァンパイア》姉妹たちが怒り始めた。

「わたくしたちはお客なのよ！　なんでそんな風に注意されなくちゃなりませんの？」

長女が心外だと言わんばかりに激昂《げきこう》する。

刹那も厳しく零王を睨《にら》みつけて、鋭《するど》い口調で彼を問いただす。

「接客の基本はお客様を喜ばせること。わたくしのお客様をないがしろにするつもり？」

「他のお客様だって、我々にとっては等しく大事なお客様です。他のお客様の気分を害するような行動は慎んでいただきたい」

「なっ！　もういいわっ！　不愉快だから帰りますわっ」

Ｖ《ヴァンパイア》姉妹たちは怒って帰ってしまった。

刹那と零王の二人は、睨みあったまま、どちらも動こうとしない。

だが、刹那がふっと彼から目をそらすと、そのままホールを飛び出していってしまう。

零王はその背中を追わず、何事もなかったかのようにテーブルを片づけていく。

勘奈が傍《そば》にやってきて、彼にだけ聞こえる声で尋ねた。

「零王、刹那を追いかけないのですか？」

「……これでいい。こうすべきなんだ」

固い表情のまま、零王は床を凝視している。

「理想はあくまでも理想。足枷《あしかせ》になるような理想だってあります」

「そんなことは言われなくても分かってる」

「けして後悔しないといえますか？　私の知る刹那ならば、おそらくもう――」

「…………っ」

勘奈の言葉に零王は顔を上げた。

その問い詰めるようなまなざしを勘奈は真《ま》っ向《こう》から受け止める。

零王は彼女の言葉の先を考え、もしかしたらという思いに至った途端――

何も言わずにトレーを勘奈に預けると、そのまま悠々《ゆうゆう》とした足取りでドアからホールの外へと出ていった。追いかけたのかそうでないのか、傍目《はため》には判別しかねるほどの冷静沈着な態度だった。

だが、勘奈の唇《くちびる》の端には淡い笑みが浮かんでいた。


零王は刹那の部屋のドアをノックした。予想できたことだが、やはり返事はない。

「入るぞ」

そう言うと、零王はドアノブに手をかける。

カギはかかっていなかった。ドアを開くと、刹那が黒い布に包まれた巨大な何かと黒いトランクを転がしながら、ちょうど外へと出てくるところだった。

「刹那？　どうした？　どこへ行くつもりだ？」

「…………」

刹那は零王を無視して、そのまま横を通り過ぎてゆこうとする。

だが、零王が彼女の手首をつかんだ。

「っ⁉」

とっさに刹那は彼の手を振り払い、胸に引き寄せる。

まるで汚いものにでも触れたかのように――

そんな些細《ささい》な行動が零王の胸にぐさりと突き刺さる。

二人の間に重い沈黙が訪れる。

しばらくして、零王が腹をくくって彼女に告げた。

「行くな」

その言葉を聞いた刹那は、両手を握りしめたまま首をうなだれる。

そして、自嘲《じちょう》じみた口調で返答する。

「なぜ引きとめますの？　わたくしがここにいる理由なんてないのに」

刹那の言葉に零王は言葉を失う。

その言葉は、とても寂《さび》しげで頼りなくて。それでいて屈辱《くつじょく》が色濃く滲《にじ》んだものだった。

「居場所はあるだろう？　刹那に会いにきている常連だって……」

「それをたった今奪ったのは貴方《あなた》でしょう!?」

いつも感情を表に出さない彼女が小さく鋭く叫んでいた。

その瞳が涙で潤《うる》んでいるのに気づき、思わず零王は彼女から目を逸《そ》らしてしまう。

「もういい。やれることはやってきましたもの」

「いや、これからだろう？　せっかくみんなともだいぶ打ち解けてきたのに」

「そう、零王、それは貴方のおかげですわね。でも、それは、すべてはメイド喫茶のため。貴方の理想の接客を実現するため」

「それは――」

零王は、その言葉を否定しようと口を開きかけた。

だが、確かに彼女の主張は、零王が常々自分に言い聞かせてきたことだけあり、否定するにもうまい言葉が見つからない。

「こんなこと認めたくないけど、これ以上は耐えられそうにありませんわ。これはずっとずっと考えていたこと。ようやく決意が固まりましたの」

「耐えられないって……それは」

「そんなこと、わたくしから言わせるわけ？」

刹那が瞳を怒りに燃やして、零王を睨みつけてくる。

「優しさは諸刃《もろは》の剣。とても残酷《ざんこく》って分かっていますの⁉　近づいてきたと思ったら遠ざけて。そうかと思ったら、また近づいてきて。貴方、いったい何がしたいんですの？」

「……悪い」

いかに自分の行動が刹那を傷つけていたか、いまさらのように零王は気付く。

「これ以上、近づきたくありませんわ。もう失うのはたくさんですもの！」

刹那は堰《せき》をきったように感情を吐露《とろ》する。

いままで堪《こら》えに堪えてきたものが、一気に爆発したように。

「こんな無様《ぶざま》な自分をさらさなくてはならないなんて……死んだほうがまし。あのときと同じ──もう二度と同じ過ちは繰り返したくなかったのに。一人で生きていこうって決めたのに」

刹那は胸を押さえて苦しげに顔を歪《ゆが》める。

いやいやと子供のように首を振って、震える声で呟く。

「わたくしに近寄らないで。触れないで」

だけど、零王はその手を掴《つか》んだ。

「っ⁉」

はっと息を呑《の》む刹那。

だが、今度は逃げない。

「貴方なんて大嫌い」

そう言いながらも、その瞳はすがるように零王を見つめてくる。

唇をわななかせながら、刹那は言葉を続けた。

「ここがわたくしの居場所って。あの人はそう言ってくれたけど、たぶんわたくしの居場所はどこにもないの。永遠に──」

怯《おび》えた幼い子供のような表情にいてもたってもいられなくなり、零王は彼女の体を強く抱きしめる。彼女の体は細くて薄かった。

力いっぱい抱きしめると砕けてしまうのではと思うほどに華奢《きゃしゃ》で。

甘い香りが彼女の首筋から漂ってくる。

互いの早鐘のような鼓動《こどう》が伝わってきて、二人はそのまま微動だにしない。

「……く、苦し。っはぁ、ああ」

あまりにも零王がきつく彼女を抱きしめたせいで、刹那は喘《あえ》ぐような息をする。

だが、零王はよりいっそう彼女を強く抱きしめると、覚悟を決めて本心を口にした。

「刹那にここにいてほしい」

「…………」

刹那は目を見開く。彼女の長い睫毛《まつげ》が震える。

と、不意に零王は力を緩め、まるで子供に諭《さと》すように彼女に優しく話しかけた。

「刹那、ヤマアラシのジレンマの話、知ってるか？」

「いいえ」

「ヤマアラシってのは互いにトゲがあるだろう？　一緒にいたいと思えば思うほど、傷つけあうっていう皮肉な話。それでも傷つけあわなくちゃ出会えないんだ。昔、母さんがよく僕に言ってたことを思い出してな」

「…………」

「結構、僕も厄介《やっかい》な性格でな。周囲から浮いてたしな」

「も、ってどういう意味ですの？」

「さあ、どういう意味だろな」

「質問を質問で返すなんて失礼ですわよ」

零王と刹那は互いの顔を見ると、気まずそうな照れくさそうな笑みを浮かべる。

ややあって、刹那が口を開いた。

「――分かりましたわ。でも、何事もギブアンドテイクというものが大事でしょう？」

「右の頰を叩かれたら左の頰を差し出せっつー言葉もあるが？」

「零王は借りは作らない主義なんでしょう？」

「まあな」

再び二人は黙りこくってしまう。

だが、しばらくして、なにやら思案している様子だった刹那が呟いた。

「では、ひとつ取引をしましょう」

「刹那がここにとどまるならなんだっていい」

零王の言葉に刹那は戸惑いの表情を浮かべるも、こほんと咳《せき》払いをして居住いを正すと、神妙な顔をして言った。

「安らかな眠りをわたくしに約束して」

「む、どういう意味だ？」

「……そのくらい気持ちを汲《く》みなさい」

「もっとわかりやすく具体的に言ってくれないと分からない」

「鈍い男は嫌われますわよ」

「どうせモテねーよ。悪かったな」

刹那は眉《まゆ》をしかめて、言おうか言うまいかひどく悩んでいるようだった。

だが、ついに俯《うつむ》いたまま、蚊の鳴くような声で小さく呟いた。

「……なさい」

「悪いがもうちょっと大きな声で」

「なっ！　こんな恥ずかしいこと、大きな声でなんて言えませんわっ」

「いいからなんだ？」

零王が耳に手を当てて、刹那に耳を傾ける。

刹那の顔は、ゆでダコもかくやというほど真《ま》っ赤《か》に染まっている。

うぅっと呻《うめ》きながら、やがて彼女は吐《は》き捨てるように早口でまくし立てた。

「だ、だからっ！　つまり、わたくしの抱き枕になりなさい」

「っぶ、だ、抱き枕？」

「だって、初めてだったんですもの。あんなによく眠れたの――」

刹那が倒れたときのことだと零王は気付く。

いきなり彼女に抱きつかれ、そのまま一緒に添《そ》い寝したことだと。

いつもはあんなに偉そうで自信に満ちたふるまいをしている刹那が、今、零王の目の前で、拒絶されるのではないかという不安に満ち満ちた表情をして彼の返事を待っている。

おそらく誰にも見せたことのないその姿が零王の背中を押した。

「分かった。んじゃ、毎晩添い寝するってことだな」

そう言うと、彼はぶっきらぼうに右手の小指を付き出した。

刹那はそれを見て首を傾げる。

「それは何の真似ですの」

「指切りげんまん。知らないか？」

「……知らないわけではありませんけど。わたくし、その、したことがなくて」

「小指を絡めるだけだって」

「こう、かしら……」

零王の小指に刹那の細い小指が絡められる。

「指切りげんまん、うそついたら針千本のーます。指切った！」

子供の頃、母親としていた指切りげんまんを思い出しながら零王は刹那と約束を交わす。

すると彼女は小指を絡めたまま、零王を上目遣いに見上げながら言った。

「なるほど、うそついたら針千本飲ませてもいいんですのね？」

「っぷ、それは言葉のアヤっつーか。そういう歌詞なだけだ」

「なんだ。そうですの」

「なぜそこで残念そうな顔をする」

「さあ、なぜかしら」

「質問を質問で返すなっ！」

二人はとても気恥ずかしそうにはにかみあう。

互いを見つめる瞳にはあきらかに今までとは違う熱がこもっていた。

第5章 よそ見をするなど、おこがましい

チュン……チチチ……

鳥の快活なさえずりが聞こえてくる。

「ん……」

まぶたの裏に日の光がちらつき、零王《れお》は小さく呻《うめ》くと目を開けた。

ふんわりとした感覚が胸にあたっている。

甘いミルクと花の香りが混ざったようなよい匂《にお》いが鼻腔《びこう》をくすぐる。

生あくびをしつつ、まだ寝ぼけている頭を左右に振りながら、体を起こそうとする。

途端、ぎゅうっと抱きしめられ、胸のあたりにさらに柔らかさが押しつけられる。

「ん……」

見れば、透け感たっぷりの、ふわふわのパジャマ用ワンピースを着た刹那《せつな》がすがりつくように彼を抱きしめていた。

規則正しい寝息に安らかな寝顔。彼女の口端が少し濡《ぬ》れていて、零王は相好《そうごう》を崩す。

「よだれくってるし」

親指で彼女の口端を拭《ぬぐ》ってやる。

すると、刹那は「んんっ！」と少し顔をしかめてから、その手を邪険にあしらい、零王の首元に頬《ほお》ずりしてくる。

刹那と秘密の契約を交わしてから約一週間——

最初こそ緊張やらなんやらで、いろいろもろもろがガチガチだったが、さすがにそれにもだいぶ慣れてきて。

今では刹那の頭を撫《な》でてやったりする余裕も出てきた。

長い髪の表面を優しく撫でてやると、刹那は寝顔のまま、ほっこりと笑う。

普段のクールな表情は微塵《みじん》もないし、毒舌だって差し向けてこない。

子供のように無防備で無邪気な彼女の寝顔を零王は眺《なが》めるのが好きだった。

と、ベッドの傍《かたわ》らに置いていた携帯がぶるぶると震える。セットしていた目ざましのアラームだ。

「おーい、そろそろ起きるぞ」

「んんん……」

零王が刹那の耳にささやくと、刹那は呻いて首を振りつつ重いまぶたを開けようとする。

だが、再びうとうとと頭が舟を漕《こ》いだかと思うと、零王にぎゅうっとしがみつき、またすやすやと寝息を立て始める。

「ったく、仕方ないな……」

もう少しだけならいいかと、零王は彼女に腕枕をしてやったまま、天井を眺めた。

秘密の契約を結んだ日以来――刹那とのわだかまりは完全に解けた気がする。

その証拠に、彼女の態度が、がらりと変わった。

（やっぱり、ここが自分の居場所だって。そうはっきりと言わせてやりたいよな）

天井を見つめながら、零王は改めてそう思う。

（サプライズな誕生パーティーを盛大にしかけてみるか）

自分の居場所はどこにもないと言う刹那。

この世に生まれた日を祝ってくれる仲間がいる場所——

いろいろ考えたが、それこそが彼女のプレゼントに一番ふさわしいような気がする。

ややあって、再び携帯が震えた。二度目のアラームだ。

零王はいつもしているように、刹那の鼻をつまむ。

「ん、んんっ。む、むぅううっ。ぷはっ、は、はぁ、はあ」

刹那が苦しげにもがくと、ようやく目をさまし、息を乱す。

「おはよう」

「……ごきげん、よう。というか、もっとマシな起こし方はできませんの？」

低血圧らしい刹那は、不機嫌そうな顔で零王を睨《にら》みつけてくる。

さっきの天使のような寝顔が嘘《うそ》のようだ。

「こうでもしないと起きないだろ？」

「だって、気持ちよすぎるのがいけないんですわ。仕方ないでしょう」

「はいはい」

傍目《はため》からだとかなり甘ったるい会話だが、刹那は淡々と述べる。

「じゃ、表を確認してきますわ」

そう言うと、刹那は立ち上がり、ネグリジェ姿のまま部屋から外へと出ていこうとしたそのとき――

「ん、なんだ？」

零王が、ふと枕の下に何か違和感を感じて手を潜《もぐ》らせる。

と、刹那が目をぎんっと見開いてとんぼがえりに戻ってきた。

枕を両手で押さえると、勢いよくぶんぶんと首を左右に振りたてる。

「何もいない」

「……む、何を隠してるんだ」

「……別に。たいしたものじゃありませんわ」

「ってことは、やっぱり何かいるんだろ？」

「むぅ……」

零王の言葉に刹那は口をつぐんだ。

しばらくしてから、彼女はぎろりと零王を睨みつけるとこう尋ねてきた。

「笑わないって誓《ちか》いなさい。馬鹿にしないって。ならば紹介してあげなくもありませんわ」

「ああ、誓う。って、紹介？」

刹那は枕の下に自ら手をつっこんで何やら取り出した。

それは、二人の頭の重みで平たく潰《つぶ》れたテディベアだった。

結構古いものらしく、ところどころ破れたところを縫《ぬ》い直した跡《あと》がみられる。

「ぬいぐるみ？　好きなのか？」

「馬鹿にしたり、笑ったらくびり殺しますわよ」

「……いや、女子ってのはそういうの好きなもんなんじゃないか？」

「別に。好きという訳では。これは、大事な人から……。奪ったもの」

刹那はテディベアをぎゅうっと抱きしめると、下を向いて俯《うつむ》いてしまう。もらったものではなくプレゼントでもなく奪ったもの——その言葉には一抹《いちまつ》の孤独が滲《にじ》んでいる。

「でも、大事なものなら、なんでこんなとこに隠しておいたんだ」

「笑われるかと思って。でも、暗いところに閉じ込めておくのはかわいそう」

「へしゃげてるのはいいのか？」

零王の言葉に刹那はやはり無言で首を縦に振る。

いまいちその感性は分からないが、刹那の意外な一面を見た気がして、零王の顔が緩んだ。

「普通に飾ればいいのに。僕は笑わないし」

刹那はじいっと零王を見つめてから、ぬいぐるみをベッドに座らせてやった。

その様子を満足そうに見てから、彼女はドアを開けて外へと出て行く。

ややあって、零王の携帯が一度だけ振動した。

いつもの合図――

刹那からのワンギリで、零王はベッドから立ち上がると、ドアを薄く開いて外を窺《うかが》う。

誰もいないようだ。

右を見ると、刹那がトイレのドアを閉めながら後ろを一瞥《いちべつ》して頷《うなず》く。

そこで零王は廊下へと出ると、周囲を警戒しながら一階への階段を忍び足で降りていき、男子用のトイレに入って、ふうっと安堵《あんど》の吐息を放った。

そして、掃除用具入れの中に置いておいたリュックから制服を取り出し、Ｔシャツの上に羽織る。

すべては秘密の契約のために。

夜はバイトが終わったら、いったん家に帰るふりをしつつ、携帯で刹那と連絡をとりあって他のメイドたちにバレないように彼女の部屋に忍び込み、朝はこうして同じように彼女の部屋から出てくる。

このために刹那は携帯を購入したのだった。

まるで、夜這《よば》いをしかけているような……。零王にとってはスリルに満ちた日々だった。

まさかこんな毎日を送るようになるなんて、少し前の零王には想像だにできなかった。

ただし、けして契約以上のことはないのが、悩ましいといえば悩ましい。

「って、贅沢《ぜいたく》な悩みだよな……」

と、零王が呟《つぶや》いた時、再び彼の携帯が振動する。

みれば、刹那からメールが届いていた。

『まかないはさもんとたまごのさんといちきぼう』

「っぷ、サーモンと卵のサンドイッチな」

まだ、携帯の使い方に慣れていない刹那からのたどたどしいメールに零王は目を細める。

最初のメールは、「件名：なし」とかだったのに。

日ごとにメールの文章が長くなっていっている。いずれは、カタカナや漢字づかいもマスターし、絵文字や顔文字も使われるようになるのだろうか？

刹那と零王は、契約によってほとんど恋人同士のような毎日を送るようになっていた。

ただし、あくまでもそれは二人きりのときだけで。

「……これがツンデレのデレってやつなのか？」

はたと気づき、零王はうーむと唸《うな》る。あれだけオタク文化は否定してきたはずなのに。

「悪くはないもんだな」

そう言うと、彼は再びトイレのドアを開いて表を窺《うかが》う。

メイドたちが朝ごはんを食べに続々と階下へと降りてきている。

しっかり者の勘奈《かんな》や月《つき》は、すでにメイド服を着ているが、四葉《よつば》とか平美《ひろみ》あたりはパジャマのまんま降りてきてるし、球子《きゅうこ》はといえば、浴衣《ゆかた》を着崩したまんま、ほとんど裸に近い格好で廊下をうろついていたりする。

刹那は、きちんと私服に着替えてきていた。以前と違うのは、メイド服のエプロンをつけるようになったこと。

それにしても、彼女の凜《りん》とした所作《しょさ》は、寝起きの彼女と同一人物のものとは思えない。

やがて、メイドたちが食堂に集まり、マスターお手製の朝ごはんを食べ始めたようで静かになる。その瞬間を見計らって、零王は廊下へと出ていくと、足音を忍ばせて——

メイド喫茶《きっさ》のドアを開くと、外へと飛び出していった。

「零王、今日のまかないの件について。サーモンと卵がいいっていいましたのに。なぜに卵に加えて、あろうことかきゅうりが入ってますの？」

「野菜もちゃんと食べろ」

「きゅうりは水っぽいですし嫌いですわ」

「好き嫌いするから育たないんだぞ」

「なっ！　言ってくれますわね。わたくしのどこがどう育ってないといいますの？」

「どこもかしこもだ！」

カウンターで隙間なく並べたグラスに一気に水をつぐ零王に刹那が小声で文句を言う。

やいやいとやっている二人にメイドたちは、いったんそれぞれの仕事の手を止め、好奇のまなざしを向ける。

ついに勘奈が二人に注意した。

「……痴話喧嘩《ちわげんか》は勤務時間外にやりなさい。しかも、今はお客様がたくさんいらっしゃっているのですから。そんな暇はないはずですよ？　ショーも控《ひか》えていますし」

痴話喧嘩？　と二人は顔を見合わせる。

英語で言えば〝a lover's quarrel〟愛のいさかい――すなわち、カップルや夫婦などがするような駄々甘な喧嘩のことを差す。

「だ、断じてそんなものではないっ」

即座に否定する零王の横で、刹那はさらりとこんなことを言う。

「零王は特別なお友達なんだから仕方ないでしょう？」

「おおおっ。特別なお友達宣言きたー！　零王の必死の看病が氷の心を熔《と》かした？」

平美を筆頭に、メイドたちがざわめく。

「で、若いの。どこまでいったんだ。ん？」

一番年上の球子が目を細めると、零王を肘《ひじ》で小突いてくる。色っぽいまなざしには熱がこもっていて、あきらかによからぬ方向に邪推されていると分かり、零王は返答に困ってしまう。

「いや、だから、そういうのではなく――」

「フフ、ウブじゃのぅ。若さとは実に良いものじゃ」

球子ははんなりと笑うと、零王の首筋をつっと爪でなぞる。

びくっと反応した彼を見て、さらに艶《つや》やかな笑みを浮かべる。

と、それを見た刹那が、フンっとそっぽを向きながら、爆弾発言を投下する。

「ただ単に一緒に寝たりする関係ですわ」

「って、おい！」

（そ、そりゃ確かに間違ってはないが、その言い方はあきらかに誤解されるだろっ！　つか、みんなには内緒っつーことで毎朝毎晩苦労して部屋に忍び込んでたんだろが……）

心の中であれこれ突っ込みをいれるも、刹那は頬を膨《ふく》らませたまま、零王に小さく舌を出してみせ、「ますた×れお、さそいうけ」と毒づく。

それを聞くや否や、零王はがくりと首を折り肩を落とし、刹那はにやりとほくそ笑む。

どうやらこの言葉は、彼女にとっては対零王用「ばか」とかいう類の言葉らしい。

「一緒に、ね、ね、寝るってっ。ふわぁ、お、大人の世界ですぅー」

「って、寝るのが何か問題あんの？　あたしだって平美とかとよく寝てるじゃん？」

「千代《ちよ》さん、違うんです。四葉、ちゃんと知ってます！　大人の寝るっていうのは――」

「四葉はおちびなのに耳年増じゃのぅ」

「へへ、球子お姉さまに褒《ほ》められちゃったあー」

「――いや、全然褒めてないだろう。というか、なぜそんなことを知ってる」

「それはちょっと、いろいろ」

月の鋭《するど》い突っ込みに言葉を濁《にご》す四葉。メイドたちの笑い声が和やかにホールに響いた。

「さあ、みんな、私語のしすぎは厳禁、仕事に戻るぞ」

そういえばほぼ満席に近いくらいお客が入っていたんだと我にかえった零王がチーフ然として言い放つと、「そもそもはおまえが中断させたのだろう」と月が容赦《ようしゃ》ない突っ込みをいれ、みんなが声をたてて笑いながらも、各自の持ち場へと戻った。

メイド喫茶は相変わらず盛況で、みんな忙しい毎日を送っている。

だが、ときどき、刹那が遠い目をして窓の外を眺めることに零王は気付いていた。

(やっぱりあの常連客のことが気になってるんだろうな……)

父親の接客を見習うのならば、客に注意を促《うなが》す行動は間違いではなかった。

だが、本当にそれでよかったのかと、零王は自責の念に駆《か》られてしまう。

と、ドアベルがカロカロンっと鳴った。

刹那がはっと顔を上げる。その顔にぱあっと喜色が浮かぶ。

それを見ただけで、零王は誰が来店したかすぐにぴんと来る。

「お帰りなさいませっ！」

零王と刹那が、まっさきにその客を玄関に出迎えた。

おずと玄関から中へ入ってきたのはV《ヴァンパイア》姉妹たちだった。

気まず　頭を下げる。

「……この間はごめんなさい。わたくしともあろう者が、大人げなかったわ」

「さて、なんのことでしょうか？」

この間のことを謝っているのだと気づくも、零王は敢《あ》えてすっとぼけせてみせる。

刹那はそんな彼をどこか誇《ほこ》らしげに眺めていた。

「ありがとう……。では、また、いつものをお願いできるかしら」

「かしこまりました」

そう言うと、零王はカウンターの中へと戻っていく。

「薔薇石《ばらいし》、こないだはごめんね」

「いいえ、また来てくださってうれしいです。お姉様」

「だって薔薇石に会えないのとっても寂《さみ》しかったんですもの」

V《ヴァンパイア》姉妹たちと刹那がうれしそうに話すのを見ながら、零王はオーダーを通す。

「オムライスとクリームブリュレ、メイドオリジナルブレンドティーを三つ」

「はあいっ。お茶は最初にお持ちしますか？　それともデザートのときにしますか？」

いつもだったらマスターが厨房《ちゅうぼう》の中のことは全部とりしきるのに、カウンターの内側から背伸びしてぴょこっと頭を覗《のぞ》かせたのは四葉だった。

「あれ？　四葉？　マスターは？」

「今、満席な上にオーダーが殺到してて。マスターはひたすらオムライスを作り続けてます」

「で、わたくしたちが中でお手伝いをしてますの」

奥からコロナもひょこっと顔を覗かせて、相変わらず偉そうに薄い胸を張る。

「だが、お客様の目当てはあくまでもメイドたちなんだから。なるべく二人は表に出ていてほしい。僕が中のことはするから。今はV《ヴァンパイア》姉妹がいるから僕も給仕《サーブ》しないと。彼女たちが帰ってから交代しよう」

「フンっ！　どうしてもっていうなら仕方ありませんわねっ！」

「はあい、チーフ、分かりましたーっ」

初めてチーフと呼ばれた途端、零王の頬が赤らむ。それを平美は見逃さない。

「うひひっ、チーフって呼ばれてうれしそーじゃん？　チーフぅ？」

「う、うるさい。気のせいだ」

「わあ、チーフもナイスツンデレですーっ」

「だあーっ！　おまえらツンデレと一緒にするなーっ。僕はパンピーだ！」

思いっきり否定しにかかるも、真《ま》っ赤《か》に染まった頬までは隠せない。

元べて、零王は四葉からティーポットを受け取ると、刹那と歓談しているV《ヴァンパイア》姉妹たちの行った。

「……でね、今度はね。『レオード×男爵』ものをね。あ、もちモデルは『零王×マスター』ね」

「ふむ。それは、この間のもの一体どう違うのです？」

「だから、最初に言うほうが〝攻め〟でね、後からのが〝受け〟なの」

今度は周囲に迷惑をかけないようにと小さな声で顔を付き合わせるようにして楽しげな密談を交わす彼女たちだが、やっぱりその内容は、かなりアレなようだ。

「………………」

零王の背筋を冷たいものが這い上がっていった。

（あまり刹那に変なことを教えてほしくないもんだがな……）

そんなことを思いながら、ティーソーサーの上にカップをセットし、カップの説明をしてから高い位置からお茶を注いでゆく。

「では、ごゆっくりどうぞ」

礼儀正しく一礼すると、零王は再びカウンターへと戻ろうと踵《きびす》を返した。

が、そのとき——

「え？　これ、いつものじゃない」

お客の言葉に零王は、はっと振り返った。

「ちょっと……失礼します」

零王はティーポットを手にとると、ふたをとって香りを確認する。

次の瞬間、彼は勢いよく頭を下げた。

「申し訳ございませんっ」

確かに、それは彼女たちの「いつもの」ではなかった。オリジナルブレンドティー独特の薔薇の香りがない。

「そっか。やっぱり、わたくしたちは招かれざる客なのね。いつものを忘れられてるんですもの」

演技がかった口調で長女が言い捨てた。常連のプライドを傷つけられ、彼女たちは肩を落として苦笑し合う。もう完全に彼女たちだけの世界にどっぷり浸《ひた》ってしまっている。

「い、いえ――。そういう訳ではけしてなく。もろもろタイミングが悪く――」

零王が慌てて事の次第を説明しようとする。

だが、いつもの零王ならポットを受け取った段階で気づく過ちだった。

(なんでよりにもよってこのタイミングでこんなポカをやらかすんだ)

もう来てくれないのではと危惧《きぐ》していた常連がせっかくやってきてくれたというのに、こんな些細《ささい》なミスによって、すべてが台無しになってしまうなんてと零王は自分を責める。

「いいのよ。別にいまさらそんな言い訳してくれなくても」

「申し訳ありません。私のミスです」

零王はひたすら頭を下げる。

だが――

「薔薇石、ごめんね。やっぱりわたくしたち、歓迎されてないみたいだから帰るわね」

お金だけをテーブルに置いて、長女が立ち上がろうとする。

と、そのとき、黙ってこの様子を見ていた月が動き、零王に耳打ちする。

（なっ！　そんなっ。傷口に塩を塗りつけるような真似できるかっ！）

彼女のアドバイスに零王は目を剝《む》く。

が、このまま何もしないでいては挽回《ばんかい》の余地はない。

零王は迷う。迷って迷って――そして、ついに棒読みのセリフが口から飛び出した。

「はっ！　この私の本心を見抜けもしないのに常連を名乗るなど、おこがましい」

「…………っ⁉」

零王の言葉に、Ｖ《ヴァンパイア》姉妹たちは、はっと息を呑む。

半ばやけになった零王は、朗々と言葉を続けた。

「この茶葉は、いつか貴女方《あなた》が戻ってきたときのためにもてなそうと特別に取り寄せたものなどではけしてありませんが。まあ、そんなに『いつもの』駄葉に固執《こしつ》して、口に合わないというのなら仕方ありませんね。この特別なお茶は、他のお嬢様方に差し上げるとしましょう」

しんっと辺りが静まり返った。

(お客にこんな大上段な物言いってのは……。さすがにまずすぎるだろ)

零王の心臓がどくどくっと嫌な鼓動《こどう》をたてて、その音が彼の中で反響する。

みるみるうちに、V《ヴァンパイア》姉妹たちの顔が真っ赤に染まっていった。

(そうだよな。さすがに怒るよな……。僕、終わったな……)

今まででこんなにもお客を怒らせたことは一度もなかった。

けして大袈裟《おおげさ》な表現ではなく、死んでしまいたいとすら思ってしまう。

ぎゅっと力いっぱい目を閉じて、彼は彼女たちから死の宣告を待つ。

だが——

「……っ、ツンデレ執事《しつじ》がっ！　ついにっ、デレた」

「萌えるっ！　激しく萌えるわっ！」

次の瞬間、彼女たちのテンションが急上昇した。

驚いた零王が目を開くと、鼻息も荒い少女たちが彼ににじり寄ってくる。

「セバス二世、ごめんなさいね。わたくしたちともあろう者が、貴方《あなた》のおくゆかしい本心に気づかなかっただなんて。貴方の心からのおもてなし、ありがたく感謝しますわ」

「ああ、それにしても、ついに二世がデレるなんて。なんてよき日かしら」

「新刊が早くできそうだわっ」

V《ヴァンパイア》姉妹たちは口々にそんなことを言いながら、うれしそうにティーカップに口をつける。

そして、タイミングよく刹那がオムライスを三つ持ってくると、ケチャップで一生懸命彼女たちのために絵——ではなく、文字を描いていく。

最初のオムライスには「れお」と書かれ、その次のものには「×」、三つ目のものには「ました」と書かれていた。思わず零王はこけそうになってしまう。

だが、V《ヴァンパイア》姉妹たちは、そんな刹那の心配りを手放しに喜ぶ。

「きゃあっ。薔薇石、ありがとうっ！　これ、素敵。写メ撮っちゃうわっ」

「あの、わたくしも携帯というものを購入しまして。そ、その……」

「あらあ、んじゃ一緒にとりましょー。番号とアド交換してー」

「はい……。ご迷惑でなければ」

「迷惑なんかじゃないわよっ。わあ、うれしいわあっ」

薔薇石こと刹那を囲んできゃあきゃあと楽しそうな彼女たち。そんな彼女たちを周囲のお客やメイドたちが暖かなまなざしで見守っていることに零王は気づく。

だが、月の機転により、ツンデレ接客で危機を乗り切った零王自身は複雑な表情で、その光景を眺めていた。

「ねえ……。アレどーしたんですの？」

コロナがホールを指さして眉《まゆ》をひそめる。

「チーフったら、ツンデレ接客でピンチを乗り切ってからずーっとあんな感じなんです」

「なんでよ？　べっつになんにも問題なかったじゃん！」

「まあまあ、千代ちゃん。声がおっきいから。もうちょっと小さくねー」

平美が千代の口を背後から両手で塞《ふさ》ぎながら、零王の様子を心配そうに見つめる。

「まあ、いろいろ複雑なんじゃろうて。己の信念を曲げたのじゃからな」

「はっ、惰弱《だじゃく》な——女のほうがよっぽど打たれ強い」

球子が言うと、月が毒を吐《は》く。

と、すかさずその横で刹那が彼女を睨みつけた。

「月、口を慎んだほうがよくてよ？　死にたくなければ。零王のことを悪く言ってもいいのはこのわたくしだけですわ」

刹那が胸を張ってそう言いきるのを耳にした勘奈は薄くほほ笑む。

メイドたちは、ドアの隙間からホールの中を盗み見ていた。

ホールの中央のテーブルには零王の姿があった。

彼は魂《たましい》が抜けたかのようにぼーっとしていた。

ホールの椅子《いす》に浅く腰かけ、肩を落として床を見つめる様は、真《ま》っ白《しろ》に燃え尽《つ》きたボクサーを彷彿《ほうふつ》とさせる。

「なんか、チョーシ狂うなあっ。んもぅ！　らしくないったら。もっと生意気なことじゃんじゃん言わないとチーフっぽくないしっ！」

千代ががるるっと唸ると、頭を掻《か》き毟《むし》る。

「ははは、みんななんのかんのでチーフのことが気にいっているようですね」

「そんなんじゃないもん！　ただいつもと全然違うからチョーシ狂うだけだってっ」

「最近、結構やるじゃないとかなんてっ！　微塵《みじん》たりとて思ってたりしませんわっ！　ただ、あんな風にあんなところでぼーっとされても邪魔でしょう？」

いかにもツンデレらしい彼女たちの反応。同じツンデレである勘奈には彼女たちの本心が手にとるように分かる。

「しばらくはそっとしておきましょう。誰だって一人になりたいときはあるものですし」

そう言うと、勘奈は静かにドアを閉めた。

メイドたちは後ろを気にしながらも、彼女の言うことを聞いて、それぞれの部屋へと戻っていく。

と、刹那が一人足を止めると、踵《きびす》を返し、階段を下りていこうとする。

だが――

「刹那、今夜だけは一人にしておいてあげなさい」

勘奈が彼女にだけ聞こえる声で耳打ちした。

「…………っ⁉」

刹那の顔がかっと薔薇色に染まる。

「……貴女に指図されなくとも、そのつもりですわっ！」

鋭くそう言うと、彼女は肩を怒らせて廊下をずんずん進むと、自分の部屋へと入り、派手な音をたててドアを閉めた。

勘奈はしばらくドアを静かに眺める。

ドアが開く様子はない。

それを確認してから、勘奈は廊下の明かりを消した。

紺碧《こんぺき》の闇が訪れ、窓からは柔らかな月光が斜めに差し込んできていた。


「チーフ、別にあんたのためにとっておいた訳じゃないんだからねっ！　でも、どうしても食べたいっていうなら食べたら？　超有名店のドーナツだから少しずつ食べてたんだから！」

「言い忘れてたけど、昨日のクレームブリュレはなかなかでしたわよ！　って、褒めてるわけじゃないんだからね！　調子にのるんじゃありませんわよっ」

「そんなにぼーっとされたらたまらんな。どうだ？　もういっそのこと、今日は休暇をとっては？　なあに、チーフがおらぬとも誰も困らん」

「そうよ！　あたしたちは全然淋《さび》しくないんだけどねっ！　でも、なるべく早く帰ってきてちょうだい！　明日の準備は手伝ってもらわなくちゃなんないんだからねっ！」

長い長い夜が更けていき、やがて朝がやってきて――

まだ早朝だというのに、ホールには掃除に精を出すメイドたちの姿があった。

最初は零王なんていないかのように、ただ掃除をしているだけの彼女たちだった。

だが、だんだんと彼との距離が縮まっていき、一人が彼に声をかけ、それが二人三人と増えていって。

やがて、ホールで一晩明かした零王に向かって、めいめいがツンデレ的な発言を浴《あ》びせかけはじめ……。

「ほう、これはこれは……」

勘奈と月がホールにやってきたときには、すでにメイドたちは全員ホールにいて、零王を取り囲み、ツンデレ全開であーだこーだと憎まれ口を叩《たた》いていた。

彼のテーブルには、食べかけのドーナツやお菓子や漫画など。メイドたちが彼によかれと思って持ってきたものたちだろうものがうず高く積み上げられているという有様だった。

「……なんだか、お供えものみたいになっていますね」

「ははは、確かに。何か御利益《ごりやく》があるんでしょうか？」

「まあ、それなりにあるかもしれませんね」

「なるほど、さすが月、人を見抜く力がありますね」

「いえ、勘奈様ほどでは――」

月と勘奈がドアの辺りで話していると、四葉が元気いっぱいな声で挨拶《あいさつ》をしてくる。

「あ、お師匠様！　おはよーございますー」

四葉が月のことを〝お師匠様〟と呼ぶのは、ツンデレの師として慕っているからだ。

「おはよう、みんな。今朝はいつもよりもかなり早いのですね」

「ちょ、ちょっと早く目が覚めてしまっただけですわっ！」

「うんうん、早起きは三文の得とかって言うとかなんとかだーって」

「おお、千代ちゃんが学んでる。野良犬から家犬にジョブチェンジだねっ！　この勢いで、いずれはアイドル犬にっ！」

「がぅうっ！　だから、野良犬言うなーっ！」

彼女たちはわいわいと相変わらず賑《にぎ》やかで。

だが、距離を置いた刹那が、そんな彼女たちを冷ややかな目で眺めていた。

勘奈はそのことを気にかけて刹那に声をかけようとすると、彼女はふいっと目を逸《そ》らしてしまい、ホールから出ていってしまった。

「チーフ、まだ復活しませんか？」

気を取り直した勘奈が零王に声をかけ、肩を揺さぶってみる。

と、彼の口から呻《うめ》き声が発せられる。

「……んー」

「あは、チーフがしゃべった！　チーフがしゃべったーっ」

四葉が両手をあげてその場に飛び跳《は》ねた。

全員が一様にほっと表情を緩める。

「もう朝ですよ。学校に行かねばならないのでは？」

「あ、ああ……。悪いな。心配かけたみたいで――」

零王がみんなを眺めながらそう言うと、

「心配なんてこれっぽっちもしてないって何度も言ってるじゃないっ」

「うむうむ、ただチーフをいじりにきただけじゃ」

と、千代と球子が、ツンデレお決まりのセリフを口にする。

さっきまで一生懸命零王を気にかけていたのに。

いざそのことに感謝すると、彼女たちは揃《そろ》いも揃って頰を染め、自分たちは別に零王のためにやった訳じゃないと主張する。

「……なるほどな。これがツンデレの妙という訳か」

呻くように言うと、彼はテーブルに顔を突っ伏した。

メイドたちが顔を見合せて首を傾《かし》げる。

「――ここは私に任せて。みんな、少し席を外してもらえませんか？」

勘奈が言うと、他のメイドたちはホールから出ていった。

ホールのドアが閉められてから、彼女は零王の隣の椅子に腰をかけると、彼の背中を軽く叩いて話しかけた。

「大丈夫ですか？　まだ、さすがに元通りというわけにはいきませんか？」

「別に……」

「ははっ。すっかり私たちのツンデレがうつってしまったようですね」

「む……」

「気にしなくてもよいのでは？　V《ヴァンパイア》姉妹がたも満足そうに帰っていかれたのだし」

「いや、結果オーライじゃ駄目だ。昨日のはあきらかに僕のミスだし」

「人間、誰しも過ちはおこすものです。仕方のないことです。それにとらわれていてば、先へと進めません」

「でも、絶対にしちゃならない過ちというのもある。常連の『いつもの』ってのは、特別なもんなんだ。足しげく通い、同じものを注文してようやく『いつもの』って注文できるようになるんだからな。それを間違えるなんて。接客に携《たずさ》わる者として失格だ」

一気にまくしたてるように言うと、零王は深いため息をついた。

そんな彼の険しい横顔を見て、勘奈は肩を竦《すく》める。

「……本当に貴方は真面目なのですね」

「いずれは親父の喫茶店を継《つ》ぐことになるし。早く親父に認められなくては」

「何もそんなに急がなくても」

「そうも言ってられない。万が一ってこともあるしな」

「そう……ですか」

零王の重い口調に勘奈はこれ以上深入りしないほうがいいと感じ取って口を閉ざした。

しばらくの沈黙の後、零王は独り言のように呟く。

「……悔しいが、何が正しい接客なのか、理想の接客なのか。分からなくなった」

「そうですか？」

「ああ、ツンデレ接客なんて認めないって思ってたのに――」

「結構、悪くはないものでしょう？」

「認めたくない。だが……」

「――理想の接客とは自分の理想を押し付けるのではなく、相手が望むものを差し出すべきではありませんか？」

勘奈の言葉を耳にすると、零王は驚きに目を見開いて彼女の顔を凝視した。

「ん？　何か？　私は変なことを言いましたか？」

「い、や……。叔父貴《おじき》と同じことを言うんだなって思って」

「ははは、マスターが。なるほど、そうですか――」

「……よく親父と叔父貴はそれで喧嘩してたよ。『お客を甘やかせちゃならない』ってのが親父の言い分。『お客の望むものを差し出すべきだ』ってのが叔父貴の言い分で」

「どちらも間違ってはいないと思います」

「悔しいけど、そうなんだろうなあ……。だが、使い分けが分からないっていうか。こうなんていうか。頭ん中がごっちゃで。駄目駄目だな」

「それは、そうそう分かるものでもないでしょう」

「分かったら、親父も僕を一人前だって認めてくれるか……」

「そうですね。一生答えがでないなぞかけのようにも思えますが」

二人は虚空《こくう》を眺め、それぞれ物思いにふけっているようだった。

ややあって、勘奈が口を開いた。

「お客様を――相手を否定せず、ありのままを受け入れるということは、刹那と付き合う上でも一番大事なことになってきますよ」

「……だから、僕は刹那と付き合ってる訳じゃ」

「ここでツンは不要です。もうごまかすのはやめましょう？」

「………………」

勘奈の鋭い瞳に射抜かれ、零王の反抗心が鳴りを潜《ひそ》める。

二人はしばらくの間、互いの腹を探り合うように、お互いの目の奥を覗き込む。勘奈の瞳は理知的で、なんでも見通しているかのように零王には感じられる。

やがて、勘奈が席を立ち上げると、零王に向かって深いお辞儀をした。

いきなりの行動に零王は驚く。

「零王、刹那をどうぞよろしくお願いします。あの子を救えるのはおそらく貴方だけです」

朝日に照らされ、彼女の姿が柔らかくけぶっている。

その姿があまりにも美しくて、零王は一時言葉を失う。

だが、次の瞬間、我に返ると、勘奈に苦笑してみせる。

「……って、いきなりなんだ。刹那の親じゃあるまいし」

「ですが、昔、刹那を深く傷つけたのはこの私ですから」

「えっ!?」

「刹那の想いに私は答えられなかったのです。それで刹那は……」

「…………」

勘奈の告白を聞き、零王は再び言葉を失ってしまう。

（刹那がここを出ていこうとしていたとき言ってた相手って勘奈だったのか。奪ってきたぬいぐるみも勘奈のもの？　でも、待てよ。女同士なのに？　いや、そういや恋愛って決まった訳じゃないし。友情って見方もあるか）

さまざまな疑問が彼の胸に浮かんでは消えを繰《く》り返し、半ばパニック状態になる。

すると、勘奈が彼の手を両手で握りしめると、まっすぐ訴えかけてきた。

「私にできることがあれば、なんなりとします。それが私の彼女に対する贖罪《しょくざい》ですから」

覚悟を決めた彼女の言葉に零王の気持ちもひきしまる。

「ああ、分かった」

零王は刹那の手をしっかりと握り返すと、ふと妙案を思いついてにっと笑ってみせる。

「んじゃ、早速協力してほしいことがあるんだが――」

「なんでしょうか？」

「刹那の誕生パーティーをサプライズで開きたいと思ってるんだ」

「おお、それはいいアイディアですね。あの子は自己評価が低すぎますから」

「あぁ。居場所がないって言ってたな」

零王の言葉を耳にすると、勘奈は顔を曇らせた。

「やはり、そうでしたか。彼女をここに呼んだのも私なのです」

「だから、メイドが八人なのに『七人のツンデレ』って名前なんだな」

「はい。せめてなんとかして彼女の居場所をつくってあげたくて――でも、私にはついにできなかったようです」

深い苦悩の色が見てとれ、零王は刹那と勘奈との確執《かくしつ》を初めて知る。

「いや、まだまだこれからだろ？」

「……そう。確かに。そうですね」

「生まれた日をみんなで祝うってのはやっぱ特別なことだと思うしな」

「それは同感です」

「んじゃ、よろしく頼む。勘奈はみんなのリーダーで信望も篤《あつ》い。つか、僕よりもよっぽどチーフ向きっつーか……」

そう言って零王がおどけてみせると、勘奈は鷹揚《おうよう》に笑う。

「はは、それはそれは。チーフらしくない言葉ですね。でも、そう言っていただける日がくるとは——うれしいです」

「勘奈がみんなに言ってくれればたぶんうまくいくと思う」

「全力を尽くしましょう」

二人は、きつく握りしめた手に再び力をこめて笑い合う。


このとき、勘奈も零王もホールのドアがほんのわずかに開いたことに気がつかなかった。

ほんの数センチの幅の闇の向こうに——二人を見つめる双眸《そうぼう》があったことを。


「お、またメールかよ。らぶらぶじゃねーかっ。朝から何度やりとりしてんだ？」

放課後、携帯が振動し、零王はおもいっきりニヨついた顔でパネルを覗き込む。そんな彼を久司《ひさし》がどつく。

誰からのメールは見なくても零王には分かっていた。刹那からのメールだ。刹那と零王の間には、ハートマークがたくさんついたメールのやりとりが頻繁《ひんぱん》に行われるようになっていた。しかも、日増しにハートの数は増えていっている。

今回のメールも例外ではない。久司が彼の携帯を覗き込んでくる。

「うえー。ハート乱舞じゃねーか。なんて？」

「いや、大した内容じゃねえし」

とかクールに言いながらも、零王の鼻の下と口元は緩みっぱなしだった。

(『件名：まだ学校？　本文：早く帰つてきなさい♡♡♡　待ち切れないでしょう？』とか。はぁああ、これがデレの威力か。半端ないな。まさかあの刹那がこんなにデレるとは)

最近になって、刹那は零王に好意を直球でぶつけてくるようになった。

いったんデレると、あとはもう駄々デレっぱなしで。

普段は生意気なことばかり言うのに、零王と二人きりのときだけは、甘えモード全開で迫ってくるようになったのだ。それが零王の心を鷲掴《わしづか》みにする。

「結局、付き合ってるようなもんだろ？　で、どんな子だよ！　可愛《かわい》いのかっ⁉」

「ちょっと性格に難はあるし、格好もちょっと普通じゃないが、可愛いのは認める」

「っちょ！　このぉおおおおおおおおおっ！　ノロけやがってーっ！　写メとか見せろよぉおお！　つか会わせろ！　拝ませろっ！」

「あー、そういうのはまだ一緒に撮ったことないな。つか、撮り方教えないとなあ。携帯の使い方もまだまだだし」

「うああ、手取り足取りナニとり教えるんだろぉおおお。くそぉーっ！」

「うるさいっ！　親父くさいことを言うなっ」

「で！　なんて返事するんだ？」

「んー、ちょっとからかってみるか」

こんなメールを送ったらどんな反応が返ってくるのだろう？

そう思った零王は、「待ち切れないのなら遊びにくるか？」とメールを返してみた。

すると、すぐに返信がきた。

「おおっ！　なんてかえってきた？」

「っぷ……。『件名：へたれうけめ♡　本文：ちようしにのるんじゃありませんわ。だれが学校なんかにいつてあげるもんですか♡』って」

「ずいぶんと謎なメールが返ってきたな。解読プリーズ。へたれうけってなんだ？」

「あー、どうやら機嫌を損ねたっぽい。生意気、ばーかって意味だよ」

「うえええええ、二人にしか通じない言葉ってなんかエロいぞぉおおおぉ」

「いや、おまえ、この意味知ったらエロいとかそんなこととても言えんぞ。これは呪いの呪文にも等しい危険ワードだっての」

「分かった！　んじゃ、家帰ったらぐーぐる先生に聞いてみる！」

「聞かなくていい！　絶対後悔するぞ。世の中には知らないほうがいいこともある」

「で、零王、このメールにはなんて返すんだよ」

「フ、これからが見てのお楽しみだ。さあ、どう出るか――」

にやりと笑うと、零王は『別に無理してこなくてもいい』と書いたメールを返信した。

すると――

「おや、メールかえってこなくなったぞ？　さては怒ったか」

「いや、まだだ。まだ終わらんぞ」

二人で携帯を睨んで、メールが返ってくるのをひたすら待つ。

だが、携帯はなんの反応も示さない。そのまま十分、二十分が経過した。

「な、なあ、やっぱり怒らせたんじゃね？」

「うーむ。冗談、ごめんって返したほうがいいか？」

零王とクラスメートが顔を付き合わせて考え込む。

と、そのときだった。何やら廊下がさわがしくなる。

何ごとかと零王たちが顔をあげるのと、スパーンっという音をたてて、教室のドアが開かれるのが同時だった。

そこには、表情がまるでない少女が突っ立っていた。

大きなアメジスト色の双眸の上にぱっつんと切り揃えられた豊かな黒髪に大きな薔薇のコサージュ。エプロンドレスの下にはゴシック調のミニドレスを着たまるで名匠によって命を吹き込まれた人形のような少女だ。

彼女は零王を見つけると、口元をωの形にして足取りも軽く彼の元へと近づいてきた。

クラスメートたちは、あっけにとられて、ただただ黙って彼女の行動を見守る。

「せ、刹那。まさか、マジで来るとは。つか、異様に早くないか？」

「フンっ、べ、別に零王を待ち切れなかったとかじゃありませんのよ！　ただ、無理してこなくていいとか言われたら、行くに決まってるでしょう？　だって、わたくし、全然無理なんてしてませんものっ」

刹那は頬を薄紅色に染めて、彼を上目遣いに甘く睨んでくる。

彼女のセリフと行動に教室内がざわつく。

「おおおっ！　あれがもしや、いわゆるツンデレ……」

「僕、初めて見た。すげえええ……。なかなか、か、可愛いじゃねーか」

「つか、なんかこうぐっとくるっつーか。そうか、こ、これが萌えってやつなのか？」

その場にいる全員の注目を彼女は集めていた。

だが、彼女自身はそのことをまったく気にしていない様子だ。

彼女の瞳は零王しか映していないようだった。

「で、零王。もしかして……。えっと例のメールの相手？　カノジョ？」

久司がおそるおそる彼に尋ねる。

すると、刹那は目を大きく見開いて唇《くちびる》をかみしめ、零王をすがるようにじぃっと熱をこめて見つめてきた。

だから、零王は頭を掻きながら、ぶっきらぼうにではあるがこう言った。

「まあ、そんなみたいなもん、かな……」

「………っ!?」

途端、刹那の白い頰が仄《ほの》かなピンク色に染まる。

口端がきゅっと上がり、彼女は困ったような、それでいてとてもうれしそうなとびっきりの笑顔を見せた。その笑顔に零王は引きこまれそうになる。

「うぉおお、零王のやつ、いつの間にこんな可愛い彼女つくりやがってっ！」

「ちょっとはよこせーっ」

「おまえらにはやらんっ！」

零王は強く言うと、バッグをつかんで席を立った。

もともと、肌の色素が薄いせいもあり、刹那の顔はすでに真っ赤で、耳まで赤くなっているのが傍目にもはっきり分かる。

「帰るぞ、刹那」

そう言って零王が彼女を見ると、

「——はい」

と、刹那ははにかみながら答えて小さく頷き、零王の腕に手を絡めてくる。

ふにゅんっという柔らかな感触が彼の二の腕に押しつけられた。

当然のこと、そんな駄々甘ないちゃいちゃを見せつけられた他の男子生徒たちの阿鼻叫喚《あびきょうかん》たる咆哮《ほうこう》が教室内に響き渡った。

二人は廊下を歩いていく。

彼らの行く先は、まるでモーゼの十戒《じゅっかい》のごとく人ごみが二手にわかれた。

刹那の顔はどこか誇らしげで、そんな彼女の横顔を見守る零王も顔も同じく誇らしげで。

「……うれしかった」

刹那がぽつりと言った。

「わたくしは零王のもの」

しんみりとそう言う彼女に零王はどぎまぎしてしまう。

「零王もわたくしのもの——」

歌うような節回しでそう言うと、刹那は零王の腕に甘えるように顔をすり寄せてきた。

彼女の柔らかな唇が二の腕にあたっている。すこし湿ったその感触を零王は強く意識してしまう。

一方の刹那は、ふあぁっとマイペースにあくびをした。

目尻にうっすら涙を浮かべながら唇を可愛く尖《とが》らせる。

「んもぅ。零王と引っ付いてると眠くなって眠くなって困りますわ」

「眠れないよりはいいだろ？」

「むぅ、まあ、確かにそうだけれど……」

彼女は言葉を中断して自分の胸を見つめ、むぅっとしかめっ面になる。

それがおかしくて零王はついつい吹き出してしまう。

「――零王は、やっぱりおっきいのが好きですの？　例えば、球子みたいなの」

一瞬、彼女の瞳が険しい光を帯びる。

だが、零王は腕にあたるもろもろの感触が気になって気になって、それに気づくどころの騒ぎではない。

「うーん、いや、なんでもいいけどな」

「……む、その言葉はちょっと問題ありましてよ」

「刹那ならなんでもいいっていうか……」

と、そんなくさいセリフが一人でに口から出てきてしまい、零王は口ごもる。

（僕は何キモいこと言ってんだ⁉）

正直、自分で自分に引いてしまう。

刹那もきっとドン引きしたに違いないと気まずそうに彼女を見ると、彼女は頬を赤く染めたまま俯いてしまっていた。だから、どんな表情をしているのかは分からない。

ただ、否定も肯定もちゃかしもせず、ただ黙って零王に寄り添《そ》って歩いていく。

セミの鳴き声がいくつも重なり合って、青空へと吸い込まれていっていた。


刹那と一緒に下校し、メイド喫茶へと行くと、零王は刹那と別れて、いつものようにマスターの部屋で執事服へと着替える。

そして、ホールに出ていき、その場に立ち尽くしてしまう。

「うわ……。これはすごいな」

ホールの内装ががらりと変わっていたのだ。

まず、中央の机がどけられ、そこに一メートル以上はあろうかという巨大な花瓶《かびん》が置かれており、本物と遜色《そんしょく》ない青色の花が差し色の白い花といっしょにセンスよく飾られていた。

真っ白なテーブルクロスは涼やかなブルーのレースで縁取られ、それぞれのテーブルには、青い薔薇が一輪、水を張ったガラスのカップに浮かべられている。

勉強になるからと、雑誌などでよくカフェやレストランなどの内装をチェックしている零王の目には、すぐにその内装のすごさが理解できた。

「上品で涼しげで洗練された飾り付けだ。一体、誰が――」

と、メイドたち一人ひとりを見ると、コロナが咳払《せき》いをして零王に近づいてきた。

「これ、コロナがやってくれたのか？」

零王がそう尋ねると、彼女は眦《まなじり》をつりあげて、いつもと同じようにフンっと顔をそむけながら言った。金髪のツインテールがふわりと宙を泳ぐ。

「ええ、ちゃんとマスターに許可はとりましたわっ！　気に入らないようなら、すぐに元通りにしますし。何か文句がありましてっ⁉」

やっぱり喧嘩腰な彼女。

だが、零王は、これが彼女の照れ隠しだと見抜く。

「いや、これは都内のホテルにも匹敵するくらいの内装だ。さすがお嬢だけあって、目が肥えているな。子供のころからいいものに見たり触れたりしてきたせいか？　センスがいい」

「ま、当然のことを言われたって、うれしくもなんともありませんわっ！」

「でも、なんでいきなり？」

「……勘奈に話を聞いたからですわ。別に貴方のためでも刹那のためでもないわっ。まあ、最近は、結構頑張《がんば》ってるみたいだし。って、別にまだ認めたわけではありませんのよ？」

「ああ、そうか」

以前ならここらへんでもうかっちーんと来てイライラしていた零王だが、ここはぐっと堪《こら》えて試しにコロナのツンをさらりと聞き流してみる。

すると、コロナは腕組みをして、彼を睨みつけながら言ってきた。

「んでっ！　パーティーといったら、やっぱり会場の飾り付けも大事じゃなくて？」

「いや、ものすごく大事だな」

零王が即座に肯定すると、彼女は小鼻をぷくっとふくらませて得意そうに薄い胸を反らして高笑いをする。

「そう！　そうでしょうっ!?　やっぱりそうですわよねっ！　おーっほほほ」

だんだんと——彼女たちにどう接すればいいのか零王はつかめてきたような気がする。

「まあ、このコロナ様に任せて大船に乗ったつもりでいるといいですわっ」

コロナの高笑いがホールに響く。

「はあー。やっぱりコロナたんの正統派お嬢様ツンデレはいいもんですなー」

「はああ、まったく。よいツンデレですじゃーっ」

常連二人組がのほほんと顔を緩めまくって悦に入っている。

零王はあらためて周囲を見渡した。

勘奈と目が合うと、彼女は微笑《ほほえ》んで彼に頷いてみせる。

零王も彼女に頷き返す。

とてもいい雰囲気が『七人のツンデレ』に満ち満ちていた。

疲れたときに、ふと帰りたくなるような、そんな場所が、少しずつ少しずつみんなの手によ

って着実につくられているのだという実感が零王の胸を満たす。

だが、彼は気付いていなかった。

ホールへとやってきた刹那が、いままでになく冷ややかな目で彼を見つめていることに。

彼女は薄い微笑を唇に浮かべる。

深い紫色をした瞳に妖しい光がチラつきはじめていた。

第6章 怒らせないで、壊れたいの？

刹那《せつな》の誕生日パーティーまであと一週間をきった。彼女に気づかれないように、すべてを手配するのはなかなかどうして骨が折れる仕事で——

パーティーの準備そのものは勘奈《かんな》の協力を得られたことが大きく、メイドたちもツンツンしながらも手伝ってくれるようになって順調だった。

だが、問題は彼女へのプレゼントだった。

（刹那の誕生日を祝うのが一番のプレゼントとは確かに思うが……。さすがにこう何も用意しないのは格好つかないしな）

常々悩んで、ネットで検索してみたり、学校の帰り道にモールをうろついたりして、いろいろと探しているが、なかなかこうピンとくるものがない。

何がほしいかさりげなーく探ってみるも、いまいちこう刹那は欲がないというか。

部屋が殺風景なのも頷《うなず》けるくらいに、ほしいものがないようだ。

ふと、部屋を見渡して、零王《れお》はとあることに気づく。

「あれ？　なんか布に包まれてたオブジェどこやったんだ？」

「ああ、あれは場所を移しましたわ」

風呂上りの刹那は髪の毛を乾かしながら、彼の質問に答える。

「っていうか、そもそもあれはなんだ？」

「それは秘密ですわ。強いて言うなら、わたくしの新しい相棒でしょうか？」

「新しい相棒？」

「昔、大事にしていたものはもう壊れてしまったので。特注で新しいのを作らせましたの。とてもよい音で鳴きますのよ」

よい音——ということは楽器か何かだろうか？　そう思えばあの大きさも納得できる。

「音楽好きなのか？」

「ええ、とても好きですわ。ぞくぞくしますもの」

刹那はうっとりと目を細めて微笑《ほほえ》んでみせる。

（つーことは、音楽関係のプレゼントがいいのか？　っていっても、楽器が何かってのもそもそも分からないし、音楽って結構、好みも分かれるし……。難しいよなあ……）

零王は心の中で呟《つぶや》いた。

とりあえず、彼女のプレゼントを探そうとしている零王だが、なんせ刹那がずっと零王と一緒にいたがるので、そのチャンスもそうそうない。

「で、零王、今度のお休みはどう過ごすつもりですの？」

零王がベッドに仰向けになって、彼女のプレゼントを何にしようといよいよ本格的に考えていると、寝巻き姿の彼女が彼の腹部にダイビングしてきた。

「ぐえっ」

と、零王が苦しそうに呻《うめ》くと、刹那はいたずらっぽく笑い、足を左右交互にぶらつかせながら彼の胸の上に頰杖《ほおづえ》をつく。

「そこ、っちょ、みぞおちだし。いたいだろが」

「ちょっと苦しがる零王もなかなか可愛《かわい》くてよ？」

「って、おまえはドSかっ！」

思わず、刹那がエナメルのボディスーツを着て、鞭《むち》を振り回している様を想像してしまう。

「――似合うよな。だが、しかし、局部的に残念だ」

「何が残念かは分からないけど、殺意を感じるのはなぜかしら？」

刹那がぐりぐりと肘《ひじ》で零王のみぞおちをえぐってきて、彼は体をくねらした。

すると、刹那は身体《からだ》を起こして彼の腹部にまたがってくる。

ワンピースタイプのふりふりのパジャマの裾《すそ》がめくれて細い太ももがあらわになり、下から見ると胸も強調されるしで、零王は目のやり場に困ってしまう。

「で、次のお休みの予定は？　わたくしも同じ日がオフですの」

「ああ、ちょ、ちょっと一人で買い物に行こうかなって思って」

ちらちらと彼女の太ももや胸を見ては目を逸《そ》らす零王を刹那はいぶかしむ。

「本当の本当に？」

「ああ」

嘘《うそ》を見抜かれるとかそういったことよりも、ついつい刹那のあれやこれを意識しまくってしまった結果の己の自然現象を見咎《みとが》められはしないかということで、零王の頭の中はいっぱいになってしまう。そんな彼を見て、ますます刹那は疑惑のまなこを向けてくる。

「ふぅん……。では、わたくしも一緒に行きますわ」

「男もんの下着買うってのに女の子を連れていくのはさすがにだな……」

「じゃ、わたくしも下着を買いにいきますわ。それでおあいこでしょう？」

思わず、首をあっけなく縦に振ろうとして零王はなんとか踏《ふ》みとどまった。

次の休みを逃したら、刹那のプレゼントを買うチャンスはもうないとみていい。

「いやいや、とりあえず今度の休みだけは僕一人ででかけるつもりだから。でも、次の休みはその分どっか一緒にいこうな？」

「……むぅ」

「どこか行きたいとこあるか？　どこでも連れてくぞ」

その言葉に機嫌を直したと思《おぼ》しき刹那は、うーんっと頭を傾《かし》げて真剣に考える。

だけど、しばらくして——

「どこにも。こうしていられればそれだけで満足ですもの」

そう言うと、刹那は零王の腹部から降り、いつものように彼の右腕の付け根に頭をこすりつけてくる。

「本当にこんなに甘えん坊とは思ってもなかったぞ……」

零王は刹那の頭を優しく撫《な》でてやる。

すると、彼女は目を細めて、「わたくしも知りませんでしたわ」と言う。

やがて、刹那は黙ってしまい、時折体がびくっと痙攣《けいれん》しはじめた。

「っぷ、もう寝たのか」

夢と現実のはざまを漂《ただよ》っているときに、人の体はこういう反応を示すのだと、零王は刹那と添《そ》い寝するようになって初めて知った。

すうすうっと規則正しい寝息が聞こえてくる。

零王はいつまでもあきることなく彼女の寝顔を眺《なが》めながら、その頭を撫で続けていた。

二人だけの甘い時間がゆっくりと過ぎていった。


「チーフ、ケーキと食事のメニューとレシピはこれでいいんじゃな？」

割烹着《かっぽうぎ》風の衣装をまとい、長い髪をアップに束ねた球子《きゅうこ》が尋ねてきた。

「ああ、完璧だ。表向きはお客様のお祝い用のケーキだってことで一度作ってみてほしい」

「承知した。それにしても豪勢じゃのう」

パーティー当日の料理を担当してくれることとなった球子と千代《ちよ》のために、零王が見本として当日のメニューを作ったのだ。みんなが夜寝静まった後、キッチンでものの一時間もかけずに、彼はこれらご馳走《ちそう》の数々を一度に作り上げた。

その無駄が一切ない彼の研ぎ澄まされた調理の動きを、球子は鋭《するど》い目で観察していた。

「ほう、零王はキッチンではもののふなのじゃな。あの動き、ただものではない。なかなかやりおるわ」

「……それを見抜くとは、球子さんもただものではありませんね」

「さあ、どうじゃろうな？」

二人は険呑《けんのん》な笑みを浮かべて、互いに敬意を示す。

何かを極めた者同士にしか伝わらないものが通い合う。

その横でひどく真剣な顔をした千代が二人の会話には参加せず、唐揚げとサンドイッチを交互にひたすらもくもくと口に押し込んでいた。

「普通のパーティーメニューにやや毛が生えた程度のものだが、コースのようにあんまり凝った料理よりも、こうやってちょいちょいつまめるようなもんがいいだろ？」

零王は、今彼が作ったばかりの料理を見て言った。

ただ、彼は「あんまり凝った料理ではない」と述べてはいるが、十分手間暇かかった料理がずらりとキッチンのテーブルの上に並んでいた。

カリカリの香ばしいクルトンを入れたブロッコリーのスープに秘伝の自家製たれにつけた唐揚げとサーモン、卵のサンドイッチに、焼きたてのフォカッチャ。それに加え、大きなショートケーキがホールでどどんと鎮座《ちんざ》ましましている。

それらは、彼がいかに本気か、十分すぎるほど伝わってくるものだった。

「フン、こんなのふつーすぎて全然インパクトないじゃないっ」

だが、千代の手は止まる様子がない。言っていることと行動が相変わらず真逆だ。

彼女はぐいっとスープを飲み干すと、空のカップを持った手を零王に向かって突き出す。

「おかわりーっ」

「っぷ、はいはい。分かったよ」

笑いを必死にかみ殺しながら、零王が千代のカップにスープのおかわりを注いでやる。

「千代、さすがに食いすぎじゃぞ。夜中だというに。明日の朝ごはんにしてはどうじゃ」

「えー、でも、傷んだらもったいないじゃんっ！」

あれこれ言い訳を口にしながら、千代は飢えた野良犬のようにがうがう食べていく。

「どれ、僕も味見を——」

そう言って零王が唐揚げを一つ、つまんだそのときだった。

「それ千代のっ！　がうっ！」

「いでっ！　いてててっ！」

反射的に千代が彼の指に噛《か》みついた。痛さのあまり零王は唐揚げを取り落とす。

ぐるるるっと唸《うな》りながら、彼を睨《にら》む様はまるで野良犬のようだ。

「こ、こら……。い、痛くない。痛くない……」

ハムハム

本気で歯をたててくる千代を振り払おうと手を動かすと、その動きに伴って千代の頭も左右に揺れる。

と、そのとき——

キッチンへと向かってくる誰かの足音が廊下から聞こえてくる。

零王が慌てて、二人に隠れるように指示する。まだ唐揚げを頬張ろうとする千代の体を抱きかかえると、球子がテーブルの下へと隠れた。

ドアが開くと、刹那がそこに立っていた。

「——こんな夜中に何をしてますの？」

「刹那……。ああ、ちょっと明日の仕込みを忘れててな」

「……契約違反ですわよ？　違反したらどうなるんでしたっけ？」

刹那がにーっこりとほほ笑むが、その目は笑っていない。零王は慌ててとりつくろう。

「いや、すぐ戻るつもりだったし」

「起きたとき、たった一人でいる寂《さみ》しさが貴方《あなた》に分かって？」

「ご、ごめん——」

零王はテーブル下の二人に秘密の契約のことがバレやしないか、ひやひやしながら、刹那の言葉に応える。

刹那は零王の手をとると、彼の指に歯型を認める。

「ふぅん、どこぞの野良犬が噛みついたのかしら」

彼女の言葉に零王の心臓がばくんっと跳《は》ねる。

だが、刹那はその歯型が誰のものか、なぜそこについているのか、そういったことには一切触れずにポケットから除菌ティッシュをとりだすと、丹念に彼の手を拭《ふ》いてゆく。

そして——

「バイ菌が入ったらいけないから。消毒をしませんとね」

そう言うと、零王の指にそっとキスをした。

そのまま彼女の赤い舌先が、彼の指をつっと伝わって這《は》いまわる。

「う、っく。せ、刹那……」

刹那の滑《なめ》らかな舌が指と指との間をくすぐってくる。そのたびに零王はびくっと大げさなほどに反応してしまう。しめやかな水音が聞こえてきて、刹那の小さな頭が手の辺りで動く様子を見ているだけで零王は追い詰められてしまう。

だが、テーブルの下には球子たちがいる。

奥歯をかみしめて、零王は己の煩悩《ぼんのう》と本能と戦う。

やがて、刹那は彼の手から舌を離すと、その手の平に自分の頬をいとおしげにすり寄せた。

その瞳はとても寂しそうで。零王は彼女の部屋をこっそり抜け出てしまったことに罪悪感を覚える。それがたとえ、彼女のためだったとしても。

「では、戻りましょう」

そう言うと、刹那は零王の手をぐいっと引っ張った。その力は、彼女のものとは思えないくらい強く、零王は驚いてしまう。

彼はテーブルの下をちらりと見る。

と、球子が小さく頷いてみせた。

そのため、彼は刹那と一緒にキッチンを出ていった。

食べ物しか眼中になかっただろう千代はともかく、どう考えても球子にはヤバい現場を押さえられたようにしか思えない。

どう言い訳したものかと零王が頭を悩ませていると刹那が尋ねてきた。

「どうかしましたの？　落ち着きがなくてよ？」

「いや、なんでもない」

零王はそう言うと、刹那にぎこちなくほほ笑みかけてくる。

刹那も彼に微笑み返すと、首を傾げて満足そうににっこりと笑った。

が、次の瞬間、真顔になると零王へこう宣言した。

「次に約束破ったら針千本、ですわよ？」

「うっ」

「さっきみたいなのは今後は二度とダメ。あまりわたくしを怒らせないほうがいいわ」

むぅっと唇《くちびる》を尖《とが》らせると、刹那は零王を甘く睨みつけてくる。あの場に、他のメイドたちがいたということを知っていて、嫉妬《しっと》しているようにも見えなくもない。

嫉妬する刹那も結構可愛いな、なんてことを思いながら、彼はテレながら頭を掻《か》いた。

「ごめん。悪かった」

「まあ、いいでしょう。許してあげますわ。今日のところは」

そう言うと、彼女は零王の手を強く握りしめてきた。細く華奢《きゃしゃ》な手で、握りしめると砕けそうな、そんな女の子らしい手を零王は強く意識してしまい、彼の心音は加速する一方で――。

握った手からそれがバレやしないか、気が気ではなかった。


にわかにメイド喫茶《きっさ》は以前よりも活気づいていた。

日を追うごとに、サプライズパーティーに向けて、みんながみんなそわそわしている。

刹那の誕生日を祝うという一つの目的にみんなが一生懸命になっていて。

いや、一生懸命すぎて。むしろ、零王はバレてしまうんじゃないかと不安になるくらいだった。そのくらい、彼女たちはいったん「やる」と決めたらとことんやる子たちだった。

（ツンデレってのはつくづく不思議だよな……）

なんて思いながらカウンターの奥で、零王が平美《ひろみ》と一緒にグラスを磨《みが》いていると――

四葉《よつば》がててててっと駆けてきて、まるで重大な秘密でも教えてくれるような口調で語りかけてきた。

「ねね、チーフ。やっぱりこう芸とかも仕込んでおいたほうがいいんじゃないでしょーかってあたしは思うんですけど！　腹芸とかってどーですかねー？　こーやって、ほ、っほっ！」

四葉がスカートをたくしあげると、小さなおへそと肉付きの薄い下腹とがあらわになる。

縞々パンツの上には、目と鼻と口が描かれており、四葉がくねくね動くと、それに合わせてコミカルに表情を変える。

「宴会芸じゃないんだから、別にそこまでしなくてもいいんじゃないか？　つか、その。見えてる。もろもろっ」

「あっ！　いけないいけないいけないっ」

「……そういうのお客の前でサービスするのだけはやめとけよ。中にはそういうのがたまらなく好きなお客もいるだろうから。何か万が一のことが起こらんとも限らんからな」

「えへへ、チーフ、あたしのこと、心配してくれてるんですね！」

四葉が照れくさそうに零王に微笑みかけてくる。

「まあ、話を元に戻してっと。刹那の誕生日だよねえ。何かちょっとした見世物をいれるってのは賛成だな。なんか面白そうだし。面白いことは大好きだしっ」

平美が八重歯をみせて笑いながら、好奇心旺盛《おうせい》な目をくりくりと動かして思案する。

「でも、何をするっていうんだ？」

「お客様たちの同人誌を元にして劇をするとかどうかなー？」

平美の笑いがニヨニヨといやらしい黒いものに変化する。

「待て――。それは主に僕にとってハイリスクローリターンどころか。リターンするものもないっつーか。むしろマイナスだっての！」

「でも、V《ヴァンパイア》姉妹さんをパーティーに招くのっていいアイディアじゃありませんか？」

「まあ、確かに。そうだな……」

零王は四葉の言葉に賛同はするものの、ついつい目を逸《そ》らしてしまう。

「お客様に貴賤《きせん》なし！　だよねえ？　チーフ？」

「……無論だ」

「あっははは！　無理しちゃってるのバレバレー。チーフも結構いじりがいあるよねえ。そんなに怪しげな同人誌つくられるのがいやなんだ？」

「む、うるさい。だが、確かに、あのお客様たちは招いたほうがいい」

「んじゃ、お客様が来たらあたしが伝えておきます。いつも金曜にいらっしゃるので」

「おお、感心だな。ちゃんと覚えているんだ。偉いぞ」

零王が四葉の頭をぐりぐり撫でてやると、彼女は肩を竦《すく》めてはしゃいだ。

「別にっ。ただのまぐれですから。楽しみにしてたとかそんなんじゃないんですからね！」

「あは、四葉のツンデレもだいぶ板についてきたねー」

「えへへ、でもまだみんなのツンデレには程遠いです。精進しなくちゃー」

四葉が笑い、零王と平美も顔を見合せて笑う。

（ツンデレにはツンデレ道なるものがあるのか？　だが、待てよ。逆にそういうものがあるならば、ツンデレの行動との因果関係が分かれば――攻略できるんじゃないか？）

零王が心の中でそう呟いた、その時だった。

ガチャン――

突如《とつじょ》、皿の割れる音がした。

見れば、刹那の足元に割れた皿の破片が無数に散らばっている。うっかり手から滑《すべ》り落ちて割ったにしては数が多い。

指を切ってしまって皿に赤い血が滴《したた》り落ちているというように、彼女は身じろぎ一つせず、能面のような顔で四葉たちを見ていた。一瞬、零王は背筋に寒いものを感じる。

ややあって、彼女の唇が薄く開かれて、無機質な声がした。

「――私語は、慎む、べきですわよ」

「す、すみません……。ついつい」

四葉が気まずそうに視線をさまよわせる。妙な緊張が辺りを支配していた。

「刹那は本当にまじめになったねえ。これもチーフの特訓の賜物《たまもの》だったり？」

平美がからかうように言った。

するとそこで初めて、人形のようだった彼女に血の気が通う。

「──ただ、やりたようにやってるだけ。それは今も昔も変わりありませんもの。わたくしはわたくしですわ。断じて零王のおかげ、なんかでは……」

いつもと変わらない言い方ではあるが、刹那の語尾はしぼんで消えてしまう。

零王のほうをちらりと見ては目を逸らし、口元に手をあてて、むむぅっと困り果てた顔をする。零王に悪いと思っているような。

いつもどおりの彼女に戻ったため、零王はほっとする。さっきの彼女は見間違いだったのだと自分に言い聞かせる。

「刹那、指大丈夫か？」

気をとりなおした零王が刹那のほうへと近づき、怪我《けが》しているほうの手をとった。

すると、彼女は薄い笑みを浮かべてうれしそうに目を細める。

「そう、そうよ。それでいいわ。わたくしだけを見て」

彼女の言葉に胸が高鳴り、零王はまじまじと刹那を見る。

と、ホールから呼び鈴の音が聞こえてきた。

「んじゃま、後はあたしたちに任せてーっ。若い二人でごゆっくり」

「なっ、何を言ってる……」

「あはは、そんな照れなくてもいいじゃないですかあ。それじゃーまた！」

平美と四葉が意味深な言い方をすると、ホールへと出ていった。

後には刹那と零王が残される。

零王がティッシュで彼女の指を押さえてやっていると、刹那がぼそりと呟いた。

「──わたくし、今、嘘《うそ》つきましたわ」

「え？」

「いえ、なんでもありません。ただ……」

刹那は子供のように頰を膨《ふく》らませ、ささやいた。

「……早く夜になればいい。そしたら二人きりになれますのに」

その言葉が零王の心にクリティカルヒットする。

「二人きりだったらこんな気持ちなんてしなくて済みますもの」

零王が後ろを振り向くと、彼女は彼から自分の手を奪い、背中を向けて言った。

「別に──なんてことはありませんけど」

強がりにも程があるだろうが、非常に刹那らしい。零王はそう思って相好《そうごう》を崩す。

ツンデレ接客なんてありえない、萌えなんて認めないと公言していた彼はどこにいってしまったのだろうか？　その答えは、零王自身にも分からなかった。

久々に我が家へと戻って零王がたまりにたまった洗濯物をやっつけていると携帯が鳴った。

出てみるとそれは勘奈からの電話だった。

「あ、もしもし？　はい——ああ、ありがとう」

いよいよ間近に迫った、刹那の誕生日を祝うサプライズパーティーの進捗《しんちょく》についての電話だった。準備は万全——残すところはプレゼントの選別のみ。

ようやくここまでやってきたのだと、零王はほっと胸を撫で下ろす。

「後はこっちでやろうかと。だが、何をプレゼントしたらいいかちょっと悩んでる」

『月《つき》に聞くといいですよ』

「え……。なんでまた」

意外な名前が出てきて、零王が勘奈へと尋ね返す。

『ああ見えて、あの二人、結構趣味は似ているので』

「そうだったのか。全然、そうは見えないし犬猿の仲かと」

『まあ、それは私のせいです。本来、あの二人は仲良くできるはずなのですが』

「しかし、月かあ。聞きづらいな……」

『口は悪いがいい子ですよ。確かに少々話しかけづらいとは思いますが』

「まあ、機会があれば……聞いてみる」

『はい、健闘を祈ります』

そう言う勘奈の言葉には覇気《はき》がなく、疲れが滲《にじ》み出ている。

いつでも凜《りん》として疲れたそぶりなどみせない彼女のことだ。よっぽど疲れているのだろうと零王は気づき、電話を切る間際に言葉をかけた。

「あまり無理しないで。休んだほうがいい。明日は遅番だったと記憶している」

『はは、ありがとう。気をつけているつもりでしたが、チーフと話しているとちょっと気が緩んでしまったみたいですね。了解、明日のオフはでかけるつもりでしたが、さすがにキャンセルしてよく寝ることにします』

「勘奈がいないと、僕の言うことなんてみんなきかないからな」

『そうですかね？　もう大丈夫と思いますけど』

「……そっか。んじゃ、また」

『では、また』

電話を切ると、零王は勘奈の言葉を頭の中で反芻《はんすう》して、満足そうに目を閉じる。

と、そのときだった。

再び携帯電話が鳴る。ディスプレイには刹那の名前が表示されている。

零王は洗濯物を片付けながら電話に出た。

「もしもし、刹那？　どうした？」

『三秒』

小さなささやくような声が電話の向こう側から聞こえてくる。

「え？」

『三秒遅かった——わたくしの電話に出るのが』

「何を言ってるんだ……」

もしやさっきの勘奈からの電話と比べていっているのだろうか？

と、そう思いあたった瞬間、零王は疑問に思う。「三秒遅かった」という彼女の言葉に違和感を感じずにはいられない。

『わたくし気分が悪いんですの。わたくしのほうがずっと勘奈よりもずっとずっとですわ』

「……大丈夫、か？」

まるでさっきの勘奈と零王の会話をすべて知っているかのような刹那の物言いに、零王はどうしても戸惑いを隠せない。

すると、電話の向こう側がしんと静まり返った。

沈黙に不安を覚え、零王が尋ねる。

「刹那？　どうした？」

電話越しに何かがぶつっと引きちぎられたような音が聞こえる。

『……っ、はぁはぁ。早く戻って来なさい。零王。契約違反は許しませんわ。もう洗濯は終わったのでしょう？』

「あ、ああ」

彼女の言葉に零王は周囲を見回し、窓を開いて外をうかがってからドアを開いて刹那がいないか確認する。外には誰もいない。

単に家に寄るとは彼女に言ってあったが、何をするかまでは伝えていないはずなのに――違和感がしこりのように胸の奥に残り、だんだんと肥大していく。

「分かった。すぐに戻るから。とりあえず気分が悪いなら今日は休んでいい。僕が叔父貴《おじき》に話をつけておく。寝て待ってて」

そう零王が言うと、急に刹那の声が、すんっと鼻を鳴らして言った。

『……一人じゃ眠れませんの』

まるで迷子になって途方に暮れた子供のような彼女の声を電話越しに聞いた瞬間、零王の違和感はかき消された。

「大丈夫だ。急いでもどる。後で簡単なデザートもつくってやるし。楽しみにな」

『ええ、早く。早く来て、零王。とってもとっても会いたいですわ』

刹那のまっすぐすぎるほっどまっすぐな言葉が、零王を虜《とりこ》にする。

零王は傍に投げてあった鞄を引っ掴むと、そのまま玄関から外へと猛烈な勢いで飛び出していったのだった。

そして次の日――

刹那も零王も休みということもあり、添い寝が長引いて二度寝三度寝を繰り返し、昼すぎになってから、ようやく零王は完全に起きた。

何度も起きようとしたが、そのたびに刹那がすり寄って甘えてきて、すぐにまた眠くなってしまい、二人くっつきあってまた眠るというあまりにも緩くて甘い休日の朝だった。

「おはよう、刹那」

話しかけるも刹那は一向に目を覚ます気配がない。くーすーと安らかな寝息を立てて幸せそうな笑みを浮かべて目を閉じている。

昨晩の刹那は、今までになく甘えん坊だった。

身体《からだ》の調子がよくなかったからだろうか？　その割には熱もなく、これといって何かどこかが具体的に悪いという様子ではなかったが――

「ん？」

ふと零王の目が床の片隅に転がったクマのぬいぐるみに留まる。

クマの片手が引きちぎられて、中の綿が見えてしまっている。

(宝物だったんじゃないのか？)

疑問に思いながらも体を起こして、ぬいぐるみを拾いにいく。

その背後に声がかけられた。

「もうその子はいいの。いらない子なんだから」

零王が後ろを振り向くと、寝ていると思っていたばかりの刹那がベッドに横になったまま目を開いていた。

「零王がいるから。寝られるようになった。だから、いらなくなったの」

そう言うと、彼女は布団を頭からかぶって丸まってしまう。

零王はしきりに首をかしげてから——それでもクマのぬいぐるみを、ちぎれてしまった片腕も一緒に拾い上げて、刹那のベッドの上へと置いてやる。

すると、刹那はタオルケットの隙間からぬいぐるみをちらりと見て、困った顔をする。

「いらなくなったようには見えないぞ？　今日、戻ったら直してやるから」

「やっぱり、一人で出かけるんですのね」

そう言うと、刹那はぷいっと零王に背を向けた。

「今日だけはごめん。でも、おみやげ買ってくるし。いい子で寝ててな」

零王が彼女の頭をタオルケットごしに撫でてやると、外の様子を窺《うかが》いながら、刹那の部屋から足を忍ばせて出ていった。

零王は、生あくびを何度も繰り返しながら、駅近くのモールへと向かう。

「さすがに今日こそはプレゼントを決めなくてはな」

休日ということで、モールはカップルでごった返していた。

以前の零王なら、カップルがうざいのであまり好んで立ち寄る場所ではなかった。

だが――

「ねえ、この指輪可愛くない？　今、レースっぽいのがはやってるんだよー」

「じゃ、プレゼントはこれにしよっか？」

「え、いいの？　ありがとうー」

カップルの駄々甘な会話に耳を傾けながら、零王はプレゼントのヒントを収集していく。

「――レースっぽいアクセサリーが流行《はや》りっと」

ただ、そのモールはいわゆるフツーの格好をした女性ばかりで、刹那のようなゴス服を着た少女はいない。

「うーん、ああいう服を着た女の子たちっつーのは、普段どこに行くんだ？」

そういったゴス趣味の少女たちは、原宿《はらじゅく》とか代々木公園《よよぎこうえん》の近くにたむろしていることが多いらしい。当然、彼女たちが好みそうなグッズや服を売っているショップもその周囲に集まっているらしいが、こんな片田舎《かたいなか》にそうそうそんなショップがあるはずもなく。

「やっぱりネットショップで注文すりゃよかったかなあ……」

と、零王は一人ごちる。

だが、大事なプレゼントだというのに、実際のものを確認しながら買えないというのは心もとなくて。

「やっぱり、実際にものを見てから決めないとなあ」

と、そこまで言ったところで、零王ははたと気づく。

「だあ……。灯台下暗《とうだいもと》しだ。ゴス服着ている女の子たちっているじゃないか。V《ヴァンパイア》姉妹たちにこないだオススメのショップはないか聞いておけばよかった。くそーっ」

接客に関しては段取りの鬼と自負している零王だが、こういった専門外のことに関してはからきしで。彼は再び重いため息を放った。すると、そんな彼に涼やかな声がかけられる。

「何をこんなところで落ち込んでいるのだ？　ウザいぞ」

見れば、私服姿の月がそこにいた。

いつも着ているクラシックなメイド姿ではなく、ややパンクっぽい――それでいてゴスっぽい服を着ているのでかなり目立つ。丈の短いスカートからすんなりとした足がのびていてそれも目を引く。彼女の手には本屋のビニール袋が提《さ》げられている。

「本、わざわざここまで買いにきたんだ？」

「ああ、このモールに入っている本は品揃《しなぞろ》えがいいし、店員の態度もいいからな」

月はそう言うと、自分の姿をまじまじと見つめてくる零王にガンをつけてくる。

「何をジロジロ見ている？」

「いやあ、そういや私服姿初めて見るなあと」

「そうか？　そんなに変か？」

「いや、似合ってると思う。というか、ちょうどよかった」

「ん？」

「そういう服売ってるとこ教えてくれないか？」

「ついにそういう趣味に目覚めたか。男の娘デビュー？」

「いや、それが何か知らないけど、たぶん違うぞ。ただちょっとプレゼントを探してて。だが、せっかくだし趣味に合うもんじゃないとな」

「──なかなか目のつけどころが鋭いな」

「そりゃどうも」

「だが、私は彼女を仲間と認めた訳でもないし慈善事業をするつもりもない」

「……そう、か」

月の厳しい言葉に零王は苦笑するが、彼女は咳《せき》払いをすると言葉を続けた。

「だから、これで手を打とうではないか」

そう言うと、月は彼に向かって人差し指を一本突きあげた。

「中指と間違えてないか？」

「ほほう、間違えていたことにしてやらなくもないが？」

「いや、すまない。冗談だ」

「クレープ一個で案内してやろう。これで貸し借りなしだ」

「おおっ、マジでか。助かる！　二個でも三個でもっ」

「千代ではないのだからそんなに食べられない。あの犬と一緒にしてもらっては困る」

相変わらずの毒舌っぷりは健在だが、いつもより言葉に棘《とげ》がない。

「では、交渉成立だ。まずはクレープ屋に行くとしよう」

月はそう言うと、早速踵《きびす》を返して、零王を先導していく。

その足取りは常に冷静沈着で勘奈の参謀《さんぼう》役を務める彼女のものとは思えないほどに浮き足立っているということに零王は気づいて、ついつい吹き出してしまいそうになる。

「……何がおかしい？」

「いや、なんでもない。ちなみにそういう服を売ってる店ってどこにあるんだ？」

「ここからさほど遠くはない。そこは知る人ぞ知る店でな。電話帳にもネットにも情報は載せていない」

「……なんだかものすごくマニアックな店っぽいな。ちなみにその店の名前は？」

「L《エル》という」

「ヤバいノートとか売ってないだろうな」

そんなことを話しながら、二人はクレープ屋へとたどり着いた。

当然のことだが、カップルや女の子たちでおおいに賑《にぎ》わっている。

「で、月、どれがいいんだ？」

「フ、愚問だな。スペシャル一択だ」

月は目をぎらりと光らせると、「夢くれーぷ☆当店一番人気」を指差した。それはバナナにチョコに生クリームのトッピング、さらには好きなアイスを一つ選べるという贅沢《ぜいたく》なシロモノだった。

「うお、高っ。七〇〇円もするのかっ。豚丼二杯食えるし」

「情報料としては破格と思うが？」

「まあ、そうだな。しかし、女の食い物とか服とかの値段つーのは恐ろしいな」

「そういうものだ。ちょっと見ただけでは分からぬ価値がある」

「見た目じゃ分からない価値か……」

クレープの中にいれるアイスを真剣に悩む月をぼんやりと眺めながら、零王はそのことについて考える。

メイド喫茶で働くようになって、それは嫌というほど思い知らされたような気がする。傍目《はため》には分からないことはあまりにも多すぎる。

「よし、非常に悩ましいが決めたぞ。ストロベリーがいい」

「っぷ、了解」

「……なぜそこで吹き出す？　自分に似合わないとでも言いたそうだが？」

「バレたか」

「そのすぐに顔に出す癖《くせ》、いい加減直したほうがいいかもしれんぞ」

「そうか？」

「ああ、全部が全部、バレバレだ。こっちが困るくらいにな」

「……はは、悪い」

月がちらりと零王を見て意味深なことを言う。

零王は、恐らく彼女が刹那と彼のことを言っているのだろうと気づく。

「でもまあ、それで刹那が変われるのならば安いものかもしれんな」

「え？」

「……けして気にかけていた訳ではないが、刹那がああなってしまったのには自分にも原因があるのでな」

「ああなってしまったというのは？」

「まだ、そこまでは知らないのか。ならば、やぶへびだった。忘れてくれ」

「どういうことだ？」

そう零王が尋ねたとき――

「嘘《うそ》ついたら針千本……飲ーます」

感情のないすきとおった声が零王のすぐ背後で聞こえた。

その凍《い》てついた声色にぞくりとして、はっと後ろを見た零王の目に刹那の姿が飛び込んでくる。逆光になっているせいで彼女の表情までは確認できない。

だが、だからだろうか？　一種異様な雰囲気を醸《かも》し出している。

風が吹いてもいないのに、彼女の長い髪とスカートがざわりと広がった。

「せ、刹那？」

「零王、嘘つきましたわね」

「え？　嘘？」

「つきましたわよね？」

「……いや、これは違うだろ。あの時の契約を破ったらという意味だし」

「嘘は嘘でしょう？」

「…………」

彼女の有無を言わせない口調に零王は言葉を失う。

心臓がどくどくといやな鼓動《こどう》を刻み始め、妙な汗がこめかみを伝わりおちた。

（どうしたんだ？　刹那の様子がおかしい……。気のせい……じゃないよな）

本能が警鐘《けいしょう》を鳴らしていた。

何かがヤバい、と――

「どうせまたこの女のせいなのでしょう？　ふふふっ」

刹那はくすくすと笑うと、そこではじめて顔を上げた。

大きく見開かれ、ぎらついた瞳が零王ではなく月を鋭く射抜く。

「また、とは心外。なんのことだ」

月は落ち着きはらった様子で刹那に問いかける。

「あら、しらばっくれるつもり？　また人のものを獲《と》るつもりなんでしょう？　泥棒猫」

「誰がいつおまえのものを獲った？　思いこみも甚《はなは》だしい」

「――思い込みですって？　勘奈のときもそうだったし、今もまたそう。零王は一人でお買いものに行くと言ったのに。言ったのに……」

ぎりっと歯噛《はが》みすると、彼女は両手の拳《こぶし》を握りしめた。力みすぎたせいで手がぶるぶると震えて、爪が手の平に食い込むと、血が数滴床に滴《したた》り落ちる。

それを見た零王は、彼女に近寄って、手首を掴《つか》んでそれをやめさせようとする。

「刹那、一体どうしたんだ？　月とは偶然ここで出会っただけで――」

「うそっ！　うそうそうそっ！　うそついたら針千本っ！」

刹那は、周囲に人がいるのもまったく意に介さず、狂おしい声でそう叫ぶと、零王の手を振り払った。いつもの彼女からは想像もつかない力で。

「っつ⁉」

零王は鋭い痛みを覚えて腕を庇《かば》う。彼の手の甲には針が三本ほど深く刺さっていた。

刹那は肩を怒らせたまま、息を荒げ、零王を睨みつける。

「うそじゃない……。刹那、どうしたんだ」

その問いには刹那ではなく、月が答えた。

「っく、あの時と一緒だ。勘奈様をめぐって自分と争ったときと——これが刹那の本性。最近はすっかり鳴りを潜《ひそ》めていたが」

「……なっ。嘘だろ？」

零王は言葉を詰まらせる。

怒りのあまり、いつもの落ち着きを失っているというならまだ話は分かる。

だが、こっちの刹那が本来の姿⁉

理解が追い付かず、零王は目をしきりに瞬《しばたた》かせながら刹那を見た。

すると、彼女は首を傾げて寂しそうな声で言った。

「なんでですの？　零王。こっちには必要ないと思ってアレを移しておきましたのに。わたくしの信頼を裏切るなんて」

「何がだ……」

「なんでわたくしが一番嫌いな子と二人きりになるの？　貴方もその子といっしょにわたくしをあざ笑うつもり？　わたくしのことなんて、全然分かってなかったんですのね」

「なんでそうなるんだ……。訳が分からない。なにか激しく誤解してるだろう？　月は刹那のことをあざ笑ってなどいない」

「なぜそんな！　風にっ！　言いきれますの？　わたくしのことは分か……らら、ない……のに。月のことは、分か……るるの？」

まるで壊れたロボットのような口調で刹那は呟く。

ぜぇひゅうっと言葉の合間に耳ざわりな呼気が混ざる。モール全体がしんと静まり返った。

「違う！　そういう意味じゃない！　刹那っ。僕の話を聞いてくれ」

零王が彼女に訴えかけるが、月が彼を叱咤《しった》した。

「ヤンデレに何を言っても通じると思うな」

「ヤンデレっ⁉　なんだそれはっ！」

「──それも知らずに刹那に近づいたのか。浅はかすぎだ」

「……っ⁉」

刹那に一番近いところにいるという零王の自尊心《じそんしん》を月の言葉がこなごなに砕く。

と、そんな二人のやりとりを見た刹那が、ふっと構えを解いて静かに目を閉じた。

「ようやく見つけたと思いましたのに。また、なのね。また同じことの繰り返し。もう、こんな想いをするのはうんざりですわ……。どうすればいいのかしら。ねえ、どうすれば？　どうすれば人は嘘をつかずにいられれ……るるるのかしら？　わたくしだけのものにでき……るるるのかしら？　ふふ、ふ、ふふふふ」

かく、かくっと彼女の首が奇妙に動き、いっそう狂おしい様相を呈《てい》する。

まるで壊れた人形のように――

やがて、彼女の紫色の目がかっと見開かれた。

まばたきひとつせず、彼女は無表情のまま、両手でスカートを掴んだ。

そして、首を四十五度右に傾いだまま、一気にそれを引き裂いた。

彼女は狂おしい高笑いをしながら、右手と左手を目にも止まらない速さで、でらためて動かした。

スカートの裾が千々《ちぢ》に裂け、薄い布きれが紙吹雪のように宙を舞う。

零王は、何も言えずにただその異様な光景を見守ることしかできない。

彼の知る刹那は、もうそこにはいなかった。

不器用ながらにも一生懸命頑張《がんば》って。お得意様もでき、みんなにもその頑張りを認められ、だんだんと打ち解けてきたはずだったのに。

それがこのたった一瞬ですべて崩れ去ってしまった。

（なんでこうなるんだ……。なにを間違った？　何も間違っていないはずなのに――）

言葉にならない声が零王の胸の内を渦巻《うずま》く。理不尽《りふじん》さと不条理が彼を打ちのめす。

「ふふっ。ふふふふっ。大事なものはわたくしだけでいいのに。他は全部、壊すから……。なにもかも……。そうなにもかも。壊……す、すすっ。うふふふっ。ふふふふっ」

彼女は両手を広げると、天井を向いてくるくると回る。

切り裂いたばかりのスカートの布片が天使の羽のように彼女に舞い降りてゆく。

「針千本、のーます♪　指斬ったぁー」

無邪気な声で歌うようにそう言うと、刹那は突如、三階の吹き抜けから体を躍《おど》らせた。

「刹那ぁあああっ！」

零王がとっさに刹那の後を追って飛び出そうとするが、月がそれをとどめる。

三階から飛び降り自殺を図ったようにしか見えない。見物人たちの悲鳴が響き渡る。

だが、彼女は天井からさげられたフェア用の垂れ幕を掴むと、まるで曲芸師のようにするするとそれを伝って滑り下り、一階に着地した。

そして、彼女は零王を見て、それから周囲を見渡し、スカートの両端を指先でつまみ上げると腰を少し落として、優雅に一礼した。

「ただいまより、わたくし十文字《じゆうもんじ》刹那のショーが開演いたします。最高のエンディングを用意するため、今しばしお時間いただきますわ」

高らかに言い放つと、彼女は踵《きびす》を返して、外へと歩いてゆく。

彼女のヒールが床を叩《たた》く音だけが響いて、やがて消えていった。

その場に居合わせた全員が、しばらく誰も身動きできない。

零王も身じろぎ一つできず、刹那が消えていった方向を呆然と眺めていた。

そんな彼に月が厳しい口調で言った。

「……零王、しばらく店には来るな。危険だ。マスターには自分がすべて伝えおくから。自宅に戻って問題が解決するまで一切外にでるな。学校も休め」

「…………」

月のただならぬ様子に、零王は言葉を失う。

だが、ややあって彼はこう言った。

「――何をオーバーなことを。大丈夫だ。刹那が危険？　そんなはずあるわけがない」

「ヤンデレを甘く見ると痛い目見るぞ」

「刹那は刹那だろう？　僕は大丈夫だ」

零王は月の目をまっすぐ見つめると、自分に言い聞かせるように強い語調で言う。

たった今、零王は目の前で見た一部始終が信じられない。いや、信じたくなかった。

つい、さっきまではあんなにも甘いひと時を過ごしていたはずなのに――

ようやく動けるようになった彼は、震える手で床に落ちたひとひらのスカートの切れ端をつまみ上げた。手が大袈裟《おおげさ》なほどに震えてしまう。

零王は自身のそんな反応が気に入らずに、ちっと舌打ちした。

「――せめて、家まで見送る。それくらいはさせろ」

月はそれだけ言うと、零王の手を掴んで歩いていく。

漠然《ばくぜん》とした不安が焼けたビニールのようにべったりと彼の胸の内に張り付いていた。

第7章 どこデモ一緒、愛死テるるる……

零王《れお》は六畳一間の部屋に寝転がるとぼうっと天井を眺《なが》めていた。

もう三日ほど、彼はここで魂《たましい》が抜けたかのように横たわっていた。

もうじき刹那《せつな》の誕生日なのに。みんなで祝いたくて着々と準備をしていたはずなのに。

「なんでこんなことになってるんだ?」

「ヤンデレか……」

零王は電話でマスターからヤンデレについて。また刹那の過去について話を聞いた。

ヤンデレというのは、ツンデレの一派であり、ツンデレをこじらせて心を病んでしまった世にも恐ろしい存在だという。ヤンデレに理屈や正論は通用しない。

本人の見たまんまが現実であり正義であり——その事実は、本人によって大きく歪《ゆが》められてしまう。それがヤンデレを狂わせ、破壊衝動に導くという。

「あの刹那が、勘奈《かんな》をめぐって月《つき》と争いヤンデレ化して……。その後、ヤンデレ軍団を率いて勘奈たちと戦ったなんてな。しかも、みんなに大怪我《おおけが》を負わせたとかって……」

ひどく現実味の薄い話で、零王はとてもそれを信じることができなかった。

だが、その戦いはたった一年前のことだという。

「棲《す》む世界が違うとか……。いきなり言われても分かるか……」

刹那たちは零王とはまるで違う世界で生きてきたという。

その筋の人間にしか分からないような世界で——

零王は、自分の見ている世界が「普通」だとばかり思っていた。

まさか、自分がまったく知らない世界がこんなにもすぐ傍《そば》に横たわっているなんて思いもよらなかった。

しかし、それを信じなければ、モールでの刹那の異常な行動の説明がつかない。

(信じろって言われても。信じられるか。つか、信じたくない。んな、漫画とかアニメみたいな話、信じてたまるかっ！　これだからオタクの脳内妄想ってのは、まったく……)

零王は何度も深いため息を放つ。

刹那に会いたいはずなのに、会ってはならないと本能が警鐘《けいしょう》を鳴らす。

触れてはならない。今はそのことを考えてはならない。そう思う。

だが――

「やっぱり、それじゃだめだろ」

零王はバッグの奥に押し込んでいた携帯を取り出した。

(この状況は昔とは違う。確かに勘奈はメイドたちのリーダーで刹那だけの想いには応えることはできなかった。だが、僕は――刹那だけの想いに応えることができる。ただ、それが伝わってない。この気持ちを素直に刹那に伝えればいいだけだ)

そのためにも刹那と話をして、誤解を解かねばならない。

きっと刹那ならちゃんと話せば分かってくれる。それはたぶん自分以外の誰にもできない。

零王はそう思う。

モールで――刹那はずっとすがるように零王を見つめていたのだから。

「僕が終わらせる。誤解を解きさえすれば、やり直せる」

決意を固めた零王が携帯に目を落とした。

新着メールと着信ありのアイコンが確認できる。

とりあえずメールを確認しようと、メールをフォルダ分けにした画面に移動する。

瞬間、零王は硬直した。

刹那専用フォルダには200件ものメールが届いていた。

が、同時に「メイドたち」という名前のフォルダにも新着メールが届いていて。

零王は、すがるような思いで、そっちのフォルダを開いた。

絵文字いっぱいの四葉《よつば》からの応援メールに心が和む。

千代《ちよ》の誤字だらけのまかない催促《さいそく》メールもほほえましい。

そのときだった。携帯が振動し、新着メールが届く。

それは勘奈からのメールだった。

一人じゃない。携帯一つでみんなとつながっていると感じる。

だが――

「刹那が店からいなくなった？　総出で捜索しているところだが、絶対に家から出るな？　刹那との接触は避《さ》けるようにって……」

　ぎしっと零王の心臓がきしんだ。

　彼は、乾ききった唇《くちびる》を舌で湿らせ、再びメールのフォルダに戻ると、刹那専用のフォルダにじっと目を落とす。

　フォルダを開こうとして、親指が震える。

　しばらくして、ようやく零王は刹那専用のメールフォルダを開いた。

　そして、絶句した。怖気《おぞけ》がざわりと背筋を這《は》い上がってくる。

　びっしり並んだ新着メール――刹那のメールが数分おきに届いていた。

「な、な、なんだ。これ……」

　携帯を持つ手が震える。これ以上は見てはならない。

　そう思う。

　だが、零王は喘《あえ》ぐように息を乱しながらも、震える親指でボタンを押した。

『件名：♥♥♥♥♥　本文：私無視するるる零王針嘘嘘嘘千本ノマせるるる千零王嘘嘘嘘つき嘘嫌い嫌い愛するるる約束信頼した破る殺す愛す嫌い大嫌い殺せるるる会いたい会いたい会いたたたたいたいたああいあいたいあいたくない死ぬるる血わたくしだけしししだけれおれおおおおおおおおおおおわたし死殺奪うるるるれおれおるるる死死死死死死死死死契約違

反死ぬるるる』

「っ⁉」

零王は青ざめ、携帯をとりおとしてしまう。

畳《たたみ》の上に落ちた携帯——

と、それが不気味に振動し始めた。

ぶーん、ぶーんっと等間隔にくぐもった音が部屋に染み入るかのようだ。

振動はなおも続いている。メールではない。では、一体誰からの電話だろう？

「はぁっ。はぁはぁ……。あ、ああ……」

喘ぎながら零王は呻《うめ》き声を漏《も》らす。息が激しく乱れて仕方ない。

心臓がどくどくと嫌な鼓動《こどう》を刻む。唇は極度の緊張のあまり乾ききっている。

震える手で携帯を拾う。

携帯のディスプレイには非通知の文字が。恐る恐る零王は電話に出た。

「——もしもし？」

だが、相手は何もしゃべらない。奇妙な沈黙。零王は震える声で尋ねた。

「刹那か？」

すると、ぶつっと音がしてツーツーという音が聞こえてくる。

電話は切られてしまったようだ。
額にびっしり浮かんだ汗を零王は手の甲で拭《ぬぐ》った。手の平まで汗が滲《にじ》み出てきている。
「……刹那」
深呼吸を何度か繰り返すと、零王は再び携帯に向き合った。
そして、刹那の携帯番号を表示させる。
「はぁ……。はぁはぁ……」
ディスプレイを凝視する。通話ボタンを押す親指がぶるぶると震えている。
だが、いつまでもこうしている訳にはいかない。
零王はなけなしの勇気をかき集めてついに通話ボタンを押した。
すると――
すぐ隣《となり》の部屋で携帯の呼び出し音がかすかに聞こえた。
あまりも神がかったタイミングの一致に、零王はびくっと反応してしまう。
（いや、偶然だろ）
そう自分にいいきかせる。
何度かコール音が鳴った後、通話時間が表示されはじめた。
と、同時に隣の部屋から聞こえてきた呼び出し音も同時にやむ。
（まさか、いや、そんな――）

どくん、どくん、どくん……。

心音が彼の体中に反響して吐《は》き気を誘う。全身が麻痺《まひ》してしまったかのような感覚。

零王は、気の遠くなるほど、沈黙を長く感じる。

「……せ、刹那？」

彼は彼女の名前を呼んでみた。

そして、電話向こうの反応を待つ。

だが、相手は沈黙したまま。

「刹那、ごめん。僕が悪かった」

零王は謝る。それでも、やはり刹那は沈黙を保ったまま。

そのまま十五分が過ぎる。

これ以上は無理かもしれない。

零王がそう諦めて、通話の終了ボタンを押そうとした。

ちょうどそのときだった。

「零王、貴方《あなた》はわたくしをダシにしてみんなたちと仲良くなりたかっただけなんでしょう？　わたくしを道具のように使えると思ったら大間違いですわ。今から貴方をわたくしだけのものにしにいくから。契約違反の制裁《せいさい》を加えにいきますから」

刹那が単調な口調で、まくしたてるように言った。

あまりにも早口だったので、零王はその全部を聞きとることはできない。

「刹那。何を言ってっ……⁉」

と、そこまで言った途端、
突如《とつじょ》、零王の部屋にずしんっと重い衝撃《しょうげき》が走る。

「な、なんだ⁉」

部屋の壁が何か重たいものによって殴《なぐ》られたようだ。

一瞬の間を置いて、ふたたびどしんっという重たい音と同時に壁が揺れる。

一体、何が起こっているのか零王には分からなかった。

予想不可能な現象に理性を奪われ、ただただその場に硬直してしまう。

やがて、めりっという音がしたかと思うと、壁にひびが入った。

そこから壁には鉄製の棘《とげ》が食い込んでいる。棘はいったん引き抜かれると、再びずしんっという音がした。

と、同時に、ついに壁が砕けてしまう。

「…………っ⁉」

破けた壁からぱらぱらと砂が落ち、埃《ほこり》といっしょに舞い上がり、零王の視界をさえぎる。

彼は腕で顔を庇《かば》いながら、砂埃の向こう側に目を凝らす。

そこには大きな弧《こ》を描いた何かを手にした小柄な少女の姿があった。

だんだんと視界をさえぎるものがなくなり、ようやく零王は、今目の前で何が起こっているかを把握できる。

刹那だった。


身の丈以上の巨大な鎌の柄尻には棘のついた鉄球、モーニングスターがついている。

それを振りかざしたまま、彼女はそこに立っている。

たった今、刹那がその巨大な武器で壁をぶち破ったのだ。

零王は、彼女の部屋の片隅におかれたオブジェの正体を知り、以前、一度だけ刹那が学校にやってきたとき、異様に早く現れた理由も同時に悟る。

彼の上下の歯がぶつかり合ってカチカチと耳障《みみざわ》りな音を立てる。

「ふふ、今日もいい音で鳴いてくれるわ。わたくしの相棒《マイディア》――」

刹那はうっとりとした表情で大鎌を見上げると、ふふふっと笑う。

「最近、鳴いてなかったから。今日は存分に鳴いていいのよ」

鎌をふぉんっと右に振り払ってから、彼女は改めて零王を見た。

「ごきげんよう？　零王」

「……せ、刹那。なんで、こんなっ」

零王の口から言葉がうまく出てこない。

「ずっと——ずっと零王の傍にいたいからですわ。今ごろ気づきましたの？」

ずっと傍にいたい——その言葉は、本来とても甘い言葉なはずなのに。

こんな状況下で耳にするのでなければどんなにかよかっただろう。

（なんで鎌⁉　しかも壁ぶちやぶって？　そもそも隣にいつから引っ越してきてた？）

異常事態がいくつも重なり、零王を混沌《こんとん》の渦《うず》に突き落とす。

「貴方はわたくしだけのお人形になるの」

ぎりっと歯ぎしりしてそう言うと、刹那は零王の部屋へと乗り込んできた。

ずたずたに裂けたまままのスカートがふわりと揺れる。

逃げなければ——

そう思うのに、完全に腰が抜けてしまい、必死に零王は足に力を込めるも、膝《ひざ》がわらってとてもまともに立てない。

「ふふ、おとなしくていいこ」

そう言いながら、刹那はにっこりと笑って零王へと近づいてくる。

だが、その目はやはり笑っていない。瞳は、摩耗《まもう》しきったガラスのように輝きを失っている。死人のような目とはこういう目を言うのだろうか？　零王はとっさに目を逸《そ》らしてしまう。狂気の炎がちらつく彼女の目をとても正視できない。

「謝るってことは自分の非を認めたということ――このときを待っていましたの」

くすくすと笑いながら刹那が、畳《たたみ》に座り込んだままの零王へと屈んできた。

狂気を剝《む》き出しにした刹那を前にして、零王は身じろぎひとつできない。

「とってもとってもとっても反省するなら許してさしあげますから。そんなに怯《おび》えなくてもよろしいんですのよ？」

そう言うや否や、彼女は零王のみぞおちに拳《こぶし》をめり込ませた。

鋭い痛みに零王は息ができなくなる。

つづけて、何かとても甘い甘い香りが漂《ただよ》ってきたかと思うと、零王は眩暈《めまい》を覚える。

彼は必死にかすむ目をこすり、体を起こそうとする。

だが――

頭の中が朦朧《もうろう》とかすみがかっていき、やがて気を失ってしまった。

「おやすみなさい。零王。最高のハッピーエンドを用意してさしあげますわ。ふふふ、ふふふふふっ！　ふふふふふ」

薄れゆく意識の中、零王は刹那の狂った笑い声だけがリフレインしていた。

気がつくと、零王はベッドの上に寝かされていた。

「おはよう、零王、久しぶりにわたくしもよく眠れましたわ」

腕の付け根には懐《なつ》かしい重さを感じる。彼の至近距離に刹那の愛くるしい顔があった。

(なんだ。すべて夢だったのか。そうだよな。あんなの夢に違いないな)

刹那の頭を撫《な》でてやろうと手を伸ばそうとして、零王は初めて異変に気づく。

手が動かせない。みれば、手首が麻縄でぐるぐる巻きにされ、ベッドの柱にくくりつけられていた。そこで零王ははっと我に返る。

目だけをすばやく動かして部屋の様子を確かめる。

壁には大きな穴が開けられていて、隣の部屋が丸見えだった。生活感はまるでない。ただ一つ、いかつい黒い通信機みたいなものが無造作にそこにおかれている。

(まさか、盗聴器とかっ⁉　なんでこんなっ⁉)

たちまち恐怖がよみがえり、零王は青ざめた。

「本当は、何度も何度も針千本飲ませようと思いましたけど」

刹那がそう言うと、手を伸ばして零王の枕元におかれた銀色の何かを指先で弄ぶ。

それを見て、零王はぎょっとする。それは針の山だった。

「でも、それでは零王がしゃべらないお人形になっちゃうでしょう？　それじゃあ面白くありませんものね？」

「…………」

「零王？　どうしましたの？　せっかく二人っきりになれましたのに。もっと幸せそうな笑顔を見せてはいかが？」

刹那は、長い黒髪を後ろにさらりと払いのけながら零王にむかって優美に微笑《ほほえ》んだ。

「刹那、とりあえずみんなのところに戻ろう。みんな待っ……」

そこまで言ったところで、彼女の天使の微笑みがぐにゃりといびつに歪《ゆが》んだ。

「……わたくしと二人きりがそんなに嫌？」

「そういう訳じゃ……」

「なら何も問題ありませんわ。ここでずっとずっと二人きりで暮らしましょう」

疑問形ではない。限りなく命令に近い口調で刹那は歌うように言った。

「フフフ。幸せですわ。ほら、ずっと零王がここにいてくれたおかげで、ベッドに零王の匂《にお》いが染み付いてますもの」

彼女はシーツを胸に抱きしめて顔をうずめた。

ここにいてくれた、か。どうやら、刹那の脳内ではそう変換されているらしい。

だが、事実は違う。零王は、部屋に監禁され、ベッドに縛り付けられていた。

鎖《くさり》が肌に食い込んで、赤紫色に変色するのを通り越してどす黒くなっている。

気が遠くなるほど長い時間が経ったような気がする。

と、その時、ぜぇひゅうっと零王の喉《のど》が耳障りな音をたてた。

「あら、のどが渇《かわ》きましたの？　水を飲ませてあげますわね」

そう言うと、刹那が水を口に含むと、彼の唇に寄せてきた。

「んふふ、おいしい？　零王？」

口端から水を滴らせながら、刹那が小さく舌を出して目を細める。

「……ああ」

「そう、よかった。幸せ？」

「あ、ああ」

「でも、なら、なんであんなこと言うのかしらね？」

まるで恋人同士のような甘いキスを交わした後で、彼女の瞳に狂気の色が滲《にじ》む。

「あそこには可愛い子たちがいっぱいいるから戻りたいんですの？」

「そういう訳じゃない」

「わたくし一人では役不足なのかしら？」

「違うって言ってるだろ」

「じゃあ、なあに？」

「そういう訳じゃないって」

小首を傾《かし》げると、彼女は腕が一本とれたクマのぬいぐるみの手足を指先でもてあそびつつ、軽い口調で尋ねてきた。

「ねえ、どっちがよろしくて？」

「……何が？」

「切断するのと、潰《つぶ》すの。どっちがよろしくて？」

零王が言葉を失い沈黙したままでいると、彼女は、いきなりぬいぐるみの残り三本の手足を力負かせに引きちぎり、恍惚《こうこつ》とした表情でそれを見つめ、くすくすっと笑った後、急に興味を失ったように床に放り捨てた。

そして、傍に立てかけてあった巨大な鎌を手に取る。

「や、やめろ。刹那、何をするつもりだ」

「だから、言ってますでしょ？　切断するか潰すかのどちらかですわ」

何を？　とは、とても尋ねることはできない。

零王が黙りこくると、刹那は可愛く首を傾げて言った。

「そうね。潰してしまうよりも切断するほうがいいわね。零王が二つに増えますもの。あ、違いますわね。正確にいえば三つかしら」

とても楽しそうに指折り数える様子は、何かとっておきのいたずらを思いついた子供のように無邪気だ。

だが、その無邪気さが逆に不気味だ。

と、刹那が人差し指をぴっと立てて不意に零王にこんなことを尋ねてきた。

「ビスケットの歌ってご存じかしら？　ほら、もひとつ叩くとビスケットが二つっていう歌。

あれと原理は一緒ですわ」

零王の全身の血の気がざあっと引いていく。

「あっははははっ！　切断したら三つになるものなぁに？」

双眸《そうぼう》をぎらつかせて、刹那が鎌を振りかぶった。

「や、やめっ！　……っ！」

恐怖のあまり、言葉が喉に張り付いて外へと出てこない。

何か言わねば、何かしなくては。逃げなくては。でないと殺されるっ！

思考が千々《ちぢ》に乱れ、パニック状態に陥《おち》いる。

弧を描いた鎌の刃がぎらりと光り、そのまま僕の足に向かって容赦《ようしゃ》なく振り下ろされる。

零王のまぶたの裏が真っ赤に染まる。

「うふっ、ふふふふっ！　どこにも行けなくなったら、外に出ようなんて思いつきもしないようになるでしょう？　うふ、ふふふふ。あはは、ははははは。はははははっ！　さあ、零王っ！　いい声で鳴きなさいっ！」

狂おしい彼女の高笑いが闇の彼方《かなた》に聞こえた。

こんな……。こんなはずじゃ……。

なかったのに――

ＢＡＤＥＮＤという赤い血文字が零王の脳裏に浮かんで、儚《はかな》く消えていった。

次の瞬間、ざぐっという音がする。

ベッドが砕ける音と同時にがくんっと両足がしずむ感覚――

「は、あ……。あ、あ、あ、がっ！　がぁあああああぁあああっ！」

零王は目を最大限に見開いたまま、絶叫を喉から搾《しぼ》り出した。

両足の感覚――がない。

（あ、足、僕の足、ど、どうなった⁉　あ、あし、足っ、足、あ、あ、ぐあああああっ）

今、自分の足がどんな状態になっているのか、確認するのが怖い。

全身が痙攣《けいれん》し、吐き気がこみ上げてくる。

酸味ある胃液が鼻に染みる。

目の前の景色がぐにゃりと歪み、意識が遠のいていった。

だが――

「……なぜそんなに怖がってますの？」

刹那の声がすぐ傍に聞こえ、零王はおののきのあまり目を見開く。

すると、至近距離に彼女の顔があった。

「…………」

刹那の狂気を滲ませた双眸が零王の目の奥を覗《のぞ》き込んでいた。

「これが本当のわたくし。みんなみんな逃げていきますの。零王もわたくしのことが嫌いになったでしょう？　怖いでしょう？　だから、ちゃんと今度こそ捕まえておかなくては」

「………」

「本当のわたくしを見せればみんな去ってしまう。でも、でもでもでもっ！　どうしても抑えることができませんの。この血が沸き立つような狂おしい衝動。すべて、すべて壊したくなりますの。だから、わたくしがわたくしである以上、居場所なんてできっこありませんわ」

「刹那……」

「どうすればっ、大好きな人の身も心も自分だけのものにできますの⁉　不安から解放されますの？　どうすればいいのか、わたくしには分からないっ！」

それは、どうしてもほしい玩具《おもちゃ》が手にはいらない子供のような訴えかけだった。

「もう、疲れましたわ。不安ばっかりが大きくなって。醜《みにく》い気持ちばっかりが大きくなっていって。最初はあんなに幸せだったのに――」

人一倍不器用な刹那。彼女の切々とした訴えが零王の耳に沁《し》みてゆく。

「嫌われるのが怖い。逃げられるのが怖い。失うのが怖いっ。怖い、怖い、怖いのっ！」

悲鳴にも似た彼女の叫びが部屋に響き渡った。

髪を振り乱して、狂おしく叫ぶ刹那の姿を見た零王は、奥歯を噛《か》みしめると、刹那の瞳をまっすぐ見る。

そして、伝わるようにと願いを込めて、こう告げた。

「そんなに怖がる必要なんて何もない。信じればいいだけだ。僕を信じろ」

するど、刹那は大きく目を見開いた。薔薇《ばら》色の唇の両端がきゅっとあがる。

彼女は、とても穏やかな微笑みを浮かべていた。

ようやく伝わった——そう思った零王が安堵《あんど》した。

だが——

「ふふ、ふふふ。面白いことを言いますのねえ？　怖がる必要なんてない？　信じればいいだけ？　信じろ？　ですって？」

刹那は、くっくっと笑いをかみ殺しながら、天井を仰ぎ見る。

「あは、ははははっ。あはははははははははははははは」

目尻に涙を浮かべて、笑いとばす。

そして、零王を侮蔑《ぶべつ》の眼で見下ろすとこう言った。

「あきれた。そんな陳腐《ちんぷ》な三文芝居じみたくさいセリフ、よく言えますわ。そう、結局、貴方はなあんにも。わたくしのことなあんにも分かってなかったのよ」

「…………」

「それができたらなんにも苦労はしませんわっ！　信じて信じて信じたのに裏切られて、愛して愛して愛したのに裏切られて——それなのに怖がらないでいい？　信じろ？　つくづく笑わせてくれますわ!!　そんな言葉！　誰かを本当の意味で安心させた人だけが初めて使える言葉よ！　零王、貴方にその言葉を使う資格はありませんわっ！」

刹那の目が異様な光を帯びて炎のように輝きだした。

彼女は再び鎌を大きく振りかぶった。

「聞いた風な口をきく男なんてっ！　大、大、大っ嫌いですわっ！　その口、二度ときけなくしてあげるるるっ！」

全身のバネをつかって力まかせに鎌を振り下ろす。

ふぉんっという音を立てて鎌が零王の頭へと振り下ろされた。

ざぐっという音と同時に、鎌の刃が零王の顔の真横に突き刺さる。

零王が息を詰めると、彼女は目を閉じて歌うように言う。

「みんなわたくしをヤンデレと呼んでわたくしから去ってゆくんですわ」

次の瞬間、血走った目をかっと見開くと、すさまじい勢いで大鎌をがむしゃらに振りかぶっては振り下ろしはじめた。

「はぁっ！　はぁっ！　みんなっ！　みんなっ！　みんなそうっ！　ヤンデレが怖いのっ！　怖いのよっ！　怖いって言われたってわたくしはどうしたらいいっていうの！　ヤンデレなんてっ！　なりたくてなるものじゃないっ！　それなのに！　それなのにぃいいいいいっ！」

長い髪の毛が踊り、縦横無尽に振り下ろされる鎌の刃は部屋の壁を抉《えぐ》り、ベッドを粉々に砕いてゆく。

「だからっ。もう！　誰にも近づかないって。そのつもりでしたのに！　なぜ近づいたの。なぜやさしくしたのっ！　近づくなと警告もしましたわっ！　それ、それなのににににっ！」

「刹那っ！　もういい！　分かったからっ」

零王の「分かった」という言葉を耳にした瞬間、刹那は肩で激しい息を繰り返しながら、すっくとその場に仁王《におう》立《だ》ちになった。

「——何が分かったというんですの！　命乞い？　あさましい」

表情を凍てつかせた彼女は、大鎌を静かに構えなおすと、零王の胸に切っ先をあてた。

切っ先が彼のシャツを破き、胸元が露《あら》わになる。

刃が彼の肌を薄く裂き、赤い線が横に一筋走る。

刹那はうっとりとそれを見つめると、彼のみぞおち——心臓に狙いを定めてから、まっすぐ鎌を振り上げた。

零王は息を呑《の》み、全身を引きつらせる。

刹那の目に迷いはない。

逃げねば今度の今度こそ殺される。

「うあぁあああああっ！　やめろやめろやめろやめろやめろぉぉおおおおおっ！」

身をよじり、縛めから逃れようと四肢《しし》に力を込めて必死にもがく。

暴れる手足に破壊されたベッドの木屑《きくず》が容赦なくささり、そこで初めて、まだ足が無事だったということを知る。足を縛めていた縄ごと、ベッドの足元五分の一が切断されていた。

「もう遅いですわ、なにもかも！　全部全部壊してしまいますわっ！　貴方もわたくしも壊れておしまいっ！　勘奈のぬいぐるみと同じようにっ！　貴方を殺してわたくしも死にますわ！おぅぁあぁあああああああああああああああっ！」

狂気の絶叫と同時に、髪を振り乱した刹那が零王の心臓めがけて鎌を振り下ろす。

グザッ——という鈍い音と衝撃とが零王の体に響いた。

「つぐ！　がうぁあああああああああああああああああぁあああああああああっ！」

血飛沫《ちしぶき》がシャワーのように吹き出し、天井をベッドを赤く染める。

ほとばしる熱い血を全身に浴《あ》びながら、刹那は狂ったように笑う。

「あはっ、はははははははっ！　全部、全部、全部、壊れるるるっ！　るるるるっ！　みんなわたくしが怖い。わたくしから逃げていく。わたくしのことなんて愛さない。そう、愛せるはずがないもの。だってわたくし、ヤンデレだものっ。くふっ。くふふふふっ」

刹那の言葉を耳にして、零王の唇がかすかに動いた。

小さな呻き声が漏れる。

「なん……だと？」

鎖骨の下辺りからずくんずくんっと鈍い痛みが広がり、意識は朦朧《もうろう》としている。

だが、猛烈な怒りがこみ上げてきて、彼は残る全ての力を振り絞《しぼ》って激昂《げきこう》した。

「かってに決め付けるなっ！　ヤンデレに酔うんじゃねぇよっ！」

刹那は驚きに目をみはると、零王を見下ろした。

零王は歯を食いしばって、かっと目を見開くと、刹那を睨みつけて叫ぶ。

「誰が去るって？　んなこと誰も言ってないだろうが！　他のやつらがそうだった？　だから僕もそうだって⁉　見くびるなっ！」

「何を言ってますの？　わたくしはヤンデレ。あんなにやさしくしてくれた勘奈だって、わたくしから逃げた。それなのに――」

「ヤンデレとか知ったことか！　刹那は刹那だっ！　好きなヤツを独占したいのは誰だって同じだっ！　それの度が過ぎたくらい、僕が刹那から逃げる理由にはならないっ！　なんで僕がここにいる？　なんで僕から電話したと思ってる！」

「そ、れは――」

刹那の顔に動揺が広がり、鎌を握り締めた手が震える。

「まだ壊れてない。勘奈のときとは違う。それを証明する。だから、刹那、縄をほどけ」

零王がやけっぱちになったように言い放つ。

「――逃げたら殺しますわよ」

「ああ、それでもいい！　どうせこんだけ派手に血が出てんだ。もう知るかっ！」

「………」

刹那は鎌を零王の体から引き抜いた。鮮血が辺りに飛び散る。

彼女は血をまとった鎌を軽やかに振り、零王の手足をベッドにくくりつけていた縄を断ち切った。

ようやく自由になった彼の手足はしびれ切っている。

「で、どう証明しますの⁉」

刹那がベッドから立ち上がった零王に向けて鎌を突きつけた。

弧を描いた彼の鼻先で刃がぎらりと光る。

零王はその鎌を掴むと、脇にそらして、刹那のほうへと近づいていく。

彼の手の平が刃に食い込み、血が数滴、畳に滴りおちる。

鎌を握りしめた刹那の手の力が緩む。

零王はそのまま彼女の体を抱きしめた。

刹那は目を大きく見開く。

彼女の手から鎌の柄がすべり落ち、どさりと音をたてて畳にめりこんだ。

「嫌いになってなんかいない。誤解を解いて仲直りしたくて、会いたかったんだ」

零王の言葉を耳にした途端、刹那はいやいやと首を振り、震える声で叫んだ。

「うそよ！　そんなのうそうそっ！　今度こそ、針千本、本当に飲ませて差し上げますわ」

「うそじゃない」

彼女を抱きしめた手に零王は力をこめた。

刹那は目をしばたたかせながら、彼の胸の中で小さくなり黙りこくってしまう。

視線をさまよわせ、そして、怯《おび》えるように零王へ尋ねた。

「……わたくしは、ヤンデレではないの？　本当の本当にいいんですの？」

「ああ、いい。刹那は刹那だ。なんだっていい」

「………………」

刹那は再び言葉を失う。

だが、ややあって、体を震わせながら、かすれた声を喉から絞り出した。

「でも、いつかわたくし、零王を殺してしまうかもしれませんのよ？」

「それでもいい。一緒に死ぬよりましだろ？」

「……そんなっ。もっと命は大事にするもんですわ」

たった今、零王を殺して自分も死のうとした人間の言葉とはとても思えないようなことを、たどたどしい口調で刹那は口にする。

「努力はするし、何か不安ならちゃんと僕に聞いてくれればいいし」

「………………」

彼女は、こくりと小さく頷《うなず》いた。

「刹那が何をどう不安がるか、そういうことを分かってなかった僕が悪かった」

零王は彼女の頭を優しく撫でてやる。

「……あぁ」

刹那は吐息交じりの言葉を漏らすと、両手でしっかりと零王を抱きしめ返した。

「また借りができてしまいましわね……」

「そんなの、一緒にいて返してくれればいい。僕も同じようにする」

零王がそういうと、刹那はむうっと唇を尖《とが》らせてこう言った。

「──でも、恩を作り作られなんていう関係は気持ち悪いですわ」

それは、拒絶の言葉にも聞こえる。

だが──

零王は、彼女の本意を理解して静かにほほ笑むと、さらに力をこめて彼女の小さな細い体を抱きしめたのだった。

エピローグ

結局、刹那《せつな》は零王《れお》の傷の応急処置をしてから、彼と共にメイド喫茶《きっさ》へと戻った。

二人の服は血で汚れ、いたるところがびりびりに裂けてしまっている。

夜でなければ、即職質にあっただろう。

メイドたちは顔を見合わせて、しきりに首を傾《かし》げるが、誰も彼らに何がどうなったのか尋ねようとはしなかった。

傷だらけにこそなってはいるものの、零王と刹那が手をつないで帰ってきた。

そのことが、事の顚末《てんまつ》を雄弁に物語っている。

だから、メイドたちはとびっきりの笑顔でこう二人を出迎えたのだった。

「おかえり！　チーフに刹那！　別に待ちかねてなんて、全然いなかったんだから！　心配なんてこれっぽっちもしてなかったんだからねっ！」と。

そして——

それから二日後、いよいよ刹那の誕生日がやってきた。

「だから、なんなんですの？　せっかくのお休みですのよ。さっさとデートに行きたいのに、なぜ店のホールなんかに行かなくてはなりませんの？　今日は仕事はしませんわよっ！　学校の宿題もしなくてはなりませんし。わたくしは暇ではないの」

刹那が、ぷりぷりとした顔で唇《くちびる》を尖《とが》らせる。

「まあまあ。宿題なら後で僕が手伝ってやるから」

今まで学校を休んでいた刹那だが、零王の薦《すす》めもあって、学校にも行くようになった。

ただし、他のメイドたちが通っている一貫校とは違い、零王の学校へ入り浸《びた》るようになっているのだが——

まだ、正式な手続きは踏《ふ》んでいないが、近いうちにマスターが、さる筋にあたって、彼女を零王と同じ高校に転入させてくれるという。

「むぅうう。零王が教えてくれるのなら仕方ありませんわね。もちろん、休憩《きゆうけい》のときにはお手製のスイーツが出るのでしょう？」

「はいはい、リクエストは受け付けるぞ。って、さすがにちょっと甘やかしすぎか……」

「ふんっ！　もっともっと甘やかしたほうがいいですわ」

刹那は得意そうに鼻の頭をぴくつかせながら、口をωの形にする。

今日は刹那と零王はオフの日。

せっかくデートに行こうと思っておしゃれしたのにと怒る刹那を零王がなだめながら、メイド喫茶の廊下を歩いていく。

しかし、今日は実のところ、メイドたち全員が完全にオフな日だった。

刹那の預かり知らないところではあるが、『七人のツンデレ』のドアには「Ｃｌｏｓｅｄ」の札が下げられている。

すべては零王たちの計画どおりだった。

零王は、高鳴る胸の鼓動《こどう》を感じながら、ドアノブに手をかける。

いったん深呼吸してドアを開いた。

と、その瞬間――

パンパンパンッと乾いた音がホールに次々に弾けた。

「っ⁉　銃声っ⁉」

即座にはっと身構える刹那。

だが、そんな彼女に色とりどりのテープや紙吹雪が降り注いだ。

「…………？」

刹那は目をまあるく見開いて首を傾げる。

みれば、クラッカーを手にしたメイドたちが全員揃《そろ》って刹那を出迎えていた。

メイドたちだけではない。Ｖ《ヴァンパイア》姉妹たちもいる。

「な、な、なんですの？　これは……」

刹那が目をぱちくりとしているのを見て、零王は鷹揚《おうよう》に彼女へと微笑《ほほえ》みかける。

勘奈《かんな》の音頭で、全員が声を揃えてこう言った。

「「刹那っ！　誕生日おめでとうっ！」」

「え、た、誕生日？　いつ、誰の？」

激しく戸惑い、あちこちをきょろきょろと挙動不審に見渡す刹那に零王が説明した。

「今日は刹那の誕生日だってマスターから聞いたから、みんなで準備してたんだ」

「え、え、えええええっ⁉」

刹那の頬《ほお》がたちまち真《ま》っ赤《か》になる。

彼女はあらためてホールを見渡した。

ホールの内装は、たっぷりのリボンや花で飾り付けられてあり、テーブルには大きなケーキにご馳走《ちそう》の数々が並べられている。

刹那の小鼻がぷくっと膨《ふく》らむ。

信じられないといった感じで何度も目をこする様子に、みんな笑みを誘われる。

ややあって、刹那はひどく気難しいしかめっつらをし、口元をひきつらせながら零王に耳打ちした。

「で、では、もしかして……。このために色々……してましたの？」

「そう。だから、全部刹那の誤解だったという訳だ」

「………」

刹那の顔に色濃い罪悪感が滲《にじ》む。

彼女の眦《まなじり》が下がりきり、零王を上目遣いに見ては目を逸《そ》らし、また彼をすがるように見つめてくる。

「本当に早とちりすぎというか。それで一歩間違えて死ぬとこだったしな」

零王は分厚い包帯を巻いたままの胸を軽く叩いて彼女を窘《たしな》めた。

「だ、だ、だって、まさか、こ、こ、こんなこと……。ありえませんものっ。なんでみんな、こんなこと――わたくしのために？　だ、だって、わたくしはっ」

刹那が取り乱し、メイドたち一人ひとりの顔を見ながら、言葉を詰まらせる。

その紫色の瞳には涙が滲み、たよりなさげに揺れている。

メイドたちは、全員、あたたかな微笑みを彼女に向けていた。

刹那の瞳から一滴の涙が零《こぼ》れ落ちる。

「で、これが誕生日プレゼントだ」

零王は、あらかじめテーブルクロスの下に隠しておいたプレゼントの袋を刹那に向かって差し出した。

「プレゼント……。わたくしに……」

刹那は頰を紅潮《こうちょう》させたまま、彼から赤いリボンのついた黒い袋を受け取った。

抱き抱えるほどの大きさだが、さほど重さはない。

「さっすが！　チーフ、段取りの鬼だねえっ！　パーティーの手配に加えて、プレゼントまで用意してるなんてーっ」

「フ、やるからには全力を尽《つ》くさねばな。それがおもてなしの心というものだ。まあ、接客の基本だな」

四葉《よつば》に褒《ほ》められ、零王は得意そうに腕組みをして胸を張る。

と、その横で千代《ちよ》がぶいぶい言い始めた。

「もー、おなかすいたー。さっさとプレゼント開けて、ご馳走たべよー」

「こら、千代ちゃん、こういうときくらい空気を読んでもうちょっと我慢しなさい」

フリーダムな千代をいつものように平美《ひろみ》が窘める。

「えー、やだやだやだっ！　あたし、いっぱいお手伝いしたんだもんっ！　だから、ご馳走を死ぬほど食べる権利があるもんっ！」

「千代に権利とかいう固い言葉は似合わない気がするが？」

「それに、大体、千代のお手伝いは主に味見だったような気がしますわよ？」

月《つき》とコロナの突っ込みに、球子《きゅうこ》が肩を竦《すく》めながら嘆息《たんそく》する。

「――それを言ったらしまいじゃな」

メイドたちの丁々《ちょうちょう》発止《はっし》な会話と、のびやかな笑い声がホールの中で柔らかに響いた。

「う、あ、う……。れ、零王、わ、わたくし、ど、どうすれば？　こ、こんなこと初めてですわ。こんなとき、どんな顔をしたらいいかすらわからなくて」

刹那がわたわたと慌てふためきながら、零王に尋ねてくる。

「とりあえずプレゼントを開けよう。プレゼントはもらったらその場で開けるのが礼儀だ」

「え、え、ええっ！」

興奮気味に返事をすると、彼女は赤いリボンを紐解いた。

中からは縫《ぬ》い傷がいたるところについたキモ可愛《かわい》いウサギのぬいぐるみが出てきた。

それを見た途端、V《ヴァンパイア》姉妹たちのテンションが上昇する。

「きゃあ、ちょー可愛いですわっ！　L《エル》オリジナルの限定ぬいぐるみですのねっ」

「ああ、月に店を教えてもらって。一緒に見つくろってもらった」

「――月、が？」

昔、勘奈をめぐって争った相手がまさか自分のために？

と、刹那は信じられない面《おも》持ちで月を見た。

すると、月はぷいっと仏頂面のままそっぽを向いてしまう。

だが、その耳まで真っ赤になっているのが分かる。

それを見た刹那は、そっと目を閉じてこう言った。

「わたくしなんかのために……」

その言葉を零王が否定する。

「なんか、とか言うな。刹那だからだ」

「ありがとう……。大事にしますわ。この子の名前は『レオ』にしましょう。勘奈にもあの子をちゃんと直して返さないと……」

刹那はそう言って、ぬいぐるみを幸せそうにぎゅうっと両手で抱きしめる。

その様子をみんなあたたかなまなざしで見守っている。

「とても大事に――零王の身代りにしますわ」

「えっ⁉」

身代わりという、この場には似つかわしくない物騒な言葉が刹那の唇からこぼれ出てきて、零王は思わずその場に固まってしまう。

すると、刹那は今まで誰にもみせたことがないとびっきりの笑顔を浮かべて、力強く頷《うなず》いてこう言葉を続けた。

「ついつい零王を切り刻みたくなったときとか、うっかり針千本飲ませてやりたくなったときとか。そういうときの身代りにしますわ♪」

「…………」

どうやら、刹那にしみこんだヤンデレは、そうそう簡単には抜けそうにもないようだ。

零王が思いっきり顔をひきつらせながら、大仰なゼスチャーでメイドたちにやれやれと肩を竦めてみせる。

と、みんなが声をたててあっけらかんと笑う。

(って、待て待て待て！　ここは笑うとこじゃないような気が激しくするが――)

刹那がヤンデレの本性をむき出しにし、零王を本気で殺しにかかったときの恐怖をまざまざと思い出した零王は苦笑する。

しかし、次々に玉のような涙がこぼれて一向に止まらなくなった紫色の瞳に――泣いているような笑っているような刹那の笑顔を見て、まあそれもしゃーないかと。

ひそかに腹をくくる。

ヤンデレもちょっと心配性（?）なただの女の子なんだからと。

自分の胸に強く言い聞かせて。

END

あとがき

スーパーダッシュ文庫さんでは、はじめまして、みかづき紅月《こうげつ》です。

主にエロコメを書いてますが、レーベルによってこのエロのさじ加減に真剣にいつも悩まされています。

「さわやかなエロ」をめざすか「濃厚なエロ」を目指すか――

それが問題だ。

んことを本当の本当にまじめに考えてて、はっと我にかえると、ちょっと（かなり？）むなしくなったりもしますが、今日も私は元気です。

さて、今回はちょっといつもとは違う試みに恵まれました。

なんと、ドラマCDと小説とのコラボ企画なんです！

この『僕とヤンデレの7つの約束』は『七人のツンデレ』というドラマCDとのコラボ作品になっています。

七という数字が一致したのは、編集さんに「意図的にですよね？」と言われたのですが、実はまったくの偶然でして……。

指摘されてはじめて、「あ、ホントだ。ラッキー」なんて思っているあたり、相変わらずゆるくてだめだめな匂《にお》いがぷんぷんします……。

直感で書くのも大概にして、もうちょっと、考えて書いたほうがいいと思うんですよね。てか、せめてそう尋ねられたときに、「じ、実はそうなんですよ！」とか、罪のないウソの一つくらい言えるようになりたいものです。とほ。

精進《しょうじん》します……。

と、少し話がそれてしまいましたが、小説とドラマCD。

コラボしている作品とはいえ、キャラのベースは同じものの、設定はテーマにあわせてまったくといっていいほど異なりますし、お話もがらっと意図的に変えてあります。

でも、リンクするところなんかもちらほらあったりして。

それぞれの世界とキャラと……ネタを併《あわ》せて楽しんでいただければと思います。

ドラマCDのほうは、かなりネタ寄りでして、恋愛成分は少なめです。

全員がわあわあきゃあきゃあ楽しげにつるんでいます。ええ、もちろんツンデレ調に。

ツンデレ＝選ばれし特権階級、みたいな位置づけが一番の特徴かも。

ちなみに、ドラマCDはタイトルからしてピンと来る方もいらっしゃるかもしれませんが、『七人の侍』のパロディ的なものになります。

しかし、こんな大作のツンデレパロディをやらかしてしまうなんて……。

いまさらながらに恐れ多いというか。やっちまった感がひしひしと。

しかも、かなり悪ノリしちゃいましたしね。世界の黒澤《くろさわ》ファンに土下座しないと……。

ちなみに、豪華声優陣ですっ！　収録にもうかがいましたが、もう憧《あこが》れの方ばかりでミーハーな私のテンションはおかしなことになってました。

「うああぁ、生アナ◯さんの声ががが っ！」

みたいな（そこかよっというつっこみはご容赦《ようしゃ》ください）。

まさにコラボの醍醐味《だいごみ》ですね……。

よもや憧れだった声優さんたちが私の書いたセリフを演じてくださるなんて。

アフレコ見学は初めてではありませんが、何度見学に行ってもそう思っちゃいます。で、刹那《せつな》の声を聞いたときに、本当にぞくぞくっとしました！

ちょうどそのとき、まだこの小説の原稿修正をやっていたもので、イメージが膨《ふく》らんで助かりました！　もうぴったりすぎて、ツボでしたよー。

そうそう、刹那役の能登《のと》さんには、帯コメントまでいただきまして。ありがたいです。

編集さんとドラマCDの依頼を私にもちかけてくれた社長さんのおかげでもあります。

本当に丁寧につくっていただきました。

小説というと、一人でやる作業が多いのですが、こんな風にいろんな人たちの支えがあってこそ世に出るもので。特に今回は別メディアのコラボということでそれを痛感しました。

編集さんしかり、営業さんしかり。いつもありがたいなって思います。

そして、今は Web2.0 的にいろんな方々が直接ではなくとも応援してくれるんですよね。

それにもありがたいなあって常々思っています。ブログや日記などで宣伝していただいたり、Wiki やコミュの情報を整理してくださったり。

とてもうれしいです。いつも本当にありがとうございます。


それにしてもこの小説、タイトルは『僕とヤンデレ〜』といった風に「僕」となっているのに、最後の修正まで誰一人零王《れお》の一人称が「俺」になっていることに気づかず、ゲラチェックで直す羽目になったりと、なんだか最初から最後までネタまみれな一冊でした。

ちゃんと全部「僕」になおってますように。

もしも万が一、どこかが「俺」になってたら、スルーしていただ（ｒｙ……。

いえ、こっそり教えてください……。

私って、なんかいっつもどこかが抜けてるんですよね。

特に細かいことが苦手なため、プロの校正さんとか本当に尊敬してしまいます。

そして、相変わらず章タイトルの縛りに自分の首を絞《し》めるとか。

やっぱり進歩してませんね……。

なんだかおもしろそうと少しでも思ったら、わくわくとそっちの方向に突っ走ってしまう傾向は相変わらずです。

うう、しょ、精進します。

何はともあれ、ヤンデレ純愛ストーリー、わくわくドキドキにやにや、時々ひやっと楽しんでいただければ幸いです。

みかづき紅月

あとがき！

はじめまして！
挿絵を担当させて頂きました、いずみべるです。

原作である「七人のツンデレ」ドラマCDから1年後という設定でデザインをあれこれ考えました。自分の仕事としてもドラマCDの収録後になったわけで、実際の声優さんの演技が、今回のデザインに、すごく良い影響となりました。

ということでまさか最初に刹那を描いたときは、こんなに沢山描くことになるとは思っていませんでした（笑）自分も楽しんで描けたし、少しでもみんなに気に入ってもらえると嬉しいです！！

いずみべる
http://www.bells-brand.com/

この作品の感想をお寄せください。

あて先　〒101－8050
東京都千代田区一ツ橋２－５－10
集英社　スーパーダッシュ文庫編集部気付

みかづき紅月先生

いずみべる先生

僕とヤンデレの7つの約束

みかづき紅月

集英社スーパーダッシュ文庫

2009年8月30日　第1刷発行

★定価はカバーに表示してあります

発行者

太田富雄

発行所

株式会社 集英社

〒101－8050　東京都千代田区一ツ橋2－5－10

03(3239)5263(編集)

03(3230)6393(販売)・03(3230)6080(読者係)

印刷所

凸版印刷株式会社

ISBN978－4－08－630502－0　C0193

Printed in Japan